カリキュラム・イノベーション

新しい学びの創造へ向けて

東京大学教育学部
カリキュラム・イノベーション研究会──［編］

東京大学出版会

Curriculum Innovation
Edited by the Research Project for Curriculum Innovation,
Faculty of Education, the University of Tokyo
University of Tokyo Press, 2015
ISBN 978-4-13-051331-9

目　次

序章　なぜカリキュラム・イノベーションか
………………………………………………小玉重夫　1

1. 研究の背景 (1)／2. カリキュラム・イノベーションの課題 (2)／3. 研究の組織 (6)／4. 本書の構成 (7)

第Ⅰ部　カリキュラム・イノベーションの原理

第1章　21世紀型の学校カリキュラムの構造
　　　　　イノベーションの様相……………………………佐藤　学　13

1. はじめに――問題の構図 (13)／2. 21世紀型の学校教育 (15)／3. イノベーションとしての改革 (18)／4. アジア諸国における学校教育のイノベーション (19)／5. 課題と展望 (23)

第2章　カリキュラムの社会的意義(レリバンス)………本田由紀　27

1. カリキュラムの社会的意義(レリバンス)とは何か (27)／2. カリキュラムの社会的意義(レリバンス)が求められる背景 (30)／3. 日本固有の文脈 (32)／4. カリキュラムの社会的意義(レリバンス)を追究するうえでの条件 (37)

第3章　「社会に生きる学力」の系譜………市川伸一　41

1. 教科学力とその機能 (41)／2. 1990年代の学力論の諸相 (42)／3. 「学びの文脈」と「開かれた学び」(43)／4. 学力低下論争と「第3の道」(45)／5. 社会生活を見通した学習・教育 (46)／6. 「社会に生きる学力」に向けて (48)

第Ⅱ部　基幹学習

第4章　言語力としてのメタ文法能力の育成
……………………………………………………秋田喜代美　53

1. 21世紀型カリキュラムとしてのメタ文法能力育成（53）／2. メタ文法授業とカリキュラムの実際（56）／3. メタ文法授業の効果（59）

第5章　リテラシーをどう育むか ……………藤村宣之　65
日本の子どもの数学的リテラシーの現状を手がかりに

1. 日本の子どものリテラシー・学力の現状（65）／2.「できる学力」と「わかる学力」の様相（66）／3. 国際比較調査問題の心理学的分析（69）／4. 子どもの発達を生かし，促すカリキュラムにむけて（71）

第6章　探究学習のあり方と学校図書館…根本　彰　77

1. 学習と学校図書館（77）／2. 学校図書館についての2つの考え方（80）／3. 国際学力調査と探究学習（84）／4. 探究学習の課題（88）／東京大学教育学部附属中等教育学校における探究学習と学校図書館（92）

第7章　社会に生きる学び方とその支援
……………………………………………市川伸一・植阪友理　95

1. 学校での学習を社会に生かすには（95）／2. 理解を重視した学習観と学習方略（96）／3. 教科指導の中でメタ学習を促すには（97）／4. 教科の授業に埋め込まれたメタ学習の実践（100）／5. 中等教育におけるメタ学習カリキュラム試案と今後の課題（102）

第Ⅲ部　生き方の学習

第8章　存在論的に呼応する ……………田中智志　107
子どものための哲学教育

1. 哲学教育の提案（107）／2. 存在論という思考（108）／3. 存在論的な呼応（112）／4. 自然環境を享受する（115）／5. よりよく生きるために（118）／哲学教育はいかにして実現可能か（121）

第9章　カリキュラム・ポリティクスと社会
………………………………………………………金森　修　123

1. 社会対応論と学問対応論（123）／2. 複数の，可能的な生や社会を垣間見る（128）

第10章　うつ予防プログラムの開発
…………………………………………堤　亜美・下山晴彦　137

1. 学校における心理教育授業の必要性（137）／2. 心理教育のテーマと子どものうつ（138）／3. うつを予防する心理教育授業の開発と実践（139）／4. うつ予防プログラムのさらなる展開（143）

第11章　ライフキャリア教育プログラムの開発
「ライフキャリア・レジリエンス」を高めるために
………………………………………………………高橋美保　147

1. キャリア教育とはなにか（147）／2. キャリア教育についての議論（149）／3.「中高生版ライフキャリア・レジリエンス尺度」の開発（151）／4. ライフキャリア教育プログラムの開発と実践研究（155）／5. 教育現場への導入（157）／6. ライフキャリア・レジリエンス教育の可能性（158）

第Ⅳ部　社会参加の学習

第12章　シティズンシップ教育のカリキュラム
………………………………………………………小玉重夫　165

1. シティズンシップ教育とは何か（165）／2. シティズンシップ教育グループの活動（166）／3. 論争的問題の教育（168）／4. 政治的リテラシーと論争的問題の教育（169）／5. 越境する市民を育てる（172）／6. シティズンシップ教育のカリキュラム開発へ向けて──

「考える市民」の方へ（174）

第13章　正義とケアの編み直し……………川本隆史　179
　　　　　脱中心化と脱集計化に向かって

　はじめに——主題とアプローチの設定（179）／1. 社会倫理の「定義域」を拡げる——ロールズからギリガンへ（181）／2. 名詞（ケア）を動名詞（ケアリング）に変換する——ギリガンからノディングズへ（184）／3. ケアと正義の連携・接続を見極める——ノディングズから再びロールズへ（187）／おわりに——《脱中心化》と〈脱集計化〉の手法（189）

第14章　社会における学びと身体性………牧野　篤　195
　　　　　市民性への問い返し／社会教育の視点から

　1. 自己実現の自由と学校——「問い」を問い返す（195）／2. 身体性を否定する社会——問い返しの無効化（200）／3. 身体性の再生へ——分配・所有から生成・表現へ（203）／コミュニティへと展開する学校——隠岐島前高校魅力化プロジェクトのとりくみ（209）

第15章　職業的意義のある教育とその効果
　　　　　………………………………………本田由紀　215

　1.「職業的意義」のある教育とは（215）／2. なぜ「職業的意義」のある教育が必要か——労働市場の現状と「キャリア教育」の問題点（215）／3.「職業的意義」のある教育の設計（217）／4. 授業の有効性（221）／5. まとめと今後の課題（226）

第16章　バリアフリー教育とは何か………白石さや　235

　1. はじめに（235）／2. 特別支援教育とバリアフリー教育（237）／3. バリア研究とバリアフリー教育（239）／4. 障害と社会（242）／5. 熱意ある関与・コミュニケーション・創造性・共同性（244）／おわりに（247）

第 17 章　バリアフリー教育を授業に取り入れる
　……………………………………………………星加良司　249

1. バリアフリー教育が直面する課題（249）／2. 既存の「障害理解」の限界と新たな理念（251）／3.「共生社会を生きる力」をはぐくむ授業実践Ⅰ――「ザ・ジャッジ！――迷惑なのは誰？」（254）／4.「共生社会を生きる力」をはぐくむ授業実践Ⅱ――「クイズ＆ギャンブルゲーム」（256）／5. 授業の効果とこれからの課題（259）

第Ⅴ部　カリキュラムのガバナンス

第 18 章　地方発のカリキュラム改革の可能性と課題
　……………………………………………………大桃敏行　265

1. 地方発のカリキュラム改革への着目（265）／2. 教育課程特例校の指定状況と事例（267）／3. 地方発のカリキュラム改革の可能性（270）／4. 地方発のカリキュラム改革の課題（273）

第 19 章　附属学校と大学の協働は何をもたらしたか
　………小玉重夫・福島昌子・今井康雄・楢府暢子・村石幸正　277

1. 東大附属の教育――歴史とその特色（277）／2. 附属学校と大学との双方向型の連携に向けて（282）／3. 附属教員からみたイノベーション研との協働（285）／4. 協働が附属学校にもたらしたもの，そしてそれから（289）／5. 東大附属から東大を変える（296）

第 20 章　附属学校と大学との組織的な連携関係を
　　　　　いかにして構築するか………………植阪友理　299

1. 附属学校の役割を巡っての議論とその課題（299）／2. 附属学校と大学の架け橋としての総括ユニット（301）／3. 大学との相互理解の促進と附属学校全体での参加意識の醸成（302）／4. 複数のプロジェクトに無理なく参加するための仕組みづくり（306）／5. 統制群をおくことの倫理的問題をどう解消するか（308）／6. 共通の知識基盤をどう共有するか（309）／7. むすびにかえて――本実践の意義と今後の課題（312）

第21章 高大接続の視点からカリキュラム・イノベーションを考える……両角亜希子　315

1. 中等教育と高等教育の垣根を低くする（315）／2. 論点の整理（317）

第22章 今後のカリキュラムの方向性を探る
プロジェクトの足跡をたどって
……カリキュラム・イノベーション研究会　325

1. カリキュラムのまとめ方をめぐっての議論（325）／2. 提案されたカリキュラム案（327）／3. これまでのカリキュラム研究における位置づけ（332）／4. むすびにかえて——提案されたアイデアはどのように活用可能か（335）

おわりに ……………………………………………………南風原朝和　349

執筆者紹介　353

序章
なぜカリキュラム・イノベーションか

小玉重夫

　本書では，戦後型社会の構造転換をふまえた，21世紀の公教育の新しい方向性を探り，理論面と実践面から検討を加え，カリキュラム・イノベーション（革新）の可能性と条件を探ることを目的として編まれた。その際特に，教科学習に閉じることなく，社会生活を視野に入れた，社会的意義(レリバンス)を有する学力の形成を重視した。「社会に生きる学力形成」というのは，まさにそうした，市民生活，職業生活を含む社会生活を視野に入れた，社会的レリバンスを有する学力の形成を重視するからにほかならない。

1　研究の背景

　1990年代の「ゆとり教育」，2000年前後の学力低下論争，2004年のPISAショック（本書第3章を参照）を経て，中央教育審議会は2005年に答申「義務教育の構造改革」を公表し，学校教育は新しい局面を迎えることとなった。この動きは，2008年の学習指導要領改訂へとつながっている。そこでは，「ゆとりか詰め込みか」といった二者択一的な指導観から脱却し，基礎基本の習得から活用・探究までを視野に入れた学習をめざそうとした点，抽象的な感のあった「生きる力」の理念にリテラシーの発想を注入することによって知性，身体性，共同性の調和を図ろうとした点など，それなりに全体的なバランスに配慮したものであるとはいえる。また，内容面での充実を図るために，教科時数の増加，教科内容の増加を打ち出し，結果的に教科書のページ数も増加するなど，「脱ゆとり」を印象づけるものとなった。学校教育が，量・質とも充実を図る方向に向かいつつあることは，そこにいたる伏線をふまえれば，ある意味では望ましいことである（市川，2004. 本書第3章も参照）。

しかしながら，2008年の学習指導要領で具体的に新しい指導方針として結実したのは，「教科横断的な言語力の育成」と「小学校高学年の英語活動の導入」くらいであり，あとは，かつての教科内容の「復活」と言えなくもない。もちろん，議論の過程では，多くの改革案があがったであろうが，新教科が設けられたわけではなく，教科の内容が刷新されたというわけでもない。その意味で，「ゆとりか詰め込みか」といった二者択一的な指導観からの脱却は必ずしも十分果たされたとはいえず，今後の課題として残された。

　そこで本書では，二者択一的な指導観からの本格的な脱却を志向したカリキュラムの革新（イノベーション）の条件を探ることを研究課題として設定した。ここでいうカリキュラム・イノベーションとは，知識の変容と学びの様式の転換（本書第1章），学校と社会とのつながり（社会的レリバンス）の構築（本田，2009．本書第2章も参照），従来の教科の枠を超えた多文化共生と市民性（シティズンシップ）を課題とした新しい学習分野の登場（小玉，2003．本書第12章も参照）を融合した，学校カリキュラムの根本的な革新を意味している。

　本書の執筆者の多くが所属している東京大学大学院教育学研究科では，すでに21世紀COEの拠点形成事業においてカリキュラム革新の前提となる基礎学力概念について原理的な再検討を行っている（東京大学大学院教育学研究科基礎学力研究開発センター，2006および東京大学学校教育高度化センター，2009）。この蓄積をふまえつつ，そこではなお果たされえなかった学校カリキュラムの革新とそのための理論的，実践的基盤の探究に着手することを企図して，本書のもととなった研究会を組織し（後述），いわば東京大学大学院教育学研究科，教育学部の総力を挙げて研究プロジェクトを進めることになった。

2　カリキュラム・イノベーションの課題

　以上で述べたように，学校のカリキュラムのあり方を根底から組み替えていくことを本書ではカリキュラム・イノベーションとよびたい。

　イノベーションとは，シュンペーター（Schumpeter, 1883-1950）から，ドラッカー（Drucker, 1909-2005）にいたる，（広い意味での）オーストリア学派の系譜において，組織の革新を意味する概念として用いられてきた。本書では

この概念を，学校カリキュラムの革新のための概念として用いる（詳しくは，本書第1章を参照）。

何をイノベーションするのか

従来，学校のカリキュラムのとらえ方をめぐり，2つの見方が対立してきた。その2つの見方の対立は，様々な形で表現されてきた。たとえば「文化遺産の伝達を重視するエッセンシャリズム」の系譜と「子どもの経験を重視する進歩主義」の系譜との対立（山崎，2009: 26），あるいは，「教師の実践に先行する教育内容の組織としてのカリキュラム」と「学びの経験の総体としてのカリキュラム」の対立（佐藤，2006: 68），「目標に応じて教育内容と教材選択を計画する工学的アプローチ」と「教育内容の即興性を重視する羅生門アプローチ［映画『羅生門』のように立場によって見方が変わるアプローチのこと，引用者注］」の対立（船橋，2009: 113-115）などといった具合である。

本書では，こうしたカリキュラムをめぐり，様々な形で表現されてきた従来の二項対立的なとらえ方の枠組みを超える，新しいカリキュラムの視点を提案したい。それをカリキュラム・イノベーションと考えている。その際特に，アカデミズムが頂点となって，そこで生産される学問を下ろしていくという従来のカリキュラムの作り方ではなく，別の視点を付け加えることで，社会との関係の中で社会的レリバンスを備えたカリキュラムにしていくという考え方をとっている。

イノベーションの視点

その際，本書では，イノベーションの視点として，次の3つの視点を考えている。

ひとつ目は，誰がカリキュラムを決めるのかという視点である。従来は，国とアカデミズムであった。これらは今後も重要なカリキュラムの決定主体になるだろう。しかし同時に，地域や学校という，より教育現場に近いところでカリキュラムの決定を行うようなシステムを考えるよう，カリキュラムマネジメントの主体として地域，学校，教師を位置づけた。

2つ目は，どのようにして教えるのかという視点である。従来のカリキュラ

ム論においては，英数国の主要3教科の学習者は，それぞれの教科を学ぶ動機を有する者としてあらかじめ自立的に存在することを前提としてきた。しかし，実はそこがかなり危うい前提であり，各教科の学習の動機は教科の内容からではなく，受験や進級といった外的な要因によって調達されている現実がある。本書では，そのことを問題にしつつ，外在的ではない，学習の内容と直接結びついた自立的な学習者の育成自体を課題にする中で，従来の教科学習のカリキュラムの構造そのものを組み替えていくことが必要ではないかという視点に立っている。近年のアクティブラーニングへの注目も，まさにそうした自立的な学習者の育成ということと密接に関わっている。

　3つ目は，何を教えるかという視点である。そこでは，従来の教科の中では十分入っていなかった領域，市民性（シティズンシップ）の学習，職業的なレリバンス，バリアフリーなどを教育課程の中にとり入れることを考えている。

　これらは従来の教科の中にも，内容として入っているものもある。しかし，従来の教科で学ばれる学習が，ともすれば個人の能力のシグナルとしての意味を非常に強く持ってきたのに対して，むしろ社会や政治とのつながりを実質的に有する「社会に生きる学力」，すなわち，社会的意義（レリバンス）を有する学力を追求していきたいということである。とりわけ，18歳選挙権の成立によって，高校3年生が有権者となり，18歳を大人に，つまり市民にしていくということが中等教育に期待される固有の役割として浮上し，社会に生きる学力の追求は日本の社会において格別の重要性を有する課題となっている（小玉, 2013）。

　もう少し敷衍すると，従来の学校のカリキュラムでは，何を学んだかより，むしろ学んだことによってその子どもが何点取ったかに重きが置かれていた面があった。点数が個人の能力のシグナルになり，それが学歴という形で意味を付与され，そのことを通して学校と社会がつながっていたのである。この学校と社会のつながりの在り方は，高度成長期の日本社会においては，それなりに機能してきた。しかし，1990年代以降の日本社会の構造変化の中で，シグナルの提供だけでは，学校と社会の接続が困難になってきている。学校教育がより実質的に社会や政治とのつながりをもつようになるための「社会に生きる学力」をどうつくっていくかという視点がもとめられている。そして，社会に生

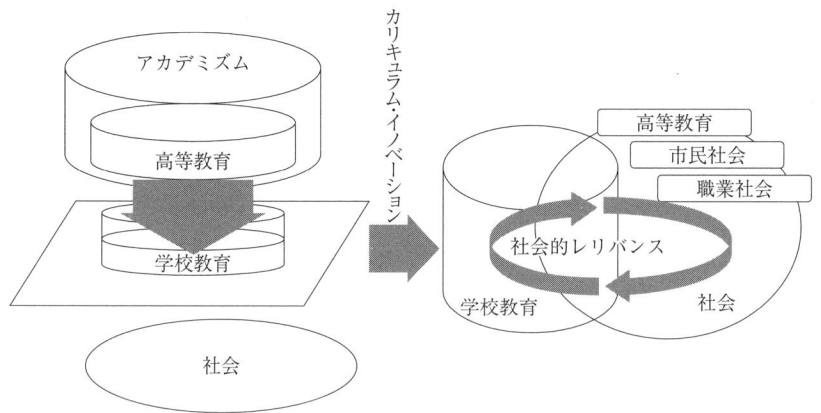

図0-1 カリキュラム・イノベーションの概念図

きる学力の育成にあたっては,「何を教えるのか」がまずあるのではなく,「どういう力を育てるのか」を中心にカリキュラムを作っていくことが重要となる。

以上で述べた3つの視点,すなわち,教育現場に近いところでのカリキュラムの決定,自立的な学習者の育成,社会的意義(レリバンス)を有する学力という視点は,日本のみならず,21世紀の世界のカリキュラム改革の動向とも軌を一にするものである。たとえばガート・ビースタらは,近年のカリキュラム改革の動向を,カリキュラムの決定における教師の主導性,構成主義的学習理論にもとづく学習者中心のアプローチ,内容ではなく結果を重視したカリキュラムの形成の3点に求めているが (Biesta & Priestley, 2013: 229-230),これはまさしくここでの本書の3つの視点と重なるものである。

どのようにイノベーションを進めるか

以上のようなカリキュラム・イノベーションの視点に立った場合,これまでの,アカデミズムを起点とした教科編成のやり方を根本的に見直すことが必要になってくる。日本学術会議などでは学問領域ごとに部会が設定され,そこで新しい学習指導要領の方向性を議論している。しかし,学者が最初に議論し,それを下ろしていくという方法を取る限りは,どうしても既存の学問分野の枠を保守する方向にベクトルが働くため,教科の統廃合を含むカリキュラム・イ

ノベーションはなかなか進まない。アカデミズムは教科編成のサポーターに徹するようなカリキュラム開発の仕組みを考えていく必要性がある。これは，分権型のカリキュラム開発にも，つながってくる。

このことは，中等教育と高等教育の関係にも根本的な変化をもたらす。従来のアカデミズムを起点としたカリキュラム形成においては，中等教育は高等教育で生産された知を伝達する高等教育の下請的な位置にあり，カリキュラムの形成それ自体に主導的な役割を果たしてはこなかった。しかし，カリキュラム・イノベーションの視点に立ったとき，このような上意下達式のカリキュラムの構造は組み替えられ，中等教育と高等教育との対等な関係を前提とした，両者の間での相互往還的なカリキュラムの形成が展望される。そのために本書の研究では，探究学習，協働学習，アクティブラーニングで先進的な実績を有する東京大学教育学部附属中等教育学校と，大学院教育学研究科との連携を特に重要視した（石橋ほか，2014；本書第20章も参照）。

上記を概念的に表すと，図0-1のようになる。アカデミズムを起点とした従来のカリキュラムから，カリキュラム・イノベーションにより，私たちが考える社会に生きる学力形成を目指すカリキュラムを展望することになる。

3　研究の組織

以上の背景と課題をふまえて，われわれは，戦後型社会の構造転換をふまえた公教育の新しい方向性を探り，理論面と実践面から検討を加えるために，カリキュラム・イノベーション研究会を組織し，2011年度から2013年度にかけて，研究を積み重ねてきた。研究会の構成メンバーは，東京大学大学院教育学研究科に所属する教員と，東京大学教育学部附属中等教育学校に所属する教員を中心とし，中等教育と高等教育との相互往還的なカリキュラムの形成の条件を協働で探った。

研究会の組織としては，大きく4つのユニットに分けて研究を行った。すなわち，基幹学習ユニット，生き方の学習ユニット，社会参加の学習ユニットの3分野からなる研究組織を構成し，既存の教科学習に閉じることなく，社会生活を視野に入れた，社会的意義（レリバンス）を有する学力の形成を探究した。それに加え

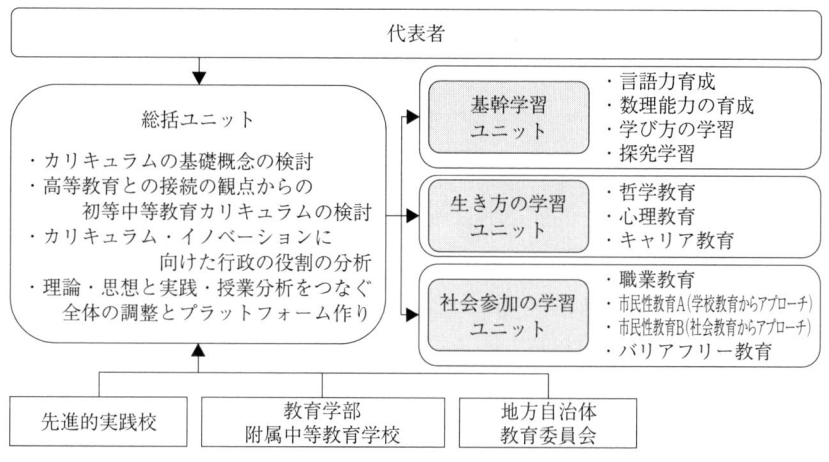

図 0-2　カリキュラム・イノベーションのユニット
本章に示した 2 つの図の作成にあたっては，河野麻沙美氏の協力を得た。

て，東京大学教育学部附属中等教育学校との連携と，学校づくりや教育行政の変革も視野に入れた具体的な実践の探究を可能にするための組織として，上記 3 つの研究ユニットの研究を統括しつつ，附属学校等の実践現場とを架橋するプラットフォーム的な研究ユニットとして，総括ユニットを設けた。それぞれのユニットは，3 ないし 4 つの研究プロジェクトによって構成されている。

　上記の 4 つのユニットの活動によって，カリキュラム・イノベーション（革新）の可能性と条件を探究した。以上の研究組織を図示すると図 0-2 のようになる。

4　本書の構成

　本書は，以上に述べたようなカリキュラム・イノベーション研究会の活動の成果をまとめたものである。
　第Ⅰ部「カリキュラム・イノベーションの原理」には，カリキュラム・イノベーションの基礎理論を扱った 3 つの章，「21 世紀型の学校カリキュラムの構造」（佐藤学），「カリキュラムの社会的意義(レリバンス)」（本田由紀），「「社会に生きる学力」の系譜」（市川伸一）を配置した。

第Ⅱ部「基幹学習」は，基幹学習ユニットでの活動成果をまとめた。ここでは既存の教科の学習をある程度前提としたうえで，そこでの自立的な学習者の育成がどのようにしてなされるかに視点をあてた検討がなされている。「言語力としてのメタ文法能力の育成」（秋田喜代美）は，言語力育成プロジェクト，「リテラシーをどう育むか」（藤村宣之）は数理能力の育成プロジェクト，「探究学習のあり方と学校図書館」（根本彰）は探究学習プロジェクト，「社会に生きる学び方とその支援」（市川伸一・植阪友理）は，学び方の学習プロジェクトの成果をまとめたものである。

　第Ⅲ部「生き方の学習」は，生き方の学習ユニットでの活動成果をまとめた。ここでは，新しいカリキュラム内容の提案として，市民としての生き方に関わる哲学教育，心理教育，キャリア教育を取り上げ，検討している。「存在論的に呼応する」（田中智志）と，「カリキュラム・ポリティクスと社会」（金森修）は，哲学教育プロジェクトの成果をまとめたものである。「うつ予防プログラムの開発」（堤亜美・下山晴彦）は心理教育プロジェクト，「ライフキャリア教育プログラムの開発」（高橋美保）は，キャリア教育プロジェクトの成果をそれぞれまとめた。

　第Ⅳ部「社会参加の学習」は，社会参加の学習ユニットの成果をまとめた章によって構成されている。ここでは，18歳を市民にするという初等中等教育の新しい役割において最重要のテーマとなる職業教育，市民性教育，バリアフリー教育をカリキュラムとして位置づける可能性と条件を検討した。「シティズンシップ教育のカリキュラム」（小玉重夫）と「正義とケアの編み直し」（川本隆史）は，学校教育からアプローチする市民性教育Ａプロジェクトの成果である。「社会における学びと身体性」（牧野篤）は，社会教育からアプローチする市民性教育Ｂプロジェクトの成果である。「職業的意義のある教育とその効果」（本田由紀）は，職業教育プロジェクトの成果をまとめた論文である。「バリアフリー教育とは何か」（白石さや）と「バリアフリー教育を授業に取り入れる」（星加良司）は，バリアフリー教育プロジェクトの成果をまとめた。

　第Ⅴ部「カリキュラムのガバナンス」は，総括ユニットでの成果をまとめた章によって構成されている。「地方発のカリキュラム改革の可能性と課題」（大桃敏行）は，カリキュラム・イノベーションに向けた教育行政の役割の分

析を行った。「附属学校と大学との協働は何をもたらしたか」（小玉重夫・福島昌子・今井康雄・楢府暢子・村石幸正）と，「附属学校と大学との組織的な連携関係をいかにして構築するか」（植阪友理）は，附属学校（東大附属）と大学（研究科）との連携，協働の成果とその課題を扱った。「高大接続の視点からカリキュラム・イノベーションを考える」（両角亜希子）では，本書全体の成果と内容に対するコメントを，高大接続の視点から行った。「今後のカリキュラムの方向性を探る」（カリキュラム・イノベーション研究会）は，本書全体のまとめであり，特に，各ユニットの研究成果を，具体的な実践とカリキュラムのあり方に焦点づけて提案した。

「おわりに」（南風原朝和）では，本書全体の締めくくりとまとめを行った。

本書の研究は，東京大学大学院教育学研究科附属学校教育高度化センターにおける2012年度と13年度の研究プロジェクトとして位置付けられ，また2011～13年度日本学術振興会科学研究費補助金（基盤研究A）「社会に生きる学力形成をめざしたカリキュラム・イノベーションの理論的・実践的研究」（研究代表者・小玉重夫）の助成をうけて行われた。研究の途中で，研究会のメンバーの一人であった中釜洋子教授が，2012年9月に逝去されたことは，われわれにとって痛恨の極みであった。中釜教授は生き方の学習ユニットのなかで，心理教育プロジェクトを担当され，他者との共生を可能にするアサーションプログラムのカリキュラム開発に取り組んでいた。その精神は，本書の内容にも受け継がれ，反映されているのではないかと考えている。中釜教授の遺志を受け継ぎつつ，われわれとしては今後もさらに残された課題に取り組んでいきたい。本書の研究は各章の執筆者だけでなく，東京大学大学院教育学研究科と教育学部附属中等教育学校のすべての教員の協力を得て行われ，その総力を結集したものになっている。その皆様に謝意を表するとともに，本研究の遂行に協力して下さった各機関に謝意を表したい。

参考文献

市川伸一（2004）．『学ぶ意欲とスキルを育てる——いま求められる学力向上策』小学館．
石橋太加志・千葉美奈子・橋本渉・細矢和博・南澤武蔵・秋田喜代美・小国喜弘・小玉

重夫（2014）．「協働学習に取り組む中等教育学校教師の抱える不安と有効性の認識」『東京大学大学院教育学研究科紀要』54巻．

小玉重夫（2003）．『シティズンシップの教育思想』白澤社．

小玉重夫（2013）．『学力幻想』筑摩書房．

佐藤学（2006）．「カリキュラムをデザインする」，秋田喜代美・佐藤学（編）『新しい時代の教職入門』有斐閣．

東京大学学校教育高度化センター編（2009）．『基礎学力を問う―21世紀日本の教育への展望』東京大学出版会．

東京大学大学院教育学研究科基礎学力研究開発センター（編集）（2006）．『日本の教育と基礎学力』明石書店

船橋一男（2009）．「Unit12 カリキュラム開発」，木村元・小玉重夫・船橋一男（著）『教育学をつかむ』有斐閣．

本田由紀（2009）．『教育の職業的意義——若者，学校，社会をつなぐ』筑摩書房．

山崎準二（2009）．「教育課程の概念と構造」，山崎準二（編）『教育課程（教師教育テキストシリーズ9）』学文社，第2章．

Biesta, G., Priestley, M. (2013). "A Curriculum for the twenty-first Century?", in Priestley, M. & Biesta, G. (Eds.), *Reinventing the curriculum*. Bloomsbury.

第Ⅰ部　カリキュラム・イノベーションの原理

第 1 章
21世紀型の学校カリキュラムの構造
イノベーションの様相

佐藤　学

1. はじめに——問題の構図

　ベルリンの壁が崩壊しグローバリゼーションが一挙に世界を席巻して四半世紀を経過した。「21世紀型の学校教育」のあり方が議論され始めたのも，冷戦構造が崩壊した25年前であった。その後，学校教育の行政，カリキュラム，授業と学びの様式のすべてがイノベーションによってドラスティックな変容を遂げてきた。いわゆるモダニズム的状況における学校教育からポストモダニズム的状況の学校教育への変容である。本章では，この時期の学校カリキュラムの変化を「グローバリゼーション」と「イノベーション」を鍵概念として考察したい。

　グローバリゼーションによる学校教育の変容は，歴史的転換ともいえる全体的で構造的な変化である。私たちがなじんできた学校教育は19世紀後半から20世紀初頭にかけて制度化されている。その制度化の主要な推進力は2つ，国民国家の統合と産業主義社会の発展であった。グローバリゼーションによって，この2つの推進力はいずれも衰退し，学校教育はその規範性と正統性を揺るがせ，全体的で構造的な変革を迫られてきた。その変化は，以下の諸点で進行した。

　第一は分権改革（decentralization）の進行である。近代学校の成立と拡大は，19世紀と20世紀を通じて中央政府（教育省）のトップ・ダウンの政策によって遂行されてきた。しかし，1989年以降は，どの国も教育の分権改革を推進し，政府（教育省）の権限を地方へと委譲し，学校と教師の自律性を強めている。学校教育の統制を国家管理から共同体のセクターと市場のセクターへと委譲す

る改革である。

　第二は未来投資としての教育の位置づけである。グローバリゼーションによって各国は国際経済競争に打ち勝つために教育を未来投資の主要な戦略として位置づけ，教育改革を中心的な国家政策の一つとして位置づけている。

　第三はポスト産業主義社会の成立である。グローバリゼーションは，安い労働力を求めて製造業部門の工場を先進諸国から途上国へと移動させ，途上国における産業主義化を加速させ，先進諸国のポスト産業主義化を促進した。この変化に伴って，先進諸国においてはポスト産業主義社会に対応した教育が求められることとなった。

　上記の変化は，世界各国において共通して見られる現象であるが，グローバリゼーションの進行自体，25年前の予想を超えた展開となっていることにも留意する必要がある。

　ベルリンの壁崩壊の直前，世界の経済学者，政治学者，ジャーナリストがグローバリゼーションについて予測を表明していたが，それらの予測の多くは裏切られる結果となっている。たとえば，1986年段階で世界の経済学者の多くが，10年後の東欧・ロシアのGDPを165％程度増加するものと見込んでいた。しかし，結果は誰も予測しない65％への落ち込みであった。市場経済の自由化による旧社会主義国のGDPの飛躍的増加の見込みは，真逆の結果を示した。予測を裏切った要因は，中国の市場開放によって投資家たちが東欧ロシアにではなく中国市場に資本を投入したこと，電子マネーの膨張によりバブル経済が世界を席巻し，アルゼンチンのバブル崩壊から始まりアジア・ショックと呼ばれる東アジア諸国の経済崩壊を導いたことなどにあった。国際経済について言えば，ギリシャ，スペインの経済危機も想定外の現象である。EUは，その結成時において加盟国において経済危機が生じることを想定していなかった。そのほか，25年前に予測されていなかった経済的な事柄として，中国の経済の飛躍的な発展がある。市場開放から20年間で中国のGDPがドイツ，日本を抜いて世界第二位の地位を獲得することは誰も想定していなかった。

　国際政治においても，ベルリンの壁崩壊後の展開は，人々の予測に反する展開を示している。冷戦構造が崩壊した直後，政治学者もジャーナリストも，アメリカ帝国主義の単独覇権（ユニテラリズム）によって世界が支配されるもの

と想定していた。「歴史の終焉」(フランシス・フクヤマ) が語られ,『帝国 (*Empire*)』(アントニオ・ネグリ&マイケル・ハート) という大部の専門書がベストセラーとして世界の書店に並んだほどである。しかし,現実には,アメリカ帝国主義は軍事的な覇権を維持しながらも,政治的,経済的な影響力は弱め,世界は政治的にも経済的にも北米,欧州,東アジア,新興国という 4 つの地域の連合体へと移行している。実際,市場規模で比較してみても,北米圏,欧州圏,東アジア圏の経済規模はほぼ同等であり,世界は一極支配の構図ではなく,多元的多極的な構図へと移行した。

　グローバリゼーションは,このように 25 年前の予測どおりに進展しているわけではない。むしろ,さまざまな予測や臆見に反する展開を示しており,その不確実な性格は今後も変化することはないだろう。

2. 21 世紀型の学校教育

　「21 世紀型の学校教育」は,どのような内実を示しているのだろうか。「21 世紀型の学校教育」への移行は,カナダと北欧諸国が 1990 年前後に先陣を切り,続いてアメリカとヨーロッパ諸国において改革が進行し,1997 年から 2003 年頃にアジア諸国が一斉に改革の梶を切っている。その変化は,各国のナショナル・カリキュラムに見ることができる。2007 年に OECD 加盟国 (当時 31 か国,現在 34 か国) のナショナル・カリキュラムを可能な限り調査した結果,OECD に加盟する先進諸国は,ほとんどの国において以下の 4 項目を「21 世紀型の教育」の課題として掲げていた。これら 4 項目は,その後も基本的に変化していない。
　①知識基盤社会への対応 (ポスト産業主義社会の教育,知識活用による思考探究の教育,生涯学習社会の教育)
　②多文化共生社会への対応 (異文化理解,多文化,多言語主義の教育)
　③格差リスク社会への対応 (学習権の保障,教育の平等,人権教育)
　④成熟した市民社会への対応 (市民性の教育,公共的モラルの教育,主権者教育,社会奉仕の教育)
　これら 4 項目は,先進諸国におけるグローバリゼーションへの対応の仕方を

示している。第一の「知識基盤社会への対応」は，知識が高度化し複合化し流動化する社会への対応であり，「PISA型学力」が端的に示しているような創造的な思考と探究の能力，コミュニケーションと協同の能力が追求されている。ポスト産業主義社会と生涯学習の社会への対応も，この課題に含まれている。日本を含む先進諸国の労働市場は，製造業が衰退し，情報産業の労働，知識文化産業の労働，対人サービス（医療，教育，福祉）の労働の需要が拡大している。しかも，生涯学び続けることなしには社会に参加できない時代に入っている。これらの要請への対応を先進諸国が第一に掲げているのは当然であろう。

　第二の「多文化共生社会への対応」も先進諸国の共通の課題である。この20年間でヨーロッパ諸国における移民の比率は数倍から数十倍に増加している。

　第三の「格差リスク社会への対応」も，グローバリゼーションによる急激な社会変化によっている。19世紀，20世紀の社会は搾取と抑圧と統制と差別の社会であったが，21世紀の社会は「包摂か排除か」（inclusion or exclusion）の社会である。社会参加から排除された人々は，人としての尊厳も人権も失いかねない危機に直面することとなる。グローバリゼーションは，第三世界の都市に先進諸国並みの階層と文化を現出させるが，先進諸国に第三世界と同様の貧困も生み出している。どのようにして，一人も排除しない社会を築くのか。貧困や紛争を克服して人権の尊重と平等の実現をどう達成するのかが，教育の中心課題の一つとなっている。

　第四の「成熟した市民社会への対応」も「市民性（シティズンシップ）の教育」として，どの先進諸国も教育改革の課題として掲げている。グローバリゼーションは，「国民」の教育から「市民」の教育へと目的を移行させている。地球市民，国別の市民社会の市民，地域共同体の市民の形成が求められている。さらにグローバル化した社会は個人が剥き出しになる社会であり，人々の協力と連帯が形成されなければ，訴訟社会，カウンセリング社会へと転落する危険がある。さらにどの国においても民主主義と公共的モラルが機能不全になっており，民主的主権者の教育と公共的モラルの教育がこれまで以上に必要とされている。これらの要請を受けて，主権者教育，公共的モラルの教育，葛藤解決の教育，社会奉仕の教育として「市民性」の教育が積極的に推進されている。

　これら4つの社会的対応は，先進諸国における学校教育の内容と方法を大き

く変化させた。その特徴も4点に焦点化して掲げておこう。

　学校教育の変容の第一の特徴は，「質と平等（quality and equality）の同時追求」が求められていることである。OECDのPISA調査委員会は，2000年以来の調査結果を総括して，「質と平等の同時追求」を推進した国のみが，教育改革を成功に導いていると結論づけている。日本を含むアジア諸国においても同様である。特に先進諸国の教育は「質」の時代に突入していることを認識しなければならない。たとえば，PISA調査のデータをもとに試算すると，先進諸国では授業時数の少ない国ほど学力が高く，逆に途上国では授業時数の多い国ほど学力が高い。このことは先進諸国の教育が「量」の時代から「質」の時代へと移行していることを示している。「質と平等の同時追求」は，幼児教育，初等教育，中等教育，高等教育，生涯教育のすべてにわたって一貫すべき改革の根本原理である。

　学校教育の変化の第二の特徴はカリキュラムの変化に示されている。19世紀，20世紀の学校カリキュラムは，知識と技能の伝達と習熟を目標とし「効率性」を原理とするプログラム型（階段型）のカリキュラムであった。その単元は「目標―達成―評価」で組織され，より多くの知識や技能を効率的に伝達し修得する授業と学習が組織された。それに対して，21世紀型の学校教育においては，知識や技能の伝達と習熟の効率性よりも，知識や技能を活用した思考探究による質の高い学びが追求され，プログラム型のカリキュラムからプロジェクト型（テーマ中心の単元と探究中心の学習）へと移行している。「創造的活動」「思考」「探究」「協同」「コミュニケーション」は，21世紀の学校カリキュラムの構成原理になっている。

　第三の特徴は，授業と学びの様式の変化である。この変化は教室の風景を一変させた。黒板を正面に掲げ，教壇があって教卓があって，机が黒板に向かって列をつくって並べられた教室で，教師が教科書を片手に黒板を使って説明し，生徒がそれをノートに筆記する授業（一斉授業）の様式は19世紀後半の産物である。その伝統的な一斉授業の様式は，欧米諸国では，博物館に入っている。一斉授業の教室から協同的学び（collaborative learning）の教室への変貌である。この変化は，21世紀の社会が先進諸国に要求する教育の質および学力の質が変化したことを示している。

私個人の海外体験によって，教室の変化の推移を示すことができる。1980年代以降，これまで31か国を訪問し500校以上の学校を訪問してきた。教室の変化を最初に体験したのは，1980年代末のカナダであった。一斉授業は姿を消し，小学校低学年ではペア学習と全体の協同的学び，小学校3年以上の学年，中学校，高校では男女混合4人グループの協同的学びによる授業が行われていた。この教室の変化は，1990年代にアメリカとヨーロッパ諸国に普及し，2000年代には南米，アジア諸国にも普及する（写真1, 2, 3, 4, 5, 6参照）。私は，この変化を「教室の静かな革命」と表現している。誰が提唱したわけでもないのに，ほとんど同じ教室の風景が世界同時革命のように現出している。

　第四の特徴は，学校が「教師の学びの共同体」（professional learning community）として再定義されていることである。グローバリゼーションによって世界各国において質の高い教育の追求が国家政策となり，教師教育の標準的スタンダードは修士課程へと高度化し，それと同時に学校における現職教育の機能の充実が，教育改革の中心課題となった。授業研究による現職研修が世界各国で普及し，学校は子どもたちが学び合う場所であるだけでなく，教師たちが専門家として協同で学び合う場所として再定義されている。

3. イノベーションとしての改革

　21世紀において，「イノベーション」という用語が，科学，技術，経済，経営，文化，教育の革新の標語となっている。この「イノベーション」という用語の淵源は，モラヴィア（現在チェコ）生まれのヨーゼフ・シュムペーター（Joseph Schumpeter）の経済学にある。シュムペーターは，一般均衡の理論にもとづき，市場経済が発展すると需要と供給が均衡状態を生み出し，新しい経済活動を実行する起業家（アントレプレナー）によるイノベーションによって経済システム全体の変動が生まれ，そのイノベーションの連続によって資本主義のシステムが社会主義のシステムへと移行するという理論を提示した。この「イノベーション」という用語は，1960年代に「技術革新」という意味で普及したが，シュムペーターの提唱する「イノベーション」は技術革新にとどまらず，経済，経営，社会一般の新たな経済活動の創発を意味していた。

今日の「イノベーション」という用語は，シュムペーターの概念を援用したハーバード大学の経営学者のクレイトン・クリステンセン（Clayton Christensen）が1990年代に「イノベーション」の実行者である「起業家」という用語と共に汎用したことに起源をおいている。クリステンセンは，現代の市場経済では「起業精神」による経済の部分的革新が全体のシステムやその様式に及ぶ構造的な改革を導くことを提示した。そこでは旧来の優良な製品を生産する大企業も新たな起業家によるイノベーションによって駆逐されることとなる（イノベーションのジレンマ）。たとえば，デジタル・カメラの開発当初は旧来のフィルム・カメラの方が画質も技術も優秀であったにもかかわらず，現在では旧来のトップ水準のカメラ会社もがデジタル・カメラを中心とする会社へと様変わりした。同様の現象は，10年足らずで世界を席巻したGoogle，Amazonあるいはスターバックスなど，いくらでも事例をあげることができる。

　教育における改革もイノベーションとして展開している。かつて教育の革新は「テクノロジーの革新」の一部であり，その取り組みは一部の学校に限定されていた。しかし，今日の教育の革新は，カリキュラム，授業，学び，学校経営，校内研修，地域との連携のすべての領域で浸透し，すべての学校を巻き込んで展開している。何一つイノベーションに取り組んでいない学校を見出すことは困難だろう。その是非はともあれ，その成否はともあれ，今やイノベーションは学校の日常に根を下ろしている。

4. アジア諸国における学校教育のイノベーション

　学校カリキュラムのイノベーションが，最も急激に進行しているのがアジア地域である。グローバリゼーションによってアジア地域は，どの地域よりも経済競争が過激に展開しており，新自由主義の経済政策とナショナリズムの政治イデオロギーが強く作動している地域でもある。その緊張関係を背景にして，アジア諸国は，学校カリキュラムのイノベーションを積極的に推進してきた。

　アジア諸国のカリキュラムのイノベーションは，1997年から2003年にかけて集中的に起こっている。その先陣を切ったのはシンガポールと香港である。シンガポールは1997年に「思考する学校，学ぶ国家（Thinking Schools, Learn-

カナダの教室（小学校1年生）1980年代

アメリカの教室（小学校5年生）1990年代

フィンランドの教室（小学校3・4年生）2000年代

フランスの学校(小学校) 2000年代

韓国の教室(中学校) 2000年代

中国の教室(小学校) 2000年代

ing Nation)」を標語に「21世紀型の教育」への挑戦を開始し，香港は1997年以降，矢継ぎ早の制度改革を遂行し，2000年以降「プロジェクト学習」「創造性」「批判的思考」「コミュニケーション」をキーワードとするカリキュラム改革を推進してきた。中国，韓国のカリキュラム改革もイノベーション戦略によって遂行された。中国は，1996年に「素質教育（quality education）」を標語として「応試教育」（受験学力）からの脱皮を追求し，2002年の教育課程によって「創造性」「思考・探究」「協同」を中核とする授業と学びへの改革が積極的に推進された（改革の基礎として私のカリキュラム理論が採用された）。韓国においても，1997年の第7次教育課程において「21世紀の世界化，情報化時代を主導する自立的・創意的な韓国人の育成」が目標とされ，「学習者中心」「探究中心」のカリキュラムが提唱された。同時期，台湾では「快楽学習」が提唱され，日本では「新しい学力観」が学習指導要領で提示されている。同様のカリキュラムのイノベーションは，インドネシア，フィリピン，マレーシア，ベトナム，タイなどの他のアジア諸国においても確認できる。

　アジア諸国の急激なカリキュラム・イノベーションにおいて共通しているのは，東アジア型教育からの脱皮が求められていることである。東アジア型教育は，日本の近代化をモデルとする教育であり，圧縮された近代化，中央集権的教育行政，画一的平等，ナショナリズム，過激な受験競争，私教育への依存と公共性の脆弱性などを特徴としている。アジア諸国は，一世紀以上にわたって日本の教育をモデルとする東アジア型教育を遂行してきたが，「21世紀型の学校教育」へのイノベーションにおいて，どの国も東アジア型教育からの脱皮を求めていることが特徴的である。

　アジア諸国におけるカリキュラムのイノベーション戦略は，現実に実効性を発揮している。その典型を韓国における革新学校のネットワーク，台湾における学校改革の新潮流に見ることができる。韓国では2006年に京畿道において最初の革新教育監（教育長）が選挙で選出されて以来，革新学校のネットワークによって学校改革をボトムアップで推進する改革が展開してきた。2010年に革新教育監は6人，2014年には17人中13人の革新教育監が選出され，21世紀型の教育を実現する拠点校である革新学校（その多数は「学びの共同体」の学校）のネットワークは韓国の全域に拡大し，カリキュラム・イノベーショ

ンの最大の推進力になっている。同様のイノベーションは，2012年以降，台湾においても進展している。台湾では23人の教育長全員が，「21世紀型の学校」を提唱する「学びの共同体」の学校改革を積極的に推進し，その改革の拠点となるパイロット・スクールの創設が爆発的に起こっている。これらは，イノベーション戦略による学校教育の改革であり，この戦略がアジア地域において実効力を発揮していることを実証している。

　しかしながら，アジア諸国におけるカリキュラム・イノベーションの進展については慎重に検討する必要がある。香港大学のケリー・ケネディ（Kelly Kennedy）は，アジア諸国における学校改革が，いずれも「子ども中心」「活動中心」「創造性」「思考・探究」「コミュニケーション」中心の授業を推進している現状に批判的な視点を提示している。ケネディは，この改革動向は，一見すると「進歩主義教育（progressive education）」の伝統の継承に思われるが，その理念と哲学において異なっており，「新進歩主義（new progressivism）」と呼ぶべきだという。かつての「進歩主義教育」が子どもの発達と民主主義社会の実現を目的とし，経済的効率性への抵抗として展開したのに対して，今日アジア諸国で推進されている「新進歩主義」の教育は国際経済競争に打ち勝つための教育として推進されていると指摘している。

　ケネディの卓見が示すように，現在進行しているアジア諸国のカリキュラム・イノベーションがグローバル人材の育成と国際的な経済競争の生存競争で遂行されている限り，その教育は「似非進歩主義（quasi-progressivism）」として展開するほかはないだろう。その危惧は確かに存在する。しかし，もう一方で，アジア地域において子ども中心の教育が発展している背景として，大局的に見て，アジア諸国における民主主義の発展があり，子どもの学ぶ権利の拡大があることも事実である。国際的な経済競争における国益の追求と子どもの学ぶ権利の拡大による民主主義の発展との拮抗する狭間に，アジア諸国のカリキュラム・イノベーションの実践は立っている。今後の展開に注目したい。

5. 課題と展望

　21世紀型の学校カリキュラムにおいて検討すべき課題は，他にもいくつも

存在している。その一つは知識の情報化による知識と教育の商品化，大学と学校の企業化の問題である。特に知識の商品化は「破壊的イノベーション」として旧来の優秀な大学と学校の教育を危機へと追い込んでいる。

　グローバリゼーションによって知識と教育は商品化され私事化されている。たとえば，アメリカのトップレベルの大学は，知的財産と資産運用によって一気に基金を拡大した。ハーバード大学の基金は3兆円を突破している（東京大学の基金の約100倍に達する。ちなみに10年前は約4倍であった）。アメリカの主要大学の基金はこの20年間で数十倍に膨張し，主要5大学の基金を合算すると，小さな国の国家予算に達するほどである。大学は知識産業の企業体へと変貌してしまった。

　知識と教育の商品化と大学の企業化によって，教育の公共性を基礎づけていた知識の著者性（authorship）は知財の所有権（ownership）へと変貌してしまった。かつてアインシュタインの相対性理論によって膨大な私的利潤を生み出すことはなかった。しかし現在では，人文学や社会科学の知識まで商品化され，authorship は ownership へと転化して，学問や知識の公共性は危機に瀕している。大学の企業化はその一つの現れである。この危機は，教育の真正性（authenticity）を効率性（efficiency）へ，教育をサービスに転じて応答責任（responsibility）を説明責任（accountability）へと変化させる新自由主義のイデオロギーとセットになって展開している。その結果は学びの「質」と「平等」の破壊である。改革の根本原理として「質と平等の同時追求」が確立されなければならない。

　「21世紀型の学校教育」へのカリキュラム・イノベーションにおいてICT教育も論争的な問題の一つである。本章では論じられなかったが，ICT教育はアジア諸国，特に産業主義化を推進する途上国および開発途上地域において，カリキュラム・イノベーションの中心領域として過激に浸透している。そのこと自体が，教育における「資本とテクノロジーの暴走」の一つの現象としてICT教育が機能していることを証明しているが，ここでも学びの「質」に関する検討が必要である。

　最後に，日本におけるカリキュラム・イノベーションの課題について補足しておきたい。PISA調査やTIMSS調査の結果は，日本の教育が学力水準の優

秀性とは裏腹に，学びの質においていくつも問題を抱え，授業と学びのイノベーションにおいて国際的に最も遅れている状況を示している。学習指導要領における「21世紀型学校教育」への対応を見ても，他の先進諸国と比較すると，約15年遅れのタイムラグを伴って進行している。カリキュラム・イノベーションを遂行する主体である教師の教育水準は，戦後直後から1970年代までは世界トップの位置にあったが，今や修士レベルが国際的に標準化した現在，世界最低レベルにまで落ち込んでいる。学校の教育環境の改善も遅れている。いまだに40人の生徒がひしめく日本の教室の風景は，一クラスの生徒数が多いアジア諸国の学校を見ても稀である。これら一連の「ガラパゴス的状況」は，なぜ生じたのか。そして，この現実をどう克服すればいいのか。その政策的，実践的，理論的な解決は喫緊の課題である。

　本章は，2011年12月10日に開催された東京大学大学院教育学研究科主催シンポジウム「社会に生きる学力形成をめざしたカリキュラム・イノベーション——理念と方向性」における報告原稿に加筆した。

参考文献

佐藤学（2012a）.『学校改革の哲学』東京大学出版会.
佐藤学（2012b）.『学校見聞録』小学館.
佐藤学（2013）.『学校を改革する』岩波書店.

第2章
カリキュラムの社会的意義(レリバンス)

本田由紀

1. カリキュラムの社会的意義(レリバンス)とは何か

　本書を貫くテーマは,「社会的意義(レリバンス)」という観点から,「カリキュラム・イノベーション」の方向性と具体案を探るということにある。では,本書全体を通じて核となる概念である,「カリキュラムの社会的意義」とは何か。「カリキュラム」・「社会的」・「意義」という,いずれも抽象度と広がりの大きい3つの言葉をつなげた「カリキュラムの社会的意義」という主題の意味を吟味するためには,それと重なりながらもずれる部分をもつ,「教育の社会的機能」という言葉と照らし合わせてみることが役立つだろう。

　「教育の社会的機能」とは,社会学,特に教育社会学において議論が蓄積されてきた主題であり,近代以降に制度化され普及した,教育という社会領域——その中核は学校教育制度である——が,社会全体の中で果たしている様々な「働き」を表す概念である。その具体的な内容としては,①社会化,②選抜・配分,③正当化の3点が挙げられる場合が多い。すなわち,①は個人に対して社会成員として求められる知識やふるまい方を身につけさせること,②は①をどれほどの水準で達成したかに即して個人を教育外部の社会の多様な地位や役割に振り分けてゆくこと,③は①②のプロセスを通じて社会の構造や秩序が合理的で公正なものであるというメッセージを社会の構成員に対して顕在的・潜在的に発することにより,その構造や秩序を維持することである。

　これら①〜③のさらに具体的な内容には,これまでの社会学の展開や個々の論者によりバリエーションがある(カラベル&ハルゼー,1980;竹内,1995など)。たとえば①については,社会化の内実としてどのような知識やふるまい方に着

目するかに即して，国民統合，産業人材の養成（技術的機能主義），特定の階層文化（葛藤理論・文化的再生産論），ジェンダー規範等々，様々な指摘がなされてきた。また，教育制度そのものから生じる予期的社会化効果により，実際に教育という働きかけがなされる以前に社会化が生じていると指摘する，チャーター理論のようなバージョンも存在する。また②についても，①と連動して，いかなる基準に基づいて選抜・配分がなされているかに関する観点の相違により，一方には教育で身に着けた知識や能力とその後に就く地位や役割，階層文化などとの対応を想定する議論もあれば，他方には教育達成は単に個々人の生得的な能力・資質の高低を反映しているにすぎないと主張するスクリーニング理論のような議論もある。さらに，これら①②のバリエーションのいずれを選択するかにより，③についても，教育の正当化機能そのものにどれほどの正当性を認めるかには幅が生じる。

しかし，「教育の社会的機能」をめぐるこれらの議論は，「学校内での過程をブラックボックス化している」として，解釈的アプローチ等のいわゆる「新しい教育社会学」からの批判を受けることになる。すなわち，「教育の社会的機能」に関する諸論は，社会を調和的・均衡的に見るか，葛藤的・権力的に見るかという点を含む種々の相違はありながらも，総じて教育が社会の一部品として与えられた特定の作用を果たしていることを前提としている点で，「超決定主義であり，超規範的パラダイムである」（竹内1995, p. 32）という批判を免れない性質を帯びていたとされる。

「教育の社会的機能」が，ごく大まかには上記のような議論であったとして，では「カリキュラムの社会的意義」は，それとどのように重なり，どのように異なるのか。「教育の社会的機能」と同様に，「カリキュラムの社会的意義」も，社会の中での教育の「働き」を名指す言葉である。しかし両者の間にはぴったりと相同ではない部分があり，それは当然ながら，「教育」と「カリキュラム」，「機能」と「意義」，という用語の違いから生じている。

第一に，「カリキュラム」は「教育」の中の一部分に焦点化している。「教育」は，制度，組織，教師，生徒集団，授業，試験，儀式等々の複雑な要素の複合体であり，その中で「カリキュラム」は「教育」を通じて伝えられるものとして定式化されている知識の内容・方法を指している。いわゆる潜在的カリ

キュラム（「隠れたカリキュラム」）までを射程に含むとしても，この「カリキュラム」という言葉が用いられる際に常に中心に据えられるのは，学習者への伝達を目的として体系的に配列され整序された顕在的な知識のセットである。そして，「カリキュラム」という事象への焦点化は，必然的に，その知識がもつ，社会化（先述の①〜③のうちの①）という「働き」への関心の焦点化を伴っている。

　第二に，先述のように，「機能」という言葉は，事象Xから事象Yへの客観的な因果関係もしくは直接の影響関係を主に意味しているのに対し，「意義」はそれに限定されず，当事者がXとYとの間に主観的に感じる有意味性や，媒介要因を経由した上での間接的な影響関係，内容的な対応関係などをも含みこんでいるという点で，事象間に想定する関係のあり方に関しては，より広範囲かつ緩やかな概念であると考えられる。それと同時に，「意義」のほうが「機能」よりもいっそう，何らかの観点から見て「ポジティブな」，「望ましい」，「価値のある」関係性が想定されている点で，規範的なニュアンスが強いといえよう[注1]。

　以上より，「カリキュラムの社会的意義」は，「教育の社会的機能」と比べて，(1)「働き」の発端としての事象はカリキュラムへと，(2)「働き」の種類としては社会化へと，いずれもより限定化・焦点化されており，逆に(3)「働き」の作動の仕方については特定化の度合いが弱いため経験的な検討に開かれているが，(4)「働き」に対して規範的な期待を含意しているということが，両者の相違であるといえる。

　このような意味での「カリキュラムの社会的意義」を研究するということは，特に上記(3)の点からして必然的に，「教育の社会的機能」をめぐる従来の諸研究よりも，実証的性格を強く帯びることになる。言い換えれば，「教育の社会的機能」研究がブラックボックスとみなしがちであった，教育の内部過程に詳細な検討の視線を向けることが必要になる。その意味では，「カリキュラムの社会的意義」研究は「新しい教育社会学」との親近性が強いといえる。しかし，「新しい教育社会学」が教室内部における教師－生徒間のミクロな相互作用と，教育知識の構造を規定する権力作用を中核的な研究主題として掲げていたのに対し，「カリキュラムの社会的意義」研究では，教育内部から流れ出し

教育外部の社会で作動する多様な影響関係が重要な研究対象となるということに，両者の力点の相違がある。

2. カリキュラムの社会的意義(レリバンス)が求められる背景

では，我々はなぜ，「社会的意義」という観点から「カリキュラム・イノベーション」を追究しようとしているのか。これについては序章でも論じられているが，本章では，教育という社会領域を取り囲む外部環境の変化に力点を置いて議論しておこう。

周知のように，1980年代以降，英米をはじめとする多くの先進諸国においては，膨張する社会福祉を財政的に担いきれなくなり，市場競争と自助努力を重視する新自由主義が政策的に推進されるようになった。しかし，過度の市場至上主義は失業・貧困・格差などの諸問題を生み出したことから，それらへの対処として，市場を有効に作動させるために政府が強力な介入や調整を行う，バージョンアップされた新自由主義——イギリスでは「第三の道」と呼ばれる——が浮上することになった。

そこにおいて重視されたのが教育の役割である。教育は，一方では人々のエンプロイアビリティ（就労能力）を高めることで労働市場への参入を促し生産性を向上させるという役割を，他方では主体的に社会活動や政治参加を行うシティズンシップ（市民性）の育成という役割を，従来に増して要請されるようになった（仁平，2009）。同時に，冷戦終結後にBRICSなど多くの後発国が経済発展を開始したため，グローバルな経済競争は熾烈化し，追い上げられる先進諸国では，経済成長と税収の伸び悩みの中で財政収支の悪化が慢性化していた。それゆえ，教育には，従来よりも高まった外部からの諸期待を，従来よりもコスト面で効率的に満たすことが求められるようになったのである。それはすなわち，教育が，政府，学習者，保護者，産業界などの様々な費用負担者・ステークホルダーに対して，教育のアウトカムという面でのアカウンタビリティ（説明責任）を果たすこと，言い換えれば「社会的意義」をもつことへの要請が強くなってきたということに他ならない。

このような過程の中で，教育のカリキュラムに対する政府からの統制も強化

されてきた。従来は教育内容に関して個々の教師に大幅な裁量権が与えられてきた諸国においても、ナショナル・カリキュラムもしくはナショナル・テストを導入することにより、カリキュラムを通じて上記のアカウンタビリティ≒「社会的意義」の確保につなげようという動きが顕在化した。

　以上の経緯により、「カリキュラムの社会的意義」への関心が世界的に高まる動向が生じてきたといえる。しかしそこには、ある隘路が見出されることにも注意を向けておく必要がある。それは、やはり社会の変化によって、「カリキュラム」と「社会的意義」とのつながりが順接的でなくなってくるという現象である。

　これまで、具体的な「社会的意義」としては、上述のエンプロイアビリティやシティズンシップが主に掲げられてきた。さらに、OECD や EU は、エンプロイアビリティとシティズンシップの両者にまたがるジェネリックなスキルとしてのキー・コンピテンシーを、それぞれ定式化し推進している。たとえば OECD の DeSeCo プロジェクトが挙げるキー・コンピテンシーは、1）言語や科学技術などの道具を、相互作用的に用いる、2）異質性の高い集団で、相互に関わり合い、影響を与え合う、3）自律的に活動する、という3つのカテゴリーから成る。このようなコンピテンシーは、別々の構成要素には還元できない、複雑な行為のシステムであり、転用可能性に富むものであるとされる。そのような包括的で柔軟なコンピテンシーが提唱されているのは、社会や労働市場の不安定性・不透明性・変化・リスクの増大という趨勢に対処する必要性からである（平塚, 2010）。

　しかし、個別の要素に還元されえないコンピテンシーを、個別の知識群としての教育内容の体系的配列としてのカリキュラムを通じて形成するということには、本質的な矛盾が存在する。実際に、コンピテンシーの形成のために必要な条件として掲げられるのは、参加と社会関係資本（平塚, 2010）、ディープ・アクティブ・ラーニングとアンラーン（松下, 2014）など、教育内容というよりも教育（学習）方法に関する事柄である場合が多い。そうした方法をカリキュラムに付加することは可能であっても、何を教えるか、という教育内容に関する問いに対して、方法に関する条件は答えを示すことができない。悪くすれば、何を教えようがかまわない、方法だけが問題なのだ、という答えにもなり

かねない。

　こうした本質的な問題が,「社会的意義」はますます強く求められるが, それを「カリキュラム」として実現することはますます困難になる, という隘路をもたらしている。ただし, どのような具体的な知識内容をカリキュラムとして編成するかについて, コンピテンシーやエンプロイアビリティ, シティズンシップのような抽象度の高い「社会的意義」とは異なる原理を定立することができるならば, この隘路を回避することは不可能ではないだろう。ここで確認したいのは, 前節で整理した,「カリキュラムの社会的意義」という主題に内在する (1) から (4) の特徴のうち, (1) (2) すなわちカリキュラムを通じた社会化への限定化・焦点化と, (3) (4) すなわち「社会的意義」の非限定性および規範性との間には, 後者が無限に増進しがちであるのに対して前者の具体化が追いつけないという形での乖離が生じがちであり, その乖離を埋めるための制度的・政策的・実践的な仕組みが, 意図的に必要とされるということである。

3. 日本固有の文脈

　前節では,「カリキュラムの社会的意義」が問われるようになった一般的な背景を概観した。しかし, この主題を日本という特定の社会の文脈に位置づけたとき, そこには, 前節の動向が該当する部分と, 日本において顕著に観察される固有性との双方が観察される。

　日本の固有性とは, 何よりも,「カリキュラムの社会的意義」が, 他の諸国と比較しても非常に希薄であるということにある。その希薄さは, いわゆる普通科目が学習者にとって「社会的意義」のあるものと感じられている度合いの低さと,「社会的意義」を発揮することを目的として開設される専門的な学科・コース・教育プログラムの量的な少なさ, という2つの位相において見いだされる。

　このうち前者についての最近のデータの例としては, 2012年実施のPISA調査があげられる。PISA 2012では, 調査対象である各国の15歳の若者に対して, 数学の学習に対する意識を多面的にたずねている。その中に,「カリキ

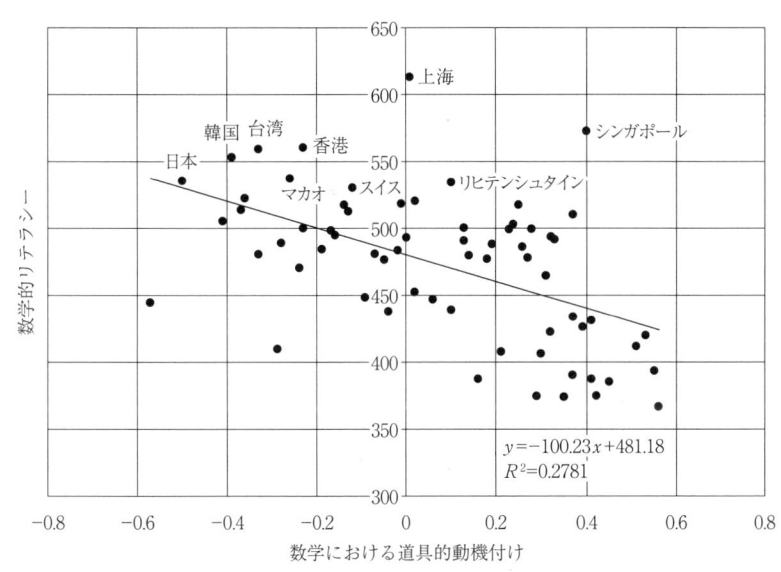

図2-1 数学的リテラシーと動機付けの関連
国立教育研究所（2013）

ュラムの社会的意義」に関連する項目として，「学習の道具的動機付け」についての4つの質問が含まれている。それらは，「将来つきたい仕事に役立ちそうだから，数学はがんばる価値がある」，「将来の仕事の可能性を広げてくれるから，数学は学びがいがある」，「自分にとって数学が重要な科目なのは，これから勉強したいことに必要だからである」，「これから数学でたくさんのことを学んで，仕事につくことに役立てたい」という質問項目であり，これらへの回答結果を総合して「数学における道具的動機付け」指標のスコアが算出されている（国立教育政策研究所，2013, p. 39）。なお，これら4つの質問項目のうち3つは，仕事に対する数学の意義に関するワーディングであるため，多様でありうる「社会的意義」のうちの「職業的意義」に重点を置いた指標であることは踏まえておく必要がある。

　この「数学における道具的動機付け」指標を横軸に，数学的リテラシーの平均点数を縦軸にとり，各国の位置を散布図で示したものが図2-1である。

　回帰直線は右下がりであることから，「道具的動機付け」と数学的リテラシ

一の間には，どちらかといえば負の関係があるといえるが，回帰直線の説明力を示す R^2 値は大きくなく，回帰直線から乖離した位置にある国も多い。数学的リテラシーが日本と同水準以上の国の間でも「道具的動機付け」の散らばりが大きく，その中で日本は「道具的動機付け」が最も低い。対照的に，シンガポールでは「道具的動機付け」と数学的リテラシーのいずれもが高水準である。このことは，この両者が必然的に背反的ではないことを意味している。それにもかかわらず，日本では「道具的動機付け」がきわめて低いのである。

　なお，PISA 2012 では，数学に関する「道具的動機付け」以外に，「興味・関心や楽しみ」，「自己効力感」（具体的な数学的操作ができるかどうか），「自己概念」（得意かどうか），「不安」についても調査されているが，いずれについても日本ではネガティブな反応が参加国の中で顕著である。「興味・関心や楽しみ」，「道具的動機付け」，「自己効力感」については前回の 2003 年調査よりも改善が見られるが，それでも参加国平均には大きく及ばない。

　また，2006 年に実施された PISA では，科学に関して 2012 年と同様の意識質問が設けられているが，やはり日本における科学の「職業的意義」に関する認識は，調査参加国の中で非常に低い。

　以上は普通科目の「社会的意義」の低さに関するデータであるが，他方の，「社会的意義」を意図して開設される学科・コース・教育プログラムの少なさという側面についてもデータで確認しておく。これについても，データの入手しやすさという理由から，「社会的意義」のうち「職業的意義」に焦点を絞る。図 2-2 は，OECD のデータを用いて，各国の後期中等教育修了率と，そのうちで職業教育プログラムを修了した者の比率を示している。

　OECD 加盟国全体の後期中等教育修了率は平均 83%，職業教育プログラム修了率の平均は 47% であり，EU 加盟 21 か国ではそれぞれ 84%，55% であるのに対し，日本はそれぞれ 96% と 23% であり，図 2-2 内の位置からもわかるように職業教育プログラム修了者の比率が韓国等と並んで非常に低い[注2]。図 2-2 の回帰直線の傾きおよび R^2 値は小さいが，仮に図 2-2 から日本・韓国・ハンガリー・カナダを除いた場合，傾きは 0.7778，R^2 値は 0.2803 へと増大するため，多くの国に見られる傾向としては，後期中等教育修了率と職業教育プログラム修了率の間には正の関連があるといえる。しかし，日本では後期中等

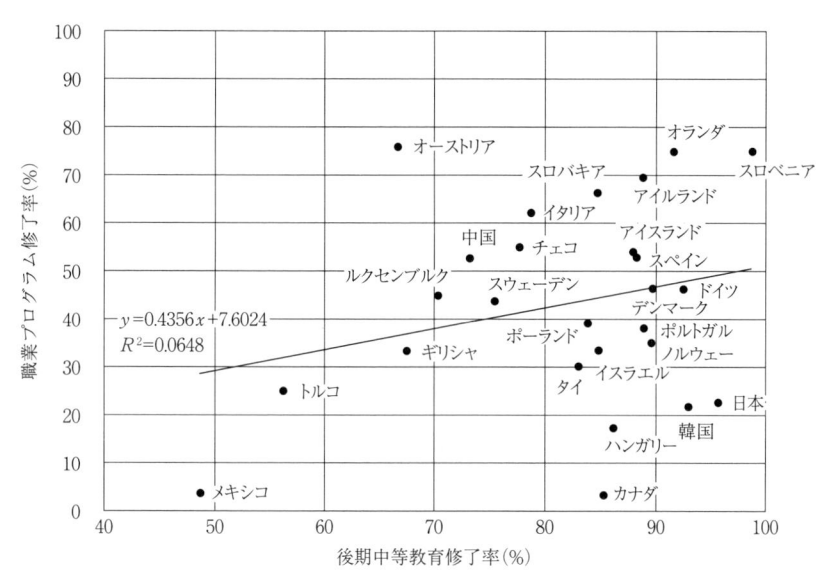

図2-2 各国の後期中等教育修了率と，その中での職業プログラム修了率
OECD（2013）

教育（高校）の機会がほぼユニバーサル化しているにもかかわらず，その中で普通科が多くを占め，専門学科の量的規模が小さいのである。

　日本でこのような状態が生じている歴史的背景は，1960年代の高度経済成長期における大都市への人口集中と高校進学率の急増，1970年代前半の第二次ベビーブームにより，特に大都市圏では1970年代から1990年頃にかけて高校を大増設する必要が生じていたが，1970年代初めの石油危機により税収が停滞していたため，最も安価に設置可能な普通科を増設することにより対応したということにあったと考えられる（本田・堤，2014）。

　以上に見てきた2つの側面が相俟って，日本では総じて学校教育の「職業的意義」は低い。

　そのことは，7か国の13～29歳の若者に対して内閣府が実施した国際比較調査においても確認される（図2-3）。

　なお，内閣府の同調査では，「カリキュラムの社会的意義」という形ではないが，若者の政治参加意識についても質問が設けられており，「社会をよりよ

第2章　カリキュラムの社会的意義——35

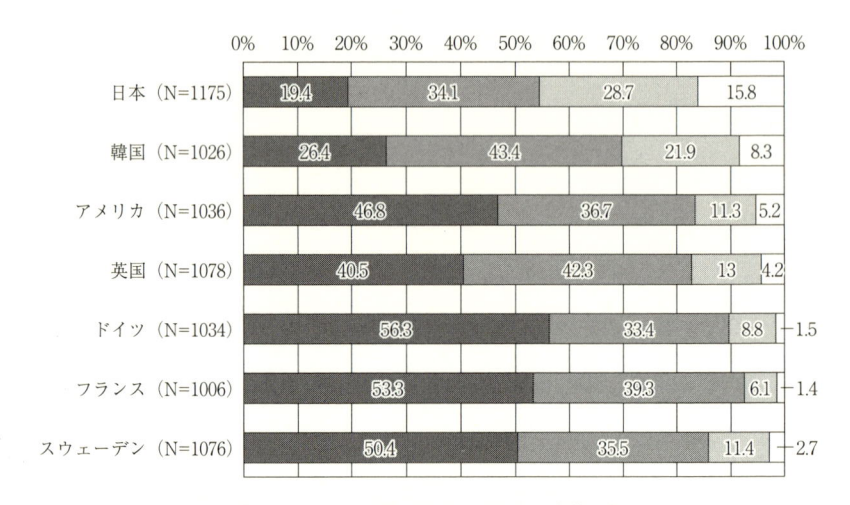

	0%	10%	20%	30%	40%	50%	60%	70%	80%	90%	100%

日本 (N=1175): 19.4 / 34.1 / 28.7 / 15.8
韓国 (N=1026): 26.4 / 43.4 / 21.9 / 8.3
アメリカ (N=1036): 46.8 / 36.7 / 11.3 / 5.2
英国 (N=1078): 40.5 / 42.3 / 13 / 4.2
ドイツ (N=1034): 56.3 / 33.4 / 8.8 / 1.5
フランス (N=1006): 53.3 / 39.3 / 6.1 / 1.4
スウェーデン (N=1076): 50.4 / 35.5 / 11.4 / 2.7

■ 意義があった　■ どちらかといえば意義があった
□ どちらかといえば意義がなかった　□ 意義がなかった

図2-3　学校の意義「仕事に必要な知識や技能を身に付ける」
内閣府（2014）

くするため，私は社会における問題に関与したい」「将来の国や地域の担い手として積極的に政策決定に参加したい」といった項目に関して，日本の若者の肯定的回答は他の6か国よりも少ない。さらに，政治参加意識に限られず，同調査では日本の若者の自己肯定感や積極性が全般的に低く，学校への満足度も低い結果となっている。間接的なデータではあるが，国際比較から見て，日本の「カリキュラムの社会的意義」が，高いとは決していえないことは確かであろう。

　もう1つ触れておきたいのは，日本では「カリキュラムの社会的意義」が低いだけでなく，カリキュラムを成功裏に習得することが「社会的意義」とむしろ負の関連をもつ傾向すらあるということである。たとえば山田（2006）は，小学校3年生・小6・中2・高2の生徒に対する調査結果において，「勉強が得意だ」と感じる者ほど共感・互助志向が弱い結果が見られたことを指摘し，この結果が「学校知識を首尾よく身につける意味を個人的な成功に限定するのではなく，他の人を支え・助けるための社会的な資源の獲得として捉える，そのような意味づけが欠如していることを示唆するものである」と述べている[注3]。

こうした「カリキュラムの社会的意義」の希薄さ，もしくは負の「社会的意義」については，過去長きにわたり多数の，主に批判的な指摘があり，その原因についても，日本独特の近代化プロセス，その帰結としての教育における選抜機能の肥大化など，様々な解釈が加えられてきた（中内，1983；乾，1990；沖津，1991など）。また，こうした状況への問題意識から，1970年代以降の学習指導要領においても，「ゆとり」「新学力観」「生きる力」「生活との関連」などの方向性が繰り返し示されてきた。
　それにもかかわらず，この間の日本の「カリキュラムの社会的意義」は依然として低いままであり，前節で概観したような教育外部からの要請のもとで，あらためてその改善が課題として浮上しているといえる。
　しかし，日本では，特に1990年代以降の労働市場の変容や社会の格差化が著しく，それらへの対処や解決の期待が教育に集中的に寄せられたことから，前節で指摘した（1）（2）と（3）（4）の間の乖離，すなわちカリキュラムによる社会化と，拡散的で規範的な「社会的意義」への期待との間の分裂という隘路が，際立った形で現出する結果になっている。上記の「生きる力」や「人間力」をはじめとする様々な「力」の形成や，生き方を考えるための「キャリア教育」といった，抽象度の高い「社会的意義」が，いかなるカリキュラムを通じていかにして形成されるのかということについての経験的な吟味がきわめて不十分なままで，スローガンとして掲げられているのが現状である。
　では，この隘路に陥ることを回避しつつ，「社会的意義」という観点からの「カリキュラム・イノベーション」を追究するためには，どのような方策がありうるだろうか。

4. カリキュラムの社会的意義（レリバンス）を追究するうえでの条件

　上の問いに対して筆者が用意する答えはシンプルなものである。それは，「カリキュラム」と「社会的意義」をいずれも具体的に措定した上で，両者の関係を経験的・実証的に検討することである。すなわち，「カリキュラム」に関しては，授業の配列や時間配分，個々の授業の内容と方法について明確に設計し，「社会的意義」に関しては実現すべき学習者の変化を操作的に定義し，

前者が後者をもたらしえているかどうかを，量的・質的な方法を通じて——望むらくは混合的手法を用いて——検証し，その結果に基づいて前者を改良してゆくという地道な作業によってのみ，「カリキュラムの社会的意義」は，取り組むに値する主題となりえると考える。

　このような作業において，配慮すべき具体的な条件を，仮説的なものも含めて以下に列挙しておきたい。第一に，学校教育制度においてカリキュラムとして使用可能な時間は有限であることから，複数のひしめき合う「社会的意義」——職業教育，市民性教育，消費者教育，人権教育，平和教育等々——の間で，学年配置も視野に入れた時間配分の調整が不可欠となることである。

　第二に，教育内容・方法を設計する際には，学習者の生活世界のリアリティを把握し，それに即したものとする必要がある。それは学習者のリアリティをなぞり媚びることではなく，一度はそこに立ったうえで，それと地続きの，しかしより広い知識や考え方を学習者に提示するということである。

　第三に，カリキュラムを通じて学習者がいったん社会化されたとしても，その持続性については別途検証する必要がある。「社会的意義」は，学習者が教育の外部の社会に出た際に発揮されることを想定した概念であり，教育の修了までに長期間かかる場合はいっそう，社会化の持続性に配慮したカリキュラム設計が求められるし，「社会的意義」の検証も数年以上の長い時間的スパンで行われることが望ましい。

　第四に，カリキュラムは，当初想定されていた以外の「社会的意義」をもつ場合があることに注意すべきである。たとえば，堤 (2012) は，高校段階での職業教育が，生徒の政治的自立性につながっていることを，実証分析を通して指摘している。また，教育内容・方法の微細なあり方によって，むしろ負の「社会的意義」をもたらしてしまう場合もある。たとえば，「弱者への思いやり」を強調する人権教育が，人権について「強者から弱者への施し」というメッセージを伝えてしまうような事例である。

　第五に，「カリキュラムの社会的意義」だけで社会の諸問題のすべてが解決されるわけではないという視点をもつことが必要である。労働，福祉，政治，家族などの教育外部の社会の諸領域における様々な課題は，それらの諸領域における直接的な対処が不可欠である場合のほうがむしろ通常である。それゆえ，

「カリキュラムの社会的意義」を追究することは，その限界を見定める作業でもある。

そして最後に，上記の諸点に配慮しつつも「カリキュラムの社会的意義」の検証と向上が必要であると本稿が主張する理由は，そうした吟味が教育の権力性への枷になると考えるからである。教育は，マクロレベルではその制度化により，メゾレベルではそれを構成する組織や集団により，ミクロレベルでは教師－生徒間の非対称な関係性により，本質的に権力的な社会領域である。社会変化により教育への規範的期待が高まっている状況は，その権力性をさらに増大させる危険をはらんでいる。それを抑制し，「カリキュラム」と「社会的意義」の結びつきを実質化するために，「カリキュラムの社会的意義」の具体的な検証と不断の改善が必要とされるのである。

以上のように，「社会的意義」の観点からの「カリキュラム・イノベーション」とは，何ら煌びやかなものではなく，鈍色の，言わば教育にかけられたある種の「呪い」といってよいものである。しかし，その「呪い」こそが，教育という社会領域にとっての希望であり祝福である[注4]。

[注1] 教育の「意義」については，筆者のこれまでの議論も参照されたい（本田，2005；2009）。本田（2005）では，相対的な区分として「社会的意義」と「個人的意義」を区別しており，後者の典型例として，個人にとっての学ぶことそのものの面白さを意味する「即自的意義」を挙げている。しかし，本章のテーマは「社会的意義」であるため，「個人的意義」についての議論はほぼ割愛している。また，「カリキュラムの社会的意義」を本文で述べたように特定化した場合，たとえば「中学3年時の成績が良いほうが40歳時点の収入が高い」といった検証は，「カリキュラムの社会的意義」研究から除外されるわけではないが，カリキュラムの内実や関連性の筋道がブラックボックス化されている点で，この研究主題への位置づけとしては周辺的なものとならざるをえないと考える。
[注2] カナダでは職業教育プログラムが非常に少なくなっているが，これはアメリカと同様，職業教育をプログラムやコースとして分化させるのではなく，選択科目として多くの生徒に提供していることによる。
[注3] ただし，山田（2006）の分析では，カリキュラムに何らかの意義を感じていることは共感・互助志向と正の関連がある。
[注4] 本章の脱稿とほぼ同時に，本章の内容と密接に関連する内容の書籍である広

田・宮寺編（2014）が刊行された。時間的な制約から，この書籍の内容を本章では十分に組み込めていないが，ぜひ併せて参照されたい。

参考文献

乾彰夫（1990）．『日本の教育と企業社会』大月書店．

沖津由紀（1991）．「「システム間関係の比較歴史社会学」の可能性——日本における相対的学力重視規範の成立・定着をめぐって」『教育社会学研究』49, 154-171.

カラベル，J.，ハルゼー，A. H.（1980）．『教育と社会変動　上』東京大学出版会．

国立教育政策研究所（2013）．『OECD 生徒の学習到達度調査—— 2012 年調査分析資料集』．

竹内洋（1995）『日本のメリトクラシー』東京大学出版会．

堤孝晃（2012）「専門教育の「レリバンス」の再検討——都立高校専門学科および普通学科の生徒に対する質問紙調査の分析から」『東京大学大学院教育学研究科紀要』52, 147-156.

内閣府（2014）．「平成 25 年度 我が国と諸外国の若者の意識に関する調査」．

中内敏夫（1983）．『学力とは何か』岩波新書．

仁平典宏（2009）．「〈シティズンシップ／教育〉の欲望を組みかえる」広田照幸編『自由への問い 5：教育』岩波書店，pp. 173-202.

平塚眞樹（2010）．「若者移行期の変容とコンピテンシー・教育・社会関係資本」本田由紀編『労働再審 1 転換期の労働と〈能力〉』大月書店, pp. 205-237.

広田照幸・宮寺彰夫編（2014）『教育システムと社会——その理論的検討』世織書房．

本田由紀（2005）．『若者と仕事』東京大学出版会．

本田由紀（2009）．『教育の職業的意義』ちくま新書．

本田由紀・堤孝晃（2014）．「1970 年代における高等学校政策の転換の背景を問い直す」『歴史と経済』223, 23-33.

松下佳代（2014）．「大学から仕事へのトランジションにおける〈新しい能力〉」溝上慎一・松下佳代編『高校・大学から仕事へのトランジション』ナカニシヤ出版, pp. 91-117.

山田哲也（2006）「学校教育は互恵的な社会関係を生み出すのか？」『教育学研究』7(4), 403-419.

OECD（2013）*Education at a Glance 2013.*

第3章
「社会に生きる学力」の系譜

市川伸一

1. 教科学力とその機能

　「社会に生きる学力」とは何をさすのか。そもそも，学力，すなわち，学校における教科の学習をうまくやっていけるような力というのは，社会生活をおくるために必要な力ではなかったのか。「社会に生きない学力」というのがあるのだろうか。もし，そうなってしまったとすると，それはいつごろから，何が原因でそうなってしまったのか。

　近代学校の成立から現代に至るまでのこうした歴史的な経緯について，専門外の筆者は詳しい知識を持ち合わせていない。ただ，少なくとも自分の生きてきた戦後の日本社会において，教科学力というものがどのように意味づけられてきたかというのは肌で感じてきた。それは，一面では，それぞれの学問を頂点とした学術的体系の中で，それに適応するための能力を支えるものであったに違いない。ただし，必ずしも学者になるわけではない一般市民にとっても，無意味なものではなく，2つの大きな機能を果たしてきたといえる。

　第一に，教科学力は，直接・間接に社会生活を営むのに必要な知識・技能をも含んでいるということだ。これは，子どものころには気づきにくいが，むしろ大人になってみて，ときおり実感することかもしれない。ただし，問題は，そういい切れるような知識・技能が果たしてどれくらいあるのか，また，学校のカリキュラムはどれくらい一般市民の社会生活を意図して作られているのか，ということである。

　教科学力の第二の機能というのは，良かれ悪しかれ，社会的選抜のための格好の基準として使われたということである。勉強がどれくらいできるか，とい

うことが「頭の良さ」の指標とされて，それが入試で評価され，入試時点の学力を反映した「学歴」（大学での学習の履歴ではない）が，就職の際にも重要視される。専門的技術職は別として，多くの進学・就職が，教科学力を基準としてなされてきたことは，けっして日本に限られたことではないだろう。

　こうした背景の中で，学校で育てるべき学力への問い直しが起こったのは，1980年代以降，とりわけ1990年代ではなかったかと思われる。本章では，このころの議論から掘り起こし，「社会に生きる力」とは何かを，考えていきたい。

2. 1990年代の学力論の諸相

　1980年前後から，戦後しだいにエスカレートしていった受験競争に，歯止めをかけようという大きな動きが政策面でも現れるようになる。ひと言でいえば，「知識偏重」「知識注入」「偏差値教育」と呼ばれるような教育からの「転換」である。その背景として，一方では，生涯学習の時代には学校を卒業してからも新たな知識・技能を獲得していけるような「自己教育力」を育てることが学校の重要な役割であるという考え方が，1980年ごろの中央教育審議会でも示される。他方では，校内暴力，不登校，いじめなどの学校病理現象が多発するようになり，それらの原因として，勉強に対する過度のプレッシャーが引き起こすストレスが挙げられた。その因果関係が実証されたわけではないが，当時は教育学者にもマスコミにも，そうした論調が多く見られ，教育行政もその方向に動いた。「子どもたちにもっとゆとりを」という趣旨から，1977年改訂の学習指導要領において「ゆとりの時間」が設けられ，1980年代には実施されるようになる。

　1990年代になると，1989年の学習指導要領の改訂を受けて，「新しい学力観」というコンセプトが大きな影響を与える。つまり，獲得した知識の量を「旧学力」とすれば，これからめざすべきなのは，自ら主体的に学ぶための意欲やスキル，実践的な問題解決能力などであり，これが「新学力」であるというわけだ。さらに，1996年の中教審答申では，健康・体力面や人間性も含めた「生きる力」という用語が現れる。これらが結実して，「ゆとりの中で生き

る力を育む」という趣旨に沿い，「ゆとりの集大成」といわれる学習指導要領が告示されるのが1998年である。これは，完全週五日制の実施，必修教科の時間数と内容の3割削減，総合的学習の時間の導入などが大きな特徴であった。

時期を同じくして，教育の専門家からも，教科的知識の偏重への批判が多く現れていた。佐藤学（佐藤，2000）は，「学びからの逃走」というキーワードで，従来の教科に対して，日本の多くの生徒たちが学習離れを起こしてしまっていることを指摘し，子どもにとって意味の感じられる「学び」への転換を図ることを急務としている。また，日本では佐伯胖が中心となって紹介した「状況的学習論」（レイヴ，ウェンガー，1991）は，学校における学習が，社会における真正の学習と大きくかけ離れており，そこで子どもが身につけるのは「学校用」の知識にすぎず，社会の中で生かされるものになっていないという「学校知批判」を展開した。

3.「学びの文脈」と「開かれた学び」

ここで，1990年代の教育界の政策的動向や，研究者の主張に対しての筆者の当時の意見をひとまずまとめておきたい。私は，このころ，教科学習に対して不適応感をもっている児童・生徒への個別学習相談活動を通じて，理解過程，学習方略，学習動機などの心理学的研究を行う一方で，学校の授業研究や行政関係の委員会などに参加することがしだいに多くなっていった。そこでは，教科学習への意欲やスキルを育てることが子どもの発達可能性や進路を拓くことになると同時に，学校教育の学術的志向性が強すぎてむしろ子どもの興味関心をそいでしまっていることもあるのではないか，とも感じていた。そのジレンマの中で，学問体系に沿った系統的学習と，社会で役立つことを重視した実用志向の教育の折り合いということを考えざるをえなかった。

実際には，どちらの学習も子どもにとって必要なものになりうる。問題なのは，なぜ必要なのかを，教師や子どもが納得できるかどうかではないだろうか。「なぜ，この学習をしなくてはいけないのか」という疑問や悩みをもつ子どもは，学年が上がるにつれて多くなる。その答えは，一つであるはずがないし，教師が何らかの答えを用意して子どもを説得することは難しい。しかし，子ど

もにとって，何の意義づけもできないとしたら，その学習はおよそ受け入れられない。この学習の意義づけのことを，当時「学びの文脈」と名づけた（市川,1998）。

　子どもにとっての学びの文脈は，もちろん，子ども一人ひとりがもつものだし，何をもとうと自由である。ただし，少なくとも，教育をする側としては，自ら納得でき，教育場面でよりどころとなる論をもつ必要があるし，子どもにも説明できることが望まれる。そのような試論として提案したのが，学ぶとは，「なりたい自己」と「なれる自己」を拡大するものという考え方だった。これは，ときおり誤って引用されることがあるが，「自分が何になりたいかをはやく決めて，それになれる可能性を高めるよう努力しなさい」という論ではない。むしろ，近代的な教育システムの中では，学ぶことによって何になりたいかという選択肢を拡げることと，ひとまず学んでおくことで何になれるかの選択肢を拡げること，そして結果的に，その重なりの部分が拡がることによって自分の選べる選択肢が拡がることを重視した，いわば「積極的モラトリアム論」なのである。

　こう考えることにより，自分がいまなりたいと考えている将来像とは一見関係なさそうな学習であれ，役に立ちそうな実用的な知識・技能であれ，学習というのは，自分の将来の生き方につながるものであるという意義づけをもたせることができるのではないかと考えた。ここで重要なのは，いずれ社会に生きることを念頭において「なりたい自己」と「なれる自己」を拡げるという開かれた学びの文脈である。「開かれた」というのは，学校での学習というものが，学校という場所，時期，内容に閉じられたものではなく，その先にあるモノやコトやヒト，つまり社会とつながっているという意味である。

　この試論は，ややもすると狭い実用主義に陥りかねない「学校知批判」や，子どものやりたいことを支援することを教育とみなすような消極的な児童中心主義への違和感から出て来たものだ。しかし，一方では，開かれた文脈を子どもがもちにくい学校教育の現状への不満というのも確かにあり，教科学習の位置づけとともに内容そのものを見直すことが，今後必要となるに違いないと考えていた。

4. 学力低下論争と「第3の道」

　そのような折,1998年の学習指導要領改訂とほぼ時を同じくして現れたのが,「学力低下論」であった。1990年代にいわゆる「ゆとり教育」が推進された背景には,日本の子どもたちはよく勉強しており,基礎学力は非常に高いという大前提があった。実際,TIMSSのような国際学力調査の結果でも,日本の児童・生徒は,世界のトップレベルといってよい成績をとり続けてきた。だからこそ,知識詰め込み型の教育を緩和し,「自己教育力」「新しい学力観」「生きる力」という方向への転換を図ったわけである。

　ところが,いわゆる学力低下論者の指摘によると,日本の児童・生徒がよく勉強し学力が高いというのはもはや神話であり,一部の進学志向の強い子どもたちを除けば,全体としては驚くほど勉強をしなくなっており,結果的に学力は低下しているという。そのような時代に,ゆとり教育などを推進していると,ますます学力低下が助長されてしまうとする。これは,受験評論家（和田,1999）,大学の理数教育関係者（岡部・西村・戸瀬,1999）,教育社会学者（苅谷,1999）などから独立して出された指摘だが,当時の教育改革路線に反対の立場をとるという点では共通していた。

　学力低下論争の経緯についての詳細な紹介や検討はその後の評論（市川,2002）などにゆずることとして,それを通して,学校教育がどういう方向に動いたかを確認しておこう。文部省（2001年からは文部科学省）は,論争当初,学力低下に根拠はなく,我が国の子どもたちの学力は「おおむね良好」としていたが,しだいに基礎学力を重視する方向に移行していった。遠山敦子文部科学大臣（当時）のもと2002年1月に出された『確かな学力向上のための2002アピール　学びのすすめ』以降,「ゆとり」という言葉は使われなくなり,代わって,「学力向上」「確かな学力」が文部科学省のスローガンとなる。

　つまり,「ゆとりの集大成」といわれる1998年改訂の学習指導要領が小学校・中学校で全面実施される2002年4月には,すでに「ゆとり教育」という方針は崩壊していたことになる。しかし,文部科学省は,昔のような受験を目標にした「知識重視」の教育に戻そうとしたわけではない。マスコミでは,

「ゆとり教育の見直し」として誤解を招く報道がなされたし，実際に誤解もあったと思われるが，単に「ゆとりか，詰め込みか」の振り子が揺れたというのではなく，「第3の道」に向かうこととなる。

　2000年ごろから，日本の若者の問題として社会的にも危惧されていたのは，フリーターやニートの増加であった。これが，社会に出て，自分なりの展望をもち，役割や責任を果たしていこうという意識の低下を表しているととらえられたのである。実際，厚生労働省や経済産業省も，この現象をかなり重く見ており，教育界においても，「キャリア教育」という新しい方向性が出てきた。一方，少子化による大学全入時代も迫っている中，大学進学をめざして受験勉強に駆り立てるという動機づけ方が通用しにくくなっている高等学校も多くなり，教科教育とは異なる方向，つまり社会生活を念頭においた教育の芽が，図らずも出てきていた。

5. 社会生活を見通した学習・教育

　このような背景のもと，2002年秋に，教育，産業，労働・雇用分野の専門家からなる「人間力戦略研究会」が内閣府に設置された。筆者は，この会議の主査を務めることとなったのだが，最も危惧したのは，こうした異分野，とくに教育界と産業界の代表から成る委員会は，理念の違いからまとまりがつかなくなることであった。教育を「人材育成」と考えがちな産業界に対して，「自己実現」の支援であるとする教育界はしばしば反発する。しかし，社会生活を視野に入れた学習・教育を考えるという点では，この会議は大きな共通項をもつことができた。学力低下論者たちが教科学力の低下につながるとして否定的であった総合的学習の導入なども，産業界メンバーからは，それが社会生活への関心を育てる学習になりうるという点で，むしろ肯定的に評価された。

　筆者が，この委員会での議論に期待したのは，大きく3つの点であった。第一に，どこか教科教育を極めた人間（たとえば，研究者，芸術家，アスリートなど）を目標にしているような一元的価値観から，社会生活を営んでいる一般市民を育てることを教育目標の一つの柱とすることを打ち出すことである。第二に，そこでいう社会生活とは，いわゆる職業生活に限定されずに，市民生活

や，文化生活といった領域を視野に入れたものであってほしいということである。第三に，そうした教育を行うためには，学校という教育機関だけではなく，自治体，NPO，文化施設，大学，企業などが地域教育を充実させ，子どもが社会人と接する場が必須であることを盛り込むことである。

「人間力」という言葉は，もともと小泉首相時代の経済財政諮問会議の中で産業界から出てきた言葉で，それが直接的に「人間力戦略研究会」という名称でこの研究会が設置されたきっかけと言われている。ただし，「人間力」が産業界で働くための力に限定されすぎないようにするのは，教育界の立場からはぜひとも必要なことであったし，半年後に出された最終報告書では，広がりをもった意味合いをもたせることができたと思っている。報告書のまえがきの中で，「人間力をどうとらえるか――社会に生き，社会をつくる人間をモデルに」として，筆者は次のように述べた。

> 文部科学省は，近年の教育改革の中で，自ら学び，自ら考える力などの「生きる力」という理念を提唱してきた。「人間力」とは，この理念をさらに発展させ，具体化したものとしてとらえることができる。すなわち，現実の社会に生き，社会をつくる人間をモデルとし，その資質・能力を「人間力」として考える。(報告書, p.5)

そこで，人間力とは，「社会を構成し運営するとともに，自立した一人の人間として力強く生きていくための総合的な力」と定義され，職業生活，市民生活，文化生活といった社会生活を営むのに発揮されるものであるとされる。さらに，まえがきの中で次のように続けた。

> この定義は，多分にあいまいさを含んでいる。しかし，私たちは，人間力という概念を細かく厳密に規定し，それを普及させることをこの研究会の使命とは考えていない。人間力という用語を導入することによって，「教育とは，何のために，どのような資質・能力を育てようとするのか」というイメージを広げ，さらにそこから具体的な教育環境の構築が始まることにこそ意義があるのである。(同上)

報告書では，人間力を育てるための具体的方策がさまざま挙げられる中で，

学校の授業以外の学習活動に参加することにインセンティブを与える「授業外学習ポイント制度」などのしくみも提案され，その後いくつかの地域で実現されるようになっている（市川, 2003; 2004）。

こうして見ると，1990年代に現れた「生きる力」という理念は，かなり抽象的なものであったが，我が国では，上記の「人間力」や，その後経済産業省から提案される「社会人基礎力」として，より具体化されるようになる。一方，国際的に見ると，OECDは，キー・コンピテンシー（key competency）という社会生活に必要な力の概念を打ち出し，その基礎となる学力（読解，科学，数学などのリテラシー literacy）を測定するために，新しい学力調査PISAを開発・実施したことも，この時期，特筆されることといえよう。PISAは，2000年度から3年ごとに，義務教育終了段階（日本では高校1年生）に実施され，教科の基礎知識をどれだけもっているかよりも，日常的な生活場面でそれを活用できるかを問う問題が出題される。これらに共通した大きな流れは，社会生活を見通した学力形成ということになる。

6. 「社会に生きる学力」に向けて

このようないきさつを経て，中教審に臨時設置された「義務教育特別部会」の審議をまとめた『新しい時代の義務教育を創造する』という答申が，2005年10月に発表される。この部会は，義務教育費国庫負担制度について集中審議することが大きな目的であったが，ゆとり教育の時代と学力低下論争を経て，あらためて今後の国の方針を示すための「仕切り直し」という意味あいも込められていた。答申の中で，義務教育の役割は，「学校力，教師力を高め，子どもの人間力を高めること」と明記されており，これは，けっして振り子が揺れるように教科中心的な教育に戻るという「脱ゆとり」をめざすのではないことの表れと見ることができる。

学習指導要領の改訂に向けて，中教審の常設部会である教育課程部会は，それと並行して審議を継続していた。さらに，教育基本法と学校教育法の改正（それぞれ，2006年，2007年）を経て，2008年には中教審答申をまとめ，新学習指導要領を告示する。軽微な修正点を除けば，これが本稿執筆時点2014年で

の現行指導要領ということになる。この指導要領の特徴としては，学力低下の指摘に応える形で，これまで削減し続けてきた教科の時間数や内容を増加させた（復活させた）という点が最も大きい。しかし，一方では，「生きる力」やキー・コンピテンシーなどを念頭においた「生活に活用できる力」という視点も入っており，その後，各教科の教科書内容にも反映されるようになっている。

　ただし，社会生活を見通した学力形成ということが十分盛り込まれたかといえば，必ずしもそうではない。たとえば，教科横断的に育てるべき資質・能力として，今回の改訂では，言語力のみにとどまっている。市民生活や職業生活を営むために必要な知識・技能を育てるという観点からの市民性教育，法教育，キャリア教育，心理教育などについても，そうした方向性は見られるものの，あまり具体的な記述が見られない。

　この学習指導要領が実施されるようになってから，基礎学力面では大きな向上が見られた。前述したPISAでも，「PISAショック」と報道された2003年，2006年以降は，2009年，2012年にわたって，「V字回復」と言われるような上昇を見せ，OECD加盟諸国の中では総合1位となっている。また，2007年から継続的に実施されている全国学力・学習状況調査の結果を見る限り，都道府県間の格差もしだいに縮小しつつある。

　このような時代にこそ，あらためて，十分手をつけることのできなかった「社会に生きる学力」を構想し，カリキュラムとして提案する必要があるのではないだろうか。このたびの東京大学の研究プロジェクトは，教育諸科学の壁を越えて，その難問に向けての第一歩を踏み出そうとしたものである。これまでの教科教育における内容的知識の獲得の意義を認めつつ，それを通して，社会生活にも必要となる資質・能力を育てていくこと，また，これまで内容的には入れにくかった市民生活を営むために必要な知識を盛り込むことが求められている。研究はまだ緒についたばかりではあるが，今後の学習指導要領の改訂や，学校教育，社会教育の実践現場に一石を投ずることができればと期待している。

参考文献
市川伸一 (1998). 『開かれた学びへの出発——21世紀の学校の役割』金子書房.

市川伸一（2002）.『学力低下論争』筑摩書房.
市川伸一編（2003）.『学力から人間力へ』教育出版.
市川伸一（2004）.『学ぶ意欲とスキルを育てる――いま求められる学力向上策』小学館.
岡部恒治・西村和雄・戸瀬信之（編）（1999）.『分数ができない大学生』東洋経済新報社.
苅谷剛彦（1999）.『学力の危機と教育改革――大衆教育社会のエリート』中央公論，1999年8月号.
佐藤学（2000）.『学びから逃走する子どもたち』岩波書店.
レイヴ，G. & ウェンガー，E., 佐伯胖訳（1991）.『状況に埋め込まれた学習――正統的周辺参加』産業図書.
和田秀樹（1999）.『学力崩壊――「ゆとり教育」が子どもをダメにする』PHP.

第Ⅱ部　基幹学習

第 4 章
言語力としてのメタ文法能力の育成

秋田喜代美

1. 21 世紀型カリキュラムとしてのメタ文法能力育成

言語力としてのメタ文法能力

　言語力の育成は，現行学習指導要領において科目を超えてめざされる能力の1つである。言葉の力はすべての教科の学びの基礎力となる。筆者も関わった「言語力育成協力者会議」の報告書（案）では，言語力の指導にとって重要な点として，「語彙力，言語運用の力，教材の検討，読書活動，そして広く言語生活を意識し，さらには自分たちの言語の活動を評価する力を育てる」の 6 点が提起されている。そして多くの学校で，コミュニケーション能力や論理力の育成のために，さまざまな取り組みがなされてきている。「文法については，国語（言語）の特質の理解を進めるとともに表現や対話に役立つ実用的・実践的なものとなるよう見直していく必要がある」（文部科学省, 2008）と，報告書でもまとめられている。

　しかし，「言語運用」の根底にあり，言語を組み立てる「文法」については，言語力育成の事例における報告は見られない。国語でも英語でも文法は実際には暗記すべき内容として多くの授業で扱われている。主体的に法則を発見し考える内容の授業は少なく，教師と生徒の双方に「暗記による学習」と認知されている（山元, 2011 等）。ベネッセ総合教育調査研究所の 2009 年の調査によれば，英語学習で最もつまずきやすいのが文法であり，約 5 割の中学生が「文法事項が理解できない」と感じていると報告されている（ベネッセ総合教育調査研究所, 2009）。しかし国語の場合などでも高校受験で文法が問題として取り上げられる機会が少ないことから，指導が十分体系的になされないという声も聴く。

したがって教師自身も，学校文法の授業における実践的知識を十分にもち合わせていないとも考えられる。

しかし，伝え合うこと，考えを深めることとともに，中等教育段階だからこそ私たちが使用する言葉の体系を対象として，抽象的な原理や法則を自分で発見していく力をつけ，メタ認知的な力としてのメタ文法能力（言語に関して「文法」を意識化して，自分で考えたり説明できる能力）を育てることが必要である（石井，2005，大津他，2012）。そのコンピテンシーがグローバルな時代を生き，多様な社会文化を理解していくために外国語を自ら学ぶ基礎になると考えられる。グローバル・コンピテンシーは英語の流暢なコミュニケーション能力を育成することのみを考えるのではなく，多様な外国語を学ぶ共通の概念枠組みや，言語体系を学ぶおもしろさ，そこに向かうマインドセットを育てることが大事と考えられる。

深い理解をめざすメタ文法学習のクロスカリキュラム

こうしたコンピテンシーの育成のためには，教科や領域を横断する「クロスカリキュラム」や，外国語としての英語科と国語科とをつないで捉える試み，国語科の中でも現代文と漢文，古文などをつないで比べ捉えるような指導が必要である。英語科や国語科のカリキュラムにおいて，年に数回でも「クロスカリキュラム」（筆者らは，つなぎのためのカリキュラムという意味で「アンカー（投錨）カリキュラム」と呼んでいる（秋田他，2015））の授業がもとめられる。すなわち，英語と国語の双方を対象化して言葉の体系を考えるメタ文法能力育成カリキュラムがあってよいのではないかと考えた。これが私たちのプロジェクトの出発点の意識である。

21世紀型カリキュラムでは，図4-1のように，知識やスキルとともに，その内容に向かう態度や非認知スキルとしての人格（character）や態度（attitude），そしてメタ認知能力が求められる（Fadel, 2015）。またそのための方法として具体的な授業の中で能動的・協働的に学習内容に関わること（アクティブラーニング）によって，深い理解に至ることができると考えられる。

またアクティブラーニングに関しても，特定の学習形態を指導する方向性に対して，内容や状況に応じて教師がより深い理解に向かうために，たとえば図

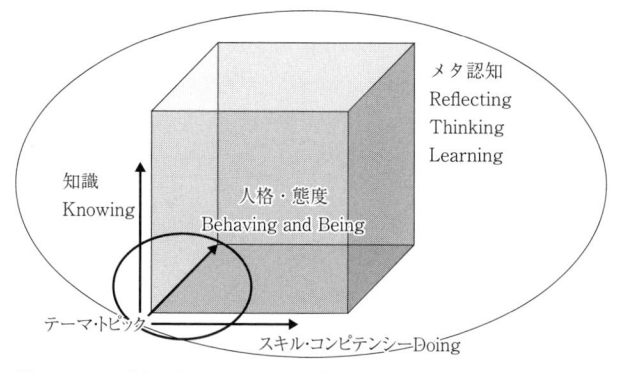

図4-1　21世紀型カリキュラム（Fadel, 2014, 秋田, 2015）

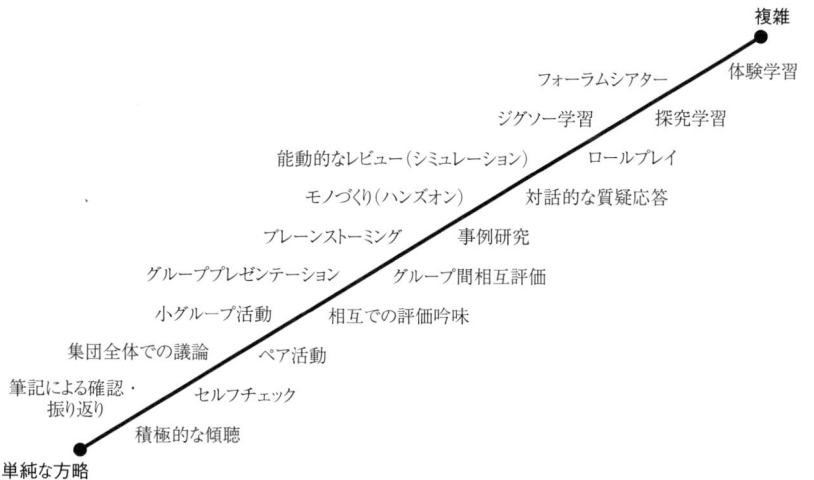

図4-2　多様なアクティブラーニング方略（OECD2030提供資料；秋田, 2015をもとに作成）

注）上記は順序的なものではなく多様な手法がありそれを教師が方法としての知識を持ち柔軟に状況に応じて使用することが重要である。

4-2のように，必要なアクティブラーニング方略を教師がレパートリーとして多様に知っており判断できることが大切であると考えられる。

カリキュラム開発の方法

　そこで，東京大学教育学部附属中等教育学校（以下「附属学校」）の英語科

と国語科の先生方に，アクションリサーチとしてメタ文法プロジェクトに参画していただき，共同研究を行うこととなった。共同研究を附属学校と実施した理由は，日ごろから筆者らが附属学校の校内研修に関わっているというだけではない。附属学校では，生徒が自ら考える授業を志向する協働学習に10年以上すでに取り組んでおり（石橋ほか，2015），状況に応じてアクティブラーニングの多様な手法を，教員が独自に考案し行う経験を豊かにもっている。こうした授業形態にくわえ，国語科では1〜2年で現代の口語文法を体系的に学び，3年で古典文法を学び，英語科では少人数で協働的な形で進めるというような，独自のカリキュラム編成と，その卓越性をいかしたカリキュラムを開発している歴史がすでにあるからである。筆者ら大学側の研究者も，単独ではなく，英語教育，国語教育や言語力，授業研究等の専門性をいかし，斎藤兆史，藤江康彦，そして筆者という複数の領域の者が関わり，当時の大学院生（藤森千尋，柾木貴之，王林鋒，三瓶ゆき）とともに，3年間のプロジェクトに関わりカリキュラム開発を行った。

　ひと通りの文法知識を英語，国語ともに有する高校1年生，2年生段階（＝中等教育学校4,5年生）がこのカリキュラムの学習に適していると考えた。そして，その学年で国語，英語を担当の教員に計画実施してもらい，授業をビデオに記録するとともに，その授業記録を英語科・国語科の教員がみなで研究授業として捉え議論することで，メタ文法授業のあり方を考えるという方法で共同研究を行った。同時に，その学習効果を調べるために，メタ文法に関わる問題を作成し，その回答を分析することで学期末・年度末にこのカリキュラムの学習効果を調べることとした。さらに，他の学年担当の教員に向けて文法に焦点をあてた新たな工夫をした授業の試みを依頼した。頁の関係でここでは典型的な2つの事例を紹介してみたい。

2. メタ文法授業とカリキュラムの実際

語順や修飾語・被修飾語を考える授業（英語・国語）

　英語と日本語での語順，修飾語・被修飾語関係を改めて自覚し理解するという中等教育学校4年生（＝高校1年生）の越智教諭の授業である。課題として

英語（課題１　グループワーク）　　実験授業（英語）複数英文作成課題

　使われたのは２つの課題である。第一の課題は，「私は，黒い目のきれいな女の子に会った」をグループで英訳し，何通りかの英文を比較しながらその修飾被修飾関係を考えるという活動である。

　単語カードを渡し，それに言葉を補ったりしながら文例を作成することになる。生徒たちが作った英文は３クラスそれぞれによって違うが，いずれも下のようなパタンであり，それら作成された英文をもとにして再度日本語訳をし直すことで，英語と日本語での修飾関係が確認されていく。

> I met a beautiful girl who had black eyes.
> I met a beautiful girl with black eyes.
> I met a girl with beautiful black eyes.
> I met a black girl with beautiful eyes.

　そして続く第二の課題は，すでにその前の授業で取り扱っていた教科書の文章に題材をとった「自分たちのオリジナルなインスタントラーメンを作る」という課題である。教科書にある「宇宙で食べるスープの濃いトマト風味のインスタントラーメン（a tomato-flavored instant noodle with thick soup which is eat in space）」という表現を活用し，自分たちはどんなインスタントラーメンを作りたいか，英語の表現を考えながら，前問で行った課題をもとに語句の修飾関係を考えていくという問題である。この場合には，生徒は，英文作成時には，薄い味，スパイシーな味など，表現したい内容に関心をもって語り合う。しかし自分たちの作成した英語表現をさらに他のグループが日本語訳していく

第４章　言語力としてのメタ文法能力の育成——57

The nation is shatterd. Only the landscape remains. Spring in the city? Yes, unpruned trees and overgrown weeds.　　　国破山河在 城春草木深	**孤立語・膠着語・屈折語** ・孤立語……ある単語が語尾変化そのほか語形の変化によらず、排列の順序によってその文中での意味役割が決まる。 　　（例）北京語（漢文） ・膠着語……単語どうしの間に、接続の役割を果たす単語をつけ、屈折と同様の働きをさせる。 　　（例）日本語 ・屈折語……単語がそれ自身の形を変えることによって、文中の他の単語との関わりを示す。 　　（例）英語
英語で見てみよう ・He studies in his room. 　彼は彼の部屋で勉強する。 ・He is studying in his room now. 　彼はいま彼の部屋で勉強している。　　…現在進行形 ・He has studied in his room for three hours. 　彼は3時間(ずっと)彼の部屋で勉強し続けている。…現在完了 ・She has read the book. 　彼は本を読み終えた。　　　　　　　　…現在完了 ・She has been reading the book. 　彼女は本を読み続けている。　　　　　…現在完了進行形 ・When we arrived at the station, the train had left from platform. 　私たちが駅に着いたとき、列車は既にホームを離れていた。 　　　　　　　　　　　　　　　　　　…過去完了形	**時制（テンス）と相（アスペクト）** ・述語が表す事態を時間軸上に位置づける文法カテゴリーを「テンス（tense）」と言う。 ・日本語の時制は述語の非過去形（未来または現在を表す）・過去形（過去を表す）で表し分けられる。 ・「アスペクト（aspect）」とは動きの時間的局面の取り上げ方を表す文法カテゴリーである。 ・アスペクトの最も基本的な取り上げ方は、動きをそのまま動きとして捉えるか、状態として捉えるかという点である。

図4-3　英語との対比を用いた漢文授業資料

　ところで，英語と日本語での相互のかかり受け関係を意識していった。
　生徒の授業後の感想を読むと，この授業のおもしろさとともに「日本語の方が曖昧」という印象をもった生徒が多かった。そこでさらにこの授業ビデオを教員同士で検討することから，この課題と構成が適切であったか，取り上げた課題の扱いが英語科・国語科の教員同士の間では話し合われ，次にどのような授業デザインが考えられるのかが語り合われた。
　この授業を参観した授業者が当該授業を関連づけて，国語科の方では，①英語の「All of these...not」「Not all of these...」という，②国語（漢文）の「家貧，常不得油」「家貧，不常得油」という，部分否定と全否定の対比に気づかせる授業が実施された。そしてそれをさらにうけて，英語科の方では部分否定，全否定の授業をその後に実施するというような形で展開がなされていった。

時制と相に注目した連続授業
　またこれらの授業を受けた生徒は，翌年度の国語科（5年生＝高校2年生）

大井教諭の授業では、漢文を扱う中で、英語や現代日本語との対比や、文法、語の理解などが取り上げられた。生徒とのやりとりの中でスライド資料が説明され、生徒のグループでも検討しながら理解する授業形態で進められていった。図4-3は、授業の中で教師がICTを使って提示した教材スライドの例である。漢文と英語を対比したり、また英語と現代日本語を対比したりする中で、生徒たちは作品の理解だけではなく、各言語固有の文法的特徴を理解していくことがねらわれている（表4-1）。

　生徒たちはこれらのいずれの授業でも、積極的に考えたり、自らの意見を述べていた。当該テキストに関わる文法を暗記するよう教えその後練習問題を解くという方法ではない、別の方法としてメタ文法的な文法の学習の可能性をこれらの授業は示している。むしろ文法を知っていることで文学教材や短歌詩歌などでもなぜこの表現を意図的に使用しているのかというような、例外的使用などの理解を深めることもできる。

　メタ文法授業を考えたときに、①語、句、節などでの修飾被修飾関係、②語順、③主語―目的語、補語という語の機能、④時制などの概念、またそれらを運用する際の⑤敬語理解のあり方などの自覚化を促す内容領域などの設定が可能と考えられる。大津由紀夫は、小学校段階でも日本語と英語で、文字、母音・子音、文の基本構造（品詞、構成素（語のまとまり））、句、項構造、語順、文法、名詞句、代用表現、時制、相（進行形、完了形）、助動詞などへの気づきを育てる必要性を指摘している（大津，2012）。メタ文法からさらにメタ言語としてのこれらの項目への自覚を促すことが、言語を使えるというだけではなく、言語の有能な使い手、表現者となっていくこと、あらたな外国語などの読み書きを習得するための知識理解の基盤として必要になるのではないかと考えられる。

3. メタ文法授業の効果

　ではこうした授業を行うことで、生徒側にどのような変化がみられたのか。
　第一には授業後の感想内容を分析をしてみると（表4-2）、文法では「ずっともやもやしていた漢文における時制のしくみがわかった」とか「現代日本語

表 4-1 漢文でのメタ文法授業 2 時間での流れ例（秋田他，2013）

	学習内容	形態
1	導入　古典理解の 3 つのあり方 語法的理解，精神的理解，歴史的理解，のうち，本単元では語法的理解を取り上げることを教師が提示する	一斉（教師による解説）
2	語順の類型　6 通りある S, V, O の組み合わせのうち，日本語は SOV，英語と中国語は SVO であることを確認する	一斉（生徒とのやりとり）
3	現代日本語の特徴である「つなぎ」の存在① 杜甫『春望』とその英語訳をそれぞれ現代日本語訳する	一斉（やりとり，解説）
4	現代日本語の特徴である「つなぎ」の存在② 現代中国語による文章を現代日本語で読み下す	一斉（やりとり）
5	現代日本語の特徴である「つなぎ」の存在③「独立語」，「膠着語」，「屈折語」について教師が説明する。独立語：配列の順序によって文中における意味役割が決まる（例：北京語）膠着語：単語間に接続を担う単語を付す（例：日本語） 屈折語：単語自身が形を変えほかの単語との関係を示す（例：英語）	一斉（教師による解説）
6	時制と相を意識した英語の訳し分け課題　問題を解く	個→小集団
7	プリント教材の答え合わせ 解答を確認することを通して教師は時制と相を意識させる	一斉（やりとり，解説）
8	なぜ日本語に訳すときに迷うのか 前時の復習　完了形の訳しにくさ 「英語における現在完了の説明（一説）」を提示し，完了は「話しているときの話者の心に関係している」という見方を解説する 完了形には，ある過去の時点から話している時点までの時間の経	一斉（板書）

の過去・完了の使い分けが明白でないために，英語や漢文でその使い分けが難しいということに納得した。」という感想が見られた。また同時に，言葉への関心として「すべての言葉はつながっている」や「根本的なところで言葉はつながっているんだなと感心した」などの感想が生まれていた。

　第二に，事前事後で文法課題の実施での無回答が，文法などが苦手と回答した生徒の中で減ったことが指摘できる。かならずしもこうした授業だけでは文法知識の定着までが図れるかは今後の検討が必要であるが，少なくとも苦手意識の強い生徒の中に，文法や言葉への関心が生まれていったことは指摘できる。
　今回，メタ文法課題として表 4-3 のような課題を作成し，メタ文法の理解は

	学習内容	形態
	過が含まれている　現代日本語における「完了」と「過去」の言い分けの違い	
9	現代日本語の助動詞「た」の意味の多様性① 古文において「完了」や「過去」を示す助動詞（き，けり，つ，ぬ，たり，り）	一斉（やりとり）
10	現代日本語の助動詞「た」の意味の多様性② 教師により「時制に」と「相」についての解説 たり，り：相に近い　き，けり：時制に近い	一斉（説明）
11	漢文の書き下し課題　教師作成の問題を解く	個→小集団
12	書き下し文の発表 生徒により複数の書き下し文が発表される	一斉（教師と生徒のやりとり）
13	現代日本語の助動詞「た」の意味の多様性③ 「たり」と「けり」の違いを考える　語源は「あり」 「電車来た」の「た」の意味を考える古典文法は時に合わせて使い分けられていたが，現代日本語においてはすべて「た」が担っている。	一斉（教師の説明）
14	漢文でなぜ迷うか「送り仮名の問題」 送り仮名は日本語に独自のものである。ほかの漢字と読み間違えないためのもの　不統一であることが前提である 近代になって送り仮名の付け方がまとめられた	一斉（教師の説明）
15	まとめ　簡潔をもって旨とすべし 書き下し文はそれなりの理屈が通っていればよい 「日本語化」なのでそれなりの理屈が通っていればよい	

　深まったのかを，教えた文法事項内容とともに転移的な課題として検討した。その結果は，教えた文法事項の問題では事後に成績の向上はみられたが，準備したメタ文法課題では理解の変化はみられなかった。数時間の授業だけではこのような課題の向上まではみられず，さらに今後の展開が必要である。またメタ文法課題として課題が適切であったかの検討もさらなる課題となった。

　では，授業を行い，授業検討に参加した教師への変化はどうであったのだろうか。

　「授業案を考え，実践していくうちに，扱う題材，授業案や生徒たちの思考回路，長いスパンで考える学習活動に対してメタ文法を意識したアプローチをすることが習

表 4-2　メタ文法デザイン実験授業の感想内容（秋田他，2014）

感想内容の カテゴリー	漢文授業（2013年）		メタ文法デザイン実験（2012年）			
			英語授業		漢文授業	
	人数	%	人数	%	人数	%
文法関心	13	22.0	45	42.1	51	49.5
言語関心	27	45.8	31	29.0	19	18.4
運用	0	0	15	14.0	1	1.0
問題解法	14	23.7	11	10.3	19	18.4
授業方法	0	0	2	1.9	7	6.8
その他	5	8.5	3	2.8	6	5.8
合計	59	100	107	100.1	103	100

慣化されていきました」（英語科教員），

「このプロジェクトに関わってきて，メタ文法力とは，自分で自分の発話をモニターし，適正化できる力というイメージをもつようになりました。生徒が文法に対して極端な苦手意識をもっているということがずっと気になっていましたし，また文法力をつけるのには，疑問を感じながらも，ややもするとただ細かい説明をするとか，演習問題を重ねるだけということになりがちという悩みもありましたので，もっと具体的な日本語と英語の文法の違いに触れながら英語の文法に気づく，身に付けていく授業のあり方を考え，実際のワークシートもつくることができたことはとても大きな成果だったと感じています」（英語科教員），

「「文法的に考える」ことは以前に比べて多くなったと思います」（国語科教員），

「期間中，表現分野の授業を担当する中で，生徒達が自らの伝えたいことをよりよく表現するための学びの方略として，メタ文法の意識化の有用性を実感しました。生徒自身が持っている「適切に」「よりよく」表現したいという意識を，他者に論理的に説明しようとする行為にも大きな意義があるのだと考えるようになりました」（国語科教員）。

以上，本プロジェクトは3年の間試行錯誤状況であったとはいえ，教師自身の手でカリキュラム開発を行うことを通して，生徒の文法学習への意識を変え，理解を深めていく糸口をつかめたとはいえる。また国語科と英語科のクロスカリキュラムによって，これまでとは異なる教科間での新たな授業研究とデザイ

表 4-3　メタ文法選択肢式問題例

◇メタ文法選択肢式問題例
次の各文の下線を引いた部分は，文の中でどのような働きをしているか，ア～エの中から一つ選び，記号に○をつけてください。
(1) 新宿に行ったとき，人が多くてびっくりした。
　ア　「もの」や「こと」を表す
　イ　「動き」や「行い」を表す（～をする，～になる，など）
　ウ　「もの」や「こと」の性質や状態を表す（どのような，どんな風な，など）
　エ　「動き」や「行い」の状態や状況を表す（どのように，どの程度に，いつ，どこで，など）
　オ　全くわからない
(3) When he comes, we will start.　　　＊ When he comes　　彼が来たとき
　ア　「もの」や「こと」を表す
　イ　「動き」や「行い」を表す（～をする，～になる，など）
　ウ　「もの」や「こと」の性質や状態を表す（どのような，どんな風な，など）
　エ　「動き」や「行い」の状態や状況を表す（どのように，どの程度に，いつ，どこで，など）
　オ　全く分からない

◇メタ文法自由記述式問題
次のAとBの2つの文の意味の違いを自分の言葉で説明してください。
　A　彼女は素敵なスカートをはいておどった。　B　彼女はスカートをはいて素敵におどった。

ン往還の関係も短期的ではあるが生まれた。このような試みが，草の根的に自律的な学校の教育変革イノベーションとして進むことがこれからのカリキュラム開発に求められているのではないだろうか。

注　本章で紹介したプロジェクトの詳細は，以下の論文に報告されている。
秋田喜代美・藤江康彦・斉藤兆史・藤森千尋・三瓶ゆき・王林鋒・柾木貴之・濱田秀行・越智豊・田宮裕子（2013）．「国語科と英語科におけるメタ文法授業のアクションリサーチ」『東京大学大学院教育学研究科紀要』52, 337-366.
斎藤兆史・秋田喜代美・藤江康彦・藤森千尋・柾木貴之・王林鋒・三瓶ゆき（2013）．「メタ文法能力の育成から見る中等教育段階での文法指導の展開と課題」『東京大学大学院教育学研究科紀要』52, 467-478.
秋田喜代美・藤江康彦・藤森千尋・柾木貴之・王林鋒・三瓶ゆき・大井和彦（2014）．「メタ文法カリキュラムの開発：中等教育における国語科と英語科を繋ぐ教科横断カ

リキュラムの試み」『東京大学大学院教育学研究科紀要』53, 467-478.
秋田喜代美・斎藤兆史・藤江康彦・藤森千尋・柾木貴之・王林鋒・三瓶ゆき（2014）「文法学習に関わる要因の教科横断的検討：文法課題遂行と有用感・好意度・学習方略間の関連」『東京大学大学院教育学研究科紀要』53, 173-180
秋田喜代美・斎藤兆史・藤江康彦・藤森千尋・柾木貴之・王林鋒・三瓶ゆき・大井和彦（2015）.「メタ文法能力育成をめざしたカリキュラム開発：実践と教材開発を通したメタ文法カリキュラムの展望」『東京大学大学院教育学研究科紀要』54, 355-388

参考文献
秋田喜代美・石井順治（編）（2005）.『言葉の教育と学力』明石書店.
石橋太加志・千葉美奈子・橋本渉・細矢和博・南澤武蔵・秋田喜代美・小国喜弘・小玉重夫（2015）.「協働学習に取り組む中等教育学校教師の抱える不安と有効性の認識：教師と生徒の協働学習についての記述データの検討から」『東京大学大学院教育学研究科紀要』54. 565-584.
大津由紀雄・亘理陽一・安井稔（2012）.『学習英文法を見直したい』研究社.
ベネッセ総合教育研究所（2009）.『第1回中学生に関する英語基本調査』.
文部科学省（2008）.「言語力の育成方策について（報告書案）」. http://www.mext.go.jp/b_menu/shingi/chousa/shotou/036/shiryo/07081717/004.htm
山室和也（2013）.「学校文法の歴史」中山緑朗・飯田晴巳監修『品詞別　学校文法講座　第1巻　品詞総論』pp. 28-54. 明治書院.
Fadel,. C. (2014). Character Education. (http://blogg.regjeringen.no/fremtidensskole/files/2014/03/Charles-Fadel.pdf), Center for Curriculum Redesign.
Fadel,. C. (2015). Character Education for the 21st Century: What should students learn? Center for Curriculum Redesign. (http://curriculumredesign.org/wp-content/uploads/CCR-CharacterEducation_FINAL_27Feb2015.pdf)

第 5 章
リテラシーをどう育むか
日本の子どもの数学的リテラシーの現状を手がかりに

藤村宣之

1. 日本の子どものリテラシー・学力の現状

　本書でも多くの章で言及されている OECD の PISA（Programme for International Student Assessment：生徒の学習到達度に関する調査）とは，各国・地域の 15 歳の生徒を対象に，「数学的リテラシー」「科学的リテラシー」「読解力」の 3 つの分野につき，3 年ごとに調査を行うものである。本章では，「数学的リテラシー」の分析を切り口に，教育心理学の視点から日本の子どもの学力や学習観の現状をみながら，新たなカリキュラム像を探るポイントを考えていきたい。

　PISA 調査で考えられている「リテラシー」とは，学校で学習した知識・技能を日常場面に活用して問題を解決する能力のことで，社会に生きる学力形成のためのカリキュラム・イノベーションの目指すものと重なる部分が多いだろう。日本の子どもの平均得点は，2006 年まで数学・科学・読解のいずれの分野でも低下傾向が見られていたが，それ以降は上昇傾向にある（国立教育政策研究所，2013b）（表 5-1 参照）。

　OECD 諸国の平均を 500 点とすると，2000 年から 2003 年にかけて日本の「読解力」の平均得点は低下しており，これが「PISA ショック」といわれ，以降の教育改革に結び付いていく。先述のように，得点は 2006 年を底として，その後は上昇してきているが，以下に述べるように，このことで日本の子どもの学力が万全といえるわけではない。

　実は日本の PISA 調査の結果には，年度を越えて一貫した傾向が見られる。それは心理学の概念を用いて表現すると，「手続き的知識・スキル」を直接適

表 5-1　PISA 調査における日本の生徒の平均得点の経年変化

	2000 年	2003 年	2006 年	2009 年	2012 年
数学的リテラシー	557	534	523	529	536
科学的リテラシー	550	548	531	539	547
読解力	522	498	498	520	538

国立教育政策研究所（2013b）などから作成．

用すること——解き方が定まった定型的問題（routine problem）に対して，一定の解き方で解を導くこと——が，日本の子どもは得意である．また，定義や性質を述べるといった事実的知識を再生すること（記憶して答えること）や，選択肢が与えられたときにその中から判断することなども一貫して得意としている．こうした学力をここでは「できる学力」とも呼ぶが（藤村，2012），日本だけでなくアジア諸国にはこうした傾向が非常に強く，日本よりも「できる学力」が高い国もいくつかみられる．

それに対して，日本の子どもが不得意であるのが，多様な知識を関連付けることで本質を理解する「概念的理解」である．解き方が一つに定まらない非定型的問題（non-routine problem）を，自分なりに考え，そのプロセスや理由などを説明したうえで深く理解して問題を解決に導くこと——これを「わかる学力」と呼ぶ——を，日本の子どもは（「できる学力」に比べて）相対的に苦手としている．特に，理解の深さが求められる記述形式の問題に対して全く解答を記述しないという「無答率」が高いという傾向も日本の子どもには見られる．

2.「できる学力」と「わかる学力」の様相

PISA 2012 年調査（国立教育政策研究所，2013b）の「数学的リテラシー」のなかの定型的問題，つまり「できる学力」が問われる問題と，非定型的問題すなわち「わかる学力」が問われる問題，それぞれに対する日本の子どもたちの取り組み方を見てみよう．

まず，定型的な「できる学力」型の問題を見てみる．

点滴の滴下速度（D）には「$D=dv/60n$」という計算式がある．3 つの変数

(D, d, n) の数値が与えられたときに，点滴量（v）はどうなるか，計算式から答えを導くという問題に対して，日本の子どもの正答率は43％で，OECD平均が26％であり，日本の方が20％近く上回っていた。この問題に対して全く解答を記述しない日本の子どもの割合，すなわち無答率は19％で，OECD平均の26％に比べてやや低くなっている。このような，すでに式が与えられていて，直接的にその式を適用して解決するという問題の解決に日本の子どもは優れているが，先に触れたようにこうした定型的な問題については他のアジア諸国も得意としており，例えば，シンガポールの正答率は64％となっている。

次に，「わかる学力」を問う，非定型的問題の例を見てみよう。

PISA2012年調査の公開問題（数学的リテラシー）では，日常的文脈を用いているが，選択肢や短答で解答させたり，記述問題でも解法が一つに定まったりする定型的な問題が多くを占めている。そのなかで，やや例外的な「帆船の問題」をみてみよう。これは，貨物船がディーゼル燃料を用いると1リットルあたり0.42ゼット（ゼットは仮想の単位）という高い費用がかかるが，貨物船に帆をつけることで燃料の消費を全体で約20％削減することが見込めるという，燃料消費削減の文脈の問題である。帆を使用しない場合のディーゼル燃料の年間消費量が約350万リットル，帆をつけるための費用が250万ゼットのとき，帆をつけるための費用をディーゼル燃料の削減量で取り戻すにはおよそ何年かかるか，計算式を示して答えを書くことが求められる。この問題の解決には，①x年かかるとして，不等式を立式して解く（350万×0.42×0.20×x＞250万），②年間削減量（350万×0.20（リットル））または年間燃料費（350万×0.42（ゼット））から年間削減費用（350万×0.42×0.20（ゼット））を算出して，それで帆をつける費用（250万ゼット）を割る，③②で求めた年間削減費用に自然数を1から順にかけていき，250万ゼットを越える乗数を答える，といった方略が考えられる。問題解決方略に多様性はあるが，その幅は比較的小さく，定型的問題に近い問題でもあるが，過剰情報（船長117m，船幅18m，積載量12000t，最高速度19ノット）を含む多くの情報のなかから上記の必要な情報を抽出し，思考プロセスを表現するという点で「わかる学力」の一部を測っている問題であるとも考えられる。

この問題に対する日本の子どもの正答率は19％（OECD平均は15％）であ

ったのに対して，無答率は 38％と OECD 平均（32％）をやや上回っていた。他の OECD 加盟国，たとえば，オランダ（正答率 25％，無答率 9％），韓国（正答率 21％，無答率 16％），カナダ（正答率 21％，無答率 21％）と比較しても，また OECD 非加盟のアジア諸国・地域，たとえば，シンガポール（正答率 38％，無答率 13％），香港（正答率 37％，無答率 16％），台湾（正答率 36％，無答率 22％）と比較しても，正答率が全般的に 4 割以下の難しい問題ではあるが，日本の子どもの無答率の高さが際立っている。

　小中学生を対象とした算数・数学，理科の学力を測る国際比較調査（TIMSS）のなかにも「わかる学力」を測る非定型的問題が少数ながら含まれている。小学校 4 年生を対象とした TIMSS2011 年調査の理科の問題をみてみよう。「体積と重さ」の問題では，かさ（体積）の大きいものから小さいものの順に並べられた発泡スチロール，レンガ，リンゴの絵が示され，「かさが大きいものほど重い」という考えに対して同意するかどうかを選択し，その理由を説明することが求められる。この問題の正答例としては，「いいえ」を選択し「大玉ころがしでつかう大玉よりも鉄球がおもいように，小さくても中がつまったり金ぞくであればおもいから」という解答が示されている（国立教育政策研究所，2013a）。この問題に対する日本の子どもの正答率は 45％であり，国際平均（42％）と同程度であった。他の参加国・地域では，台湾（74％），オーストリア（74％），フィンランド（71％），韓国（68％）のように，正答率が 7 割前後の国・地域もいくつかみられた。この問題では複雑な計算スキルなどは求められていない。体積，質量，密度を区別して判断し，日常的事象などに関連づけて説明するという概念的理解が日本の子どもの場合には不十分であることが，上記の正答率に関する結果から示唆される。

　以上のように，認知心理学の視点から国際比較調査にみられる日本の子どものリテラシーを分析すると，①手続き的知識・スキルの適用や事実的知識の再生による定型的問題の解決という「できる学力」の水準は高いが，②多様な知識を関連づけて思考プロセスを構成し，概念や事象の本質を生成的に理解して非定型的問題を解決するという「わかる学力」の水準は相対的に低く，③さらに概念的理解の深さを求められる非定型的記述問題に対しては無答率が高いという特徴が，教科や学年の違いを越えた全般的傾向としてうかがえる。

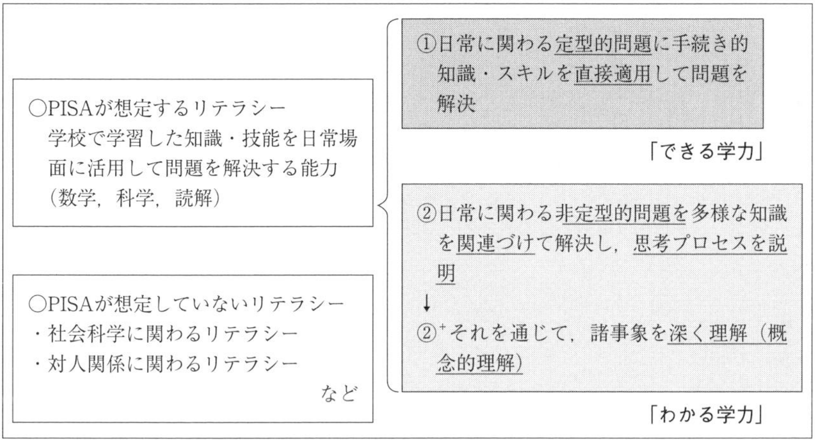

```
┌─────────────────────────────────┬──────────────────────────────────┐
│ ○PISAが想定するリテラシー        │ ①日常に関わる定型的問題に手続き的  │
│   学校で学習した知識・技能を日常  │   知識・スキルを直接適用して問題を │
│   面に活用して問題を解決する能力  │   解決                          │
│   (数学,科学,読解)             │                    「できる学力」 │
│                               │                                  │
│                               │ ②日常に関わる非定型的問題を多様な知識│
│                               │   を関連づけて解決し,思考プロセスを説│
│                               │   明                             │
│ ○PISAが想定していないリテラシー  │   ↓                             │
│ ・社会科学に関わるリテラシー     │ ②⁺それを通じて,諸事象を深く理解(概 │
│ ・対人関係に関わるリテラシー     │   念的理解)                      │
│                       など    │                    「わかる学力」 │
└─────────────────────────────────┴──────────────────────────────────┘
```

図5-1 PISA調査で実施されている問題に関する心理学的分析
「できる学力」と「わかる学力」の区分に関しては藤村(2012)を参照。

3. 国際比較調査問題の心理学的分析

　日本の子どもはリテラシーに関する定型・非定型それぞれの問題に対して，どのように向き合っているのか。その検証の作業として，まずPISA調査が想定しているリテラシーと，実際に実施されている調査問題の内容の関係を認知心理学の観点から分析した（図5-1）。PISA調査では，知識・技能を日常場面に活用して問題を解決する能力がリテラシーとされているが，心理学的には，その内容は大きく2つに区分されると考えられる。それが先述したような「できる学力」と「わかる学力」である。

　定型的問題とは，先にみたような「点滴の滴下速度に関する問題」のように，解き方が1つに定まっており，計算式や公式などを直接適用して解決する日常に関わる問題である（「できる学力」型の問題）。それに対して非定型的問題とは，日常に関わる事柄について，多様な知識やスキルを関連づけて思考プロセスを構成し，事象や概念の本質を理解して解決できる問題である（「わかる学力」型の問題）。たとえば，先の「帆船に関する問題」では，帆をつけるという費用をディーゼル燃料の削減量で「取り戻す」という現実的問題について，「新規の固定資産の購入費用を経年費用の削減分の累積によって償却する」と

いったメカニズムが本質であることを理解したうえで，単位あたり量（1リットルあたり0.42ゼット）や割合（20パーセント）に関する知識を関連づけて「経年費用の削減分」を算出し，さらに除法（包含除）や不等式に関する知識を関連づけて「償却に要する年数」を求めることで解決が可能になると考えられる（なお，社会に関わる，より現実的な問題としては，新規資産（貨物船の帆）の購入に際しての借入金の利息の償還などの要因も考慮することが必要になるかもしれない）。

本来PISAが，「生徒がそれぞれ持っている知識や経験を基に，自らの将来の生活に関係する課題を積極的に考え，知識や技能を活用する能力」（国立教育政策研究所，2013b）としてのリテラシーを評価することを目的とするのであれば，そのリテラシーを測る問題としては非定型タイプの問題が望ましいと考えられるが，実際はPISAで公開されている問題の多くが（日常的文脈を付与された）定型的問題で占められている。自由記述型の問題であっても，結局，解き方が一つに定まってしまうと「できる学力」型の問題（図5-1の右側部分の①）になる。こうした定型タイプの問題が最近のPISAの調査問題に一定程度，含まれていると推測されることが，PISAにおける国別の得点に関してアジアの国が上位に位置する一因となっているのではないかとも考えられる。

リテラシーを考えるにあたってPISAによる分析に不十分さがみられるのは，第一に，上記のように非定型タイプの問題が少ないことと，第二に，知識を関連付けることで深く理解することが可能な問題でも，その深い理解が目標として考慮されていないことが挙げられる。PISAにはどのような考えでも何らかの形で問題に関連した考えが記述されていれば正答と判断するといった緩やかな基準（loose criterion）を設定している問題が多いと考えられる。子どものリテラシーの向上を考えるうえでは，今後はその基準に，近年の学習科学（Sawyer, 2014など）においても重視されている「深い概念的理解」という厳しい基準（strict criterion）を加えることを考えていく必要があるだろう。図5-1の右側部分では，そのことを，②思考プロセスの表現に加えて，②$^{+}$概念的理解の深まりを求めることとして表現している。

また，PISAが主に対象としてきた領域は，「数学的リテラシー」「科学的リテラシー」「読解力」であるが，本来，社会に生きるリテラシーとしては，法

表 5-2　学習観の問題（藤村，2008，2012）

2種類の学習観
① 「暗記・再生」型学習観
　・正しい答えと解法は一つである。
　・正しい解法を覚えて適用することが学習である。
② 「理解・思考」型学習観
　・答えや解法は多様である。
　・自分自身の知識や他者の知識を利用しながら，考えを構成していくことや，その思考プロセスを表現し，他者と共有することが学習である。

律，政治，経済など社会科学に関するリテラシーも想定される。また，社会生活における問題解決に必要なリテラシーという点では，対人関係に関わるリテラシーも想定されるであろう（図 5-1 の左下部分を参照）。

　以上のように，子どもの「社会に生きるリテラシー」を育成していくうえでは，現行の PISA に含まれる調査問題や分析基準に範囲を限定するのではなく，質の深まりと幅の広がりの両側面から，子どものリテラシーに関する目標を設定し，それを達成することをめざした授業を組織し，その達成状況を評価していくことが本来必要であると考えられる。

4. 子どもの発達を生かし，促すカリキュラムにむけて

　このように PISA 調査の得点の高低を論じるだけでは，リテラシーの十分な評価はできず，心理学的な視点でより詳細な分析を行う必要がある。それでは，なぜ日本の子どもは「できる学力」に比べて「わかる学力」が低いのだろうか。また，なぜ後者に関わる記述問題の「無答率」が高いのだろうか。

　「わかる学力」のうちの「思考プロセスの表現」（図 5-1 の②）の弱さや「無答率」の高さの背景には，学習観の問題があると考えられる（表 5-2）。

　この 2 つの学習観は，数学的リテラシーに限定した信念ではなく，他の領域についてもあてはまるものである。また，子どもの学習観だけではなく，教師をはじめとする周りの大人の学習観や教育観に関わる問題であると考えられる。子どもは，幼児期から小学校低学年ぐらいまでは，「素朴理論」に関する発達研究にみられるように（藤村，2011 などを参照），自分の考えをいろいろと話そ

うとし，いろいろな理由（わけ）を知ろうとするが（「理解・思考」型学習観），学校内あるいは学校外の学習で「正しい答え」のみが重視されると，「暗記・再生」型学習観が強まるという傾向がみられる。このように結果としての「正しい答え」や「得点」が過度に強調されることで，「覚えていなければ何も書けない」「正しいと思えないものは書いても仕方がない」といった意識が強まった結果，多様な考えが可能な記述問題に対する無答率が高くなっているのではないかと考えられる。中学校や高校において，「暗記・再生」型の学習観だけでなく，「理解・思考」型学習観を高めることが望ましいとすれば，新しいカリキュラムでは，こうした「理解・思考」型学習観の育成を子どもだけでなく，教師の側でもまた学校全体としても促していくものになることが必要となってくるであろう。

　なお，「わかる学力」のうちのさらに高い目標としての「概念的理解の深まり」（図5-1の②$^+$）も含めて目標を達成していくためには，子ども自身が多様な知識を関連づけて知識構造を（より本質的な目標に向けて）再構造化していく必要があり，そのためには，多様な考えが可能で教科・単元の本質に関わる非定型的問題に対して個人が探究し，他者との間の協同過程（特にクラス全体の協同過程）で多様な知識を関連づけ，さらにそれを生かして個人が探究を深めることを重視した学習が有効であると考えられる（そのような探究と協同を重視した学習（協同的探究学習）のプロセスと効果については，藤村（2012）などを参照していただきたい）。

カリキュラム構成の視点

　だからといって，新たなカリキュラムでは，単に教材のなかで非定型タイプの問題を量的に増やせばよいというものではない。「わかる学力」と「できる学力」のバランスのとれた育成をはかり，学習観の全体的な転換をめざす新たなカリキュラム像を提案するとき，その考え方のポイントとして3つの視点が必要である。

　ひとつは，背景となる学問領域との関わりである。どの教科や科目にも，何らかの関連する学問領域がある。子どもが獲得すべきリテラシーを考えた場合，その学問の中からどのような概念や方法論を本質的なものとして重視し，背景

表 5-3 カリキュラムを構成する際の発達的視点

子どもの発達とのかかわりについて
・中学生から高校生の発達的特質：下位区分されるか
　　形式的操作の出現と完成，弁証法的操作の萌芽など
・発達の様相：質的（非連続的）変化は想定されるか
　　連続的変化（累加）
　　非連続的変化（包括的統合，量的充実と質的飛躍，構造的同型性と機能的差異）
・発達のメカニズム：何をベースにして何を高めるか
　　構成主義（子どもの能動性と主体的な知識構成，既有知識の果たす役割）
　　概念変化（物事をとらえる枠組みの変化とその契機）

となるどのような価値観を大事にしていくのかについて，ていねいに問わなければならない。哲学，政治学，認知心理学，臨床心理学，社会学など，本書のいくつかの章もそのような関心で執筆されているだろう。

　2つめが，筆者の専門領域である，子どもの発達との関わりの問題である。中等教育の6年間でも，中学1年生と高校3年生とでは，発達段階として大きな違いがある。中等教育の目標は，学年等で区分されうるのか，区分されるとしたら，そこに質的変化はあるのか。特に認知心理学の立場からは，子どもは何かを獲得していくときには既有知識――すでにどんな知識を持っているか――が重要で，それをベースにしながら新たな知識や他の既有知識を組み合わせて知識構造を精緻化，再構造化していくというプロセスを考える。新たなカリキュラムではそれぞれの発達段階において何がベースとなり，それと関連づけて何を獲得させるかというプロセスを，ていねいに構成する必要がある。

　そして3つ目が社会との関わりである。社会に生きる学力として何を形成するのか，それをどう評価するのかを構想してゆくことになるだろう。

発達段階，質的変化と学び

　特に2つめの，子どもの認知的発達との関わりという視座について，筆者の専門から若干の説明を加えたい（表5-3）。

　中学生から高校生にかけての時期，特に中学校後半の14〜15歳は，「形式的操作期」（ピアジェが提唱した論理的思考の発達の第4の段階。現実を可能性の一つとしてみる思考，潜在的要因の抽出，仮説演繹的思考などが可能になる）

の完成期にあたり（Inhelder & Piaget, 1955; Piaget & Inhelder, 1966），見えない世界やその質をとらえたり，現象の背景にある要因に着目できたりするようになる時期といわれている。さらに，高校生の後半になると，「弁証法的操作」の萌芽が見られはじめる。弁証法的操作（Riegel, 1973）とは，ものごとをひとつの側面からだけでなく，別の側面から見たときにどう見えるか，あるいは二つの異なる立場があるときに，その葛藤をどのように解決していくか，を考えることである。実際に，葛藤の解決は成人期の発達課題ではあるが，それに必要な弁証法的思考の萌芽ととらえられるような思考は，高校後半から大学生にかけて見られはじめることが示されている（Basseches, 1980; 田丸，1993 など）。

　こうした思考の発達は，「連続的変化」として累加的（積み重なってゆくように）にも考えられるが，他方で，知識やスキルを量的に充実させるばかりでなく，それを基に思考や理解を質的に飛躍させる「非連続的変化」もこの時期の子どもにとってに注目すべき変化である。カリキュラムの構想にあたって，何をベースにして何を高めるかという検討の背景には，こうした子どもの発達の連続的側面と非連続的側面の双方への促しが含まれる。認知心理学や発達心理学においては，構成主義（子どもの能動性と主体的な知識獲得への着目）や，概念変化（物事をとらえる枠組みの質的変化とその契機）などの概念に連なって，学びの具体的な過程のイノベーションへの提言につながる研究がなされている（Vosniadou, 2013 など）。

　現実の社会生活に直接役立つスキルには，ある程度用途が限られている定型的な課題を解決する力，つまり「できる学力」が，一定程度含まれるのかもしれない。一方で，ただ自分の手元の仕事について理解するだけでなく，それが社会の中でどのような位置にあるかを問うこと，幅広い知識の関連付けの下で深く理解すること，社会に関わる諸事象について深く理解することや，まさに社会のイノベーションにつながるような問いかけは，非定型的な課題に取り組み解決していく「わかる学力」に分類されるだろう。自分の将来や社会に関わる意識・態度も，この課題に連なるものととらえられるだろうか。これからの社会を生きていくための力を「様々なスキル」「深い理解」「意識・態度」と分けることは単純ではないが，何を社会に生きる学力とするのか，それをどう評価するのかということを考えれば，「わかる学力」として提案してきたような，

非定型的な課題に対する判断の根拠になるような「深い理解」を中心に考えることが，今後のカリキュラム構築に生きてくるのではないだろうか。

参考文献

国立教育政策研究所（編）(2013a).『TIMSS2011　理科教育の国際比較——国際数学・理科教育動向調査の2011年調査報告書』明石書店.

国立教育政策研究所（編）(2013b).『生きるための知識と技能5　OECD生徒の学習到達度調査（PISA）2012年調査国際結果報告書』明石書店.

田丸敏高 (1993).『子どもの発達と社会認識』法政出版.

藤村宣之 (2008).「知識の獲得・利用とメタ認知」三宮真智子（編）『メタ認知——学習力を支える高次認知機能』北大路書房, pp. 39-54.

藤村宣之 (2011).「ことばと概念の発達」氏家達夫・陳省仁（編）『発達心理学概論』放送大学教育振興会, pp. 65-76.

藤村宣之 (2012).『数学的・科学的リテラシーの心理学——子どもの学力はどう高まるか』有斐閣.

Basseches, M. (1980). Dialectical schemata: A framework for the empirical study of the development of dialectical thinking. *Human Development*, 23, 400-421.

Inhelder, B. & Piaget, J. (1955). *De la logique de l'enfant à la logique de l'adolescent*. Presses Universitaires de France. (A. Parsons, & S. Milgram (Trans.) (1958). *The growth of logical thinking from childhood to adolescence*. Basic Books.)

Piaget, J. & Inhelder, B. (1966). *La psychologie de l'enfant*. Presses Universitaires de France.（波多野完治・須賀哲夫・周郷博（訳）(1969).『新しい児童心理学』白水社.）

Riegel, K. F. (1973). Dialectic operations: The final period of cognitive development. *Human Development*, 16, 346-370.

Sawyer, R. K. (2014). Introduction: The new science of learning. In R. K. Sawyer (Ed.), *The Cambridge handbook of the learning sciences (2nd edition)*. New York: Cambridge University Press. pp. 1-18.

Vosniadou, S. (Ed.) (2013). *International handbook of research on conceptual change (2nd edition)*. New York and London: Routledge.

第6章
探究学習のあり方と学校図書館

根本　彰

1. 学習と学校図書館

読書支援と学習支援

　1950年代前半の早い時期に東京大学と京都大学の教育学部に図書館学講座が設置された。これは日本的な教育学にアメリカ的な要素を導入する過程のひとつであった。だが，長い間，これらの大学では講座制が持つ独立性ゆえに，学校教育学と図書館学を融合させようという試みはほとんど行われず，そのままになっていた。少し遅れて東京学芸大学と大阪学芸大学（のちに大阪教育大学と改称）という教員養成系の大学に図書館学の教員が配置された。これらの大学の担当者は学校図書館を推進し，また，それに関わる研究と担当者養成を積極的に行った（長倉，1984；塩見，1986）。このような戦後史における教育学と図書館学との関係については今後評価されるべきである。

　このようななかで，筆者はここ10年ほど学校図書館をカリキュラム展開や授業の運営に直接関わらせるべきことを考えてきた（根本，2005；2012）。学校図書館をどのように位置づけるかについてはいろいろな議論があるが，基本的には読書の推進機関であるという考え方と，学習課程の支援機関であるという考え方がある。両者がバランスよく機能していることが望ましいが，日本の学校では，読書推進を中心にし，学習課程に関わらせることは課題としては意識されていても，実施されているところは限定的であった。

　その最大の理由は，これを担当する専門の教職員がきちんと配置されてこなかったことに代表されるように，制度的な位置づけが曖昧だったからである。司書教諭が学校図書館法改正によって配置が義務づけられたのは2003年度以

降で，それも 12 学級以上の学校に限られる。学校図書館法による司書教諭資格は，かつては減免措置があって最低 1 科目 2 単位の講習で取れるような簡便なものだった。現在は，5 科目 10 単位を要求しているが，教職課程における中等教育の教科に関する科目は最低でも 20 単位は課している状況からすると少ないといえるだろう。

　こんな中途半端な資格がなぜつくられ現在に至っているのか。また，その中途半端さを補うために，学校に配置された事務職員や教務助手が図書館担当になる例は以前からあった。一部の地方教育委員会は司書を専門職として雇用して公立学校に配置することを行っていた。20 世紀末に学校図書館への関心が高まると，非常勤職員の配置を行う例も多くなった。こうして配置された人たちは一般に学校司書と呼ばれてきた。これらの人たちの処遇に関して長く議論があったが，2014 年に学校図書館法の改正があって学校司書が専門資格となることが決定されている。

　だが，司書教諭が中途半端だからこれを補う職員配置が行われ，これを専門資格化するというのは明らかに論理矛盾である。本来，専門職の定義からいって，どんな領域でも 2 つの専門資格は並立できない。専門的な職務範囲と権限が一定に保たれそれを実行するにあたっては自立性が保障されることが前提であるからである。こうして，司書教諭と学校司書の関係はあいまいなままに残る。

学校図書館の位置づけ

　筆者はこうした制度的な問題が継続しているのは，戦前からあった日本独自の学校教育と戦後アメリカにならって導入した学校図書館との基本的なずれによるものと考えている。占領期にアメリカの影響を強く受けて改革されかかった学習課程や教育方法は，結局のところ占領終了後はもとに戻っていく。だが，そのなかでもアメリカの影響を受けたいくつかの要素はその後も残された。社会科はその典型例だったが，学校図書館もそういうものの一つである。

　もちろん学校教育と図書館のずれの解消はそんなに簡単なものでない。それは日本において，教育学パラダイムと図書館情報学パラダイムのよってたつ基盤の相違に関わっているものである。学校教育が知識を提供し一人一人の子ど

もの成長と学習を個別に評価していくのに対して，図書館は書物をはじめとしたメディアを配置することで，一人一人の子どもの学ぶ力を側面から支援するものであり，教育評価には直接関わらない。つまり，個別の学習者に働きかけ評価まで行う学校に対して，図書館は学習者全体に対して学習支援を行うのにとどまっているとされてきた。

　だが，その違いは徐々に小さくなっていることは確かであろう。何よりも，20世紀の末以降，日本の教育もまた従来の教科書に沿って学ぶ習得型の学習方法だけでなく，学習者が主体的に学んでいく探究型の学習を取り入れる方向に転換しつつある。これによって探究学習を支える学校図書館も必要なものになってきている。

本章の目的

　ここで述べようと思うのは，このような変化に対応して，2つのパラダイムについて共通の基盤を探り，少しでも両者の相違を解消する糸口を見つけようということである。その際に，筆者は東京大学教育学研究科において2つの研究チームに関わった。1つ目が，研究科全体でカリキュラム・イノベーションを考えるもので，これは「イノベーション科研」と呼ばれる[注1]。2つ目は，筆者が研究代表者になった図書館情報学の研究プロジェクトで「探究科研」と呼んでいる[注2]。

　イノベーション科研については，本書自体がその研究成果を示すものであるから，ここでとくに言及する必要はないだろう。筆者はこのなかで「基幹学習ユニット」というところに所属して，探究学習をテーマに研究を進めることになった。基幹学習というのは，子どもたちの学習展開における教科やそのカリキュラムといった部分の基本について再度考察するためにもうけたチーム名であり，ほかには数理的リテラシーや言語力，そして認知カウンセリングによる学力の再定義といった関連するテーマが並んでいる。探究科研では，これを精度を上げて行うために，東京大学教育学部附属中等教育学校の卒業研究という教育課程に焦点を絞って研究を行った。中等教育の最終的まとめとしての卒業研究を取り上げ，探究的な学習を行った成果を研究対象にしたものである（東京大学大学院教育学研究科生涯学習基盤経営コース図書館情報学研究室，2014）。

2. 学校図書館についての2つの考え方

戦後教育における学校図書館

多くの教育関係者にとって，学校教育と学校図書館は近くて遠い存在だろう。上で述べたように学校図書館法上，すべての学校に図書館が必置であって実際に存在している。現在は半数程度の学校に法的資格としての司書教諭が配置されている。教育系の大学では司書教諭の講習会を開き，学生に対する養成教育も行っている。さらに，学校図書館法の改正により，これまでも配置されていた学校司書が法的な専門的職員と位置づけられることが決定した。

だが，そうした学校図書館の設置や司書教諭・学校司書の制度的整備にもかかわらず，学校図書館が何のための施設なのかについて，学校関係者に必ずしも一致した考えはないように見える。多くの教育委員会の関係者および教員は，学校図書館を児童・生徒の読書と結びつけて考えている。これはもともと図書館が読書推進の機関であるという理解が一般的に普及していたのに加えて，2000年代以降，「子ども読書活動振興法」に基づいて地方教育委員会がそれぞれの子ども読書振興計画をつくってきたことが作用している。多くの場合，計画において学校図書館もまた重要な役割を果たすことになっているからである。

ここでは，学校図書館は読書教育のみならず，教科の展開による教育課程そのものに密接に関わっているという欧米で一般的な考え方を採用する。これは，ジョン・デューイに端を発する経験主義教育に基づいて20世紀初頭に始まり，1920年代，30年代にアメリカの学校で定着し始め，第二次世界大戦後のスプートニクショック後の科学主義教育の状況のなかで普及したものである（今井，2013）。日本ではスプートニクショックが教科教育と試験による評価を徹底させることで，結局のところは知識の詰め込みによる暗記教育を推進する力となった。この点で日本とアメリカにどのような違いがあったのかについて，もっと明らかにする必要がある。

習得型 vs. 探究型

日本の学習指導要領を基準にした学習課程はいくつかの対抗軸によって表現

されてきた。さきほどの習得 vs. 探究以外に使われる表現として，系統主義 vs. 経験主義，系統学習 vs. 問題解決学習，詰め込み vs. ゆとり，というような言葉の対がある。軸の左は，日本の伝統的な学習方法をベースにして教科という枠のなかに学ぶべき内容を事前に決め，それに基づいてシステマティックに学び，学んだかどうかを試験によって確認するものである。それに対して軸の右は，学習者が自発的に課題を見つけて様々な方法で知識を獲得し，場合によっては発展的に研究してそれをまとめて発表するというものである。自らの経験が学びの根拠になっているから経験主義と言われ，事前に課題が教員によって用意されているのではなくて自分で問題を発見し解決することで進展するので問題解決学習と言われ，さらにこうした学習過程が教員の主導ではなく学習者の自発性に基づき展開するために余裕（ゆとり）があることが言われる。

よく知られているのは，この軸をめぐって左右の振れが周期的にあったことである。戦後の占領期に右に振れたことから始まり，占領が終了すると徐々に左に振れていって1960年代から70年代にもっとも左に寄ったが，経済の高度成長がバブルを引き起こしそしてバブル崩壊に至った1980年代，90年代に再度右寄りになった。さらに，2000年代になると，ゆとり教育が学力低下をもたらしたという批判が強まり，左寄りへの力が強まった。

だが，教育課程を主導する文部科学省は必ずしも昔の詰め込み型系統主義に戻そうとしているわけではない。実は探究学習と系統学習は対立しているのではなく，以前から両者の要素は学習課程のなかに組み込まれていた。たとえば，理科教育において，自然観察や物理や化学の実験などは以前から存在していたが，それ自体は探究的なものである。同様に，社会科教育においても，郷土・地域の観察や聞き取り，博物館や資料館での歴史資料の学習といったことは実施されていた。ほかの教科においても多かれ少なかれ，探究的な要素は組み入れられていたといえるが，全体としては系統的なものが中心となり，探究的な要素は副次的なものでしかなかったということである。

探究学習の具体例

日本の探究学習の例を見ておこう。京都市立堀川高校の人間探究科および自然探究科は，ここの校長を務めた荒瀬克己の著作で知られているが，3年間の

うちの最初の1年半に探究基礎という授業があって，論文的なものを書くというやり方である（荒瀬，2007）。また，大阪府岸和田市にある清教学園は一部のクラスに卒業論文を課している学校として知られていて，時間をかけて論文を書くことを指導していた（片岡，2013）。東京の方では，渋谷教育学園渋谷高校が高校1年生と2年生を対象にして「自調自考論文」と名付けられたものを執筆し，発表を課する課程をもっている（竹林，2014）。

　古くから存在しているところとしては，茨城県つくば市にある茗溪学園が1970年代後半の開校まもない時点で「個人課題研究」と呼ばれるものを開始している。生徒の全員が高校1年生の冬から始まって高校2年生の1年間をかけて執筆するものである（柴谷，2009）。生徒全員が取り組むものとしては，東京大学教育学部附属中等教育学校が実施しているものもそうである。中等教育学校4年生の冬から始まって5年生の1年間かけて執筆し，6年生の夏前に完成させる（東京大学教育学部附属中等教育学校，2005）。

　このように探究学習を学校のカリキュラムに位置づけた上で，論文やレポート執筆という形でまとめていく方法を「研究型探究学習」と呼んでおく。通常は，中等教育の後期課程においてそれまでの学習をまとめ，発展的に研究させる目的で実施される。堀川高校を除くと，私立や国立の学校が多いのはさまざまな理由があるだろう。何よりも，実施のために綿密な準備過程と長期にわたる専門的な指導が必要になる。

　これに対して，一般的な教科課程に位置づけられたものや総合的な学習の時間の一部を使って探究学習を行うものを，「教育型探究学習」と呼ぼう。教科のなかに組み入れられているものや，総合的な学習の時間のなかで行われるもののほか，放課後のクラブ活動の一環で行われたり夏休みの課題のなかで行われたりするものがある。小・中学校ではこのような教育課程を実施することはかなり一般的になってきている。これを地域ぐるみで実施しているところとしては，千葉県市川市，袖ケ浦市，東京都荒川区，島根県松江市といったところが知られている。

　松江市の例を見ておこう。2012年に合併して吸収されるかたちをとったが，それ以前から旧東出雲町の各小中学校では図書館活用を前提にした探究学習に力を入れてきた。全校で司書教諭と学校司書が発令されるとともに，学校図書

館支援センターをつくり専任職員がさまざまな支援および啓発活動を行ってきた。また，市立揖屋小学校には実質的に専任司書教諭が配置されて，担任教諭とチームティーチングをして資料利用指導を行ったり，配置されている学校司書の支援による図書館利用指導を行ったりしてきた（原田，2012）。

教育評価と教育行政

　このように多様な学習方法が提唱され実践もされつつあり，とくに小学校では教育型探究学習は定着しつつあると言える。しかし，上に挙げたような一部の研究型探究学習を実施しているところを除くと，上級学校に行くほど探究学習が実現しにくい構造がある。問題は教育評価のシステムにある。要するに，日本の教育構造において重要な位置づけになる上級学校進学のための試験制度が，系統主義教育を前提にして構築されていることが大きな影響力をもっているのだ。教育方法と教育評価は密接に関わっており，東アジアでは，学校の出口と，上級学校や就職などの次の過程とをつなげるものとして，教育評価のなかでも点数ではかれる試験が優先される傾向があり，そのために教育方法のなかでも点数化されやすいものが選ばれやすい。西欧社会においてはそうした考え方は20世紀の前半に弱くなり，それに対して総合的に評価する考え方が一般的になった。

　このような大学を中心とした教育評価の動きのほかに，この分野が理解されにくい理由として，国の教育行政のなかで境界領域に属していることがある。子ども読書推進を担当するのは文部科学省スポーツ青少年局であるが，ここと教育課程に直接関わる初等中等教育局，そして，公立図書館や社会教育施設を担当する生涯学習政策局も関わっている。一方，探究学習については大学受験が大きな影響力をもつ以上，さらに高等教育局も関わることになる。学校図書館分野には，誰もが反対しない子ども読書の推進という大きな命題がある一方で，学校におけるカリキュラムや学習方法を大きく変え，また，大学入試の動向とも密接に関係する探究学習の導入という困難な命題がある。両者をどのように位置づけるのかがこの分野のありように関わっている。

3. 国際学力調査と探究学習

PISA 調査

　学力とは何かという背景的な議論をするにあたって，OECD が実施し，日本が参加した 2 つの国際的な学力調査を取り上げたい。1 つは生徒の学習到達度調査である PISA（Programme for International Student Assessment）で，これは 2000 年から始まり 3 年おきにすでに 5 回実施され，最新のものは 2012 年のものが公表されている。もう 1 つは成人に対する国際学力調査である PIAAC（Programme for the International Assessment of Adult Competencies）で，2013 年に初めて実施されて結果が公表された。

　PISA は人間の知的能力のなかで，実生活のさまざまな場面で直面する課題に知識や技能をどの程度活用できるかどうかを評価するものと言われている。主要な 3 つの能力として，読解リテラシー（読解力），数学リテラシー，科学リテラシーのように「リテラシー」という言葉が使われているのは，これまでの読み書き能力を広く解釈して，日常生活において数学や科学のような領域でも文を読み，書くことで円滑にコミュニケーションできる力を問題にしているからである。

　たとえば，科学リテラシーについて「温室効果」の問題が出ている（OECD, 2013b, pp. 20-22）。温室効果について説明した一定の長さの文章と，地球全体の二酸化炭素排出量と平均気温の関係を時系列的に図示した 2 つのグラフが提示され，「地球の平均気温が上昇したのは二酸化炭素排出量が増加したためであるという結論」を仮に示している。問いとして，(1) この結論をどのようにして得たのかについて書かせる，(2) この結論に反する点について書かせる，(3) この結論を受け入れるためには，他にどのような要因をコントロールする必要があるかを書かせる，の 3 点が出されている（文部科学省国立教育政策研究所, 2013a〜d, pp. 21-22）。この問題は，科学知識を問うためには温室効果についての科学的知識そのものが必要なことはもちろんのこと，それをもとに考察をするための論理的な思考能力や，思考の結果を表現する言語能力が要求されていることが分かる。

表6-1には、日本がPISAの各カテゴリーが過去5回でOECD加盟国中何位であったか、そして括弧内には全体で何位だったかを示している（OECD, 2013a）。一般には全体で何位かを示すことが多いが、OECD加盟ではない上海、香港、シンガポールなどが途中から参加して最上位を占めており、それを含めた順位の比較には大した意味はないと考えられる。これで見ると、日本の科学リテラシーは常に1位から3位であり、読解リテラシーは最初10位前後だったが、急に盛り返し、数学リテラシーは1位からスタートしたが一時期低下しまた上がってきたことが分かる。2012年の結果は全カテゴリーにおいてOECD諸国中1位か2位であり、これをもって日本の学校教育がうまくいくようになったという声が強い。

　だが、2000年代初頭に始まったばかりの新指導要領が、週5日制を導入することで全体の授業時間が減るのに合わせて、主要教科の時間数を削減、総合的な学習を導入するといったゆとり教育の側面が強いものであった。そしてこれ自体が教育畑の外側の人たちから学力低下の原因だと批判されて、大きな論争があったことが記憶されている（市川, 2002）。

　この論争とこのPISAの最近の結果がどのような関係にあるのかについては予断を許さない。というのは、試験におけるカテゴリー別の順位の変化が学習指導要領における変化とどのように対応しているのかは理解しにくいからである。一方には、2003年の調査で順位が急落したことによる「PISAショック」をきっかけに、「脱ゆとり教育」へ転換したことが功を奏したという見方がある。確かにこの批判があったあとに、文部科学省は10年周期で改訂する慣例を破って、2003年に学習指導要領の一部改訂を行った。しかし、これは教師の指導性を確認するとともに総合的な学習の時間の徹底を指示するもので、どちらかというとゆとり教育批判をかわそうとするものであり、指導要領の内容そのものに実質的変化はなかったと考えられる。むしろ、この試験の受験者は15歳であるから、2009年、12年と順位が上がってきたときの受験者は、2000年代の新しい学習指導要領のもとで学習をしたゆとり教育の申し子であり、そのなかでこの成果を上げたという見方の方が妥当性をもつだろう。

　何よりも、読解リテラシーの順位が急速に向上したことがそれを示している。探究を志向する新しい学力観のなかで、ひとりひとりの学習者の読みをもとに

第6章　探究学習のあり方と学校図書館——85

表6-1 PISAにおけるOECD加盟国中の日本の順位
（括弧内は参加国全体における順位）

	読解リテラシー	数学リテラシー	科学リテラシー
2000年	8 (8)	1 (1)	2 (2)
2003年	12 (14)	4 (6)	2 (2)
2006年	12 (15)	6 (10)	3 (6)
2009年	5 (8)	4 (9)	2 (5)
2012年	1 (3)	2 (7)	1 (4)

考え発言することを強調するリテラシーの考え方が提示される。従来の国語の読みが，文の書き手の意図を探ることを基調とするものであったのに対して，読み手が生活者として表現し，他者を理解し，相互にやりとりするコミュニケーション能力を強調する考え方で，言語力と呼ばれることもある。これについては，2006年から文部科学省にこれを育成するための協力者会議がつくられて集中的に議論して報告書が作成され，これに向けての方策が強調された。これは2010年代の学習指導要領に反映されている。

さきに見たように科学リテラシーにおいても多様な能力が要求されており，そのなかでは言語的な表現も重要な役割をしている。読解リテラシーのみならず，日本の学習者が数学，科学のいずれのリテラシーにおいても国際的順位を上げ，ほぼ頂点に立っているとすれば，それはこの10年あまりの教育改革の力が大きかったのではないだろうか。

PIAAC調査

これに関連して，成人を対象としたコンピテンシーを国際比較したPIAAC（国際成人力調査）という調査を見ておきたい（表6-2）。これはPISAと同様の手法で成人の能力を調査したもので，今回が初めての結果報告であった。分野としてはリテラシー，ニュメラシー，そしてITを活用した問題解決能力となっている。リテラシーはPISAの読解リテラシーと科学リテラシーを組み合わせたもので，ニュメラシーは数学リテラシーに相当すると考えられる。日本の報告書を見ると，「16歳以上65歳以下の男女1万1000人を住民基本台帳から層化二段抽出法によって無作為に選定し，5173人より回答を得た」となっていて，信頼できるデータと考えられる（OECD, 2013c）。

表6-2 PIAACにおける得点上位国

	リテラシー		ニュメラシー		ITを活用した 問題解決能力	
1	日本	296	日本	288	日本	294
2	フィンランド	288	フィンランド	282	フィンランド	289
3	オランダ	284	ベルギー	280	オーストラリア	289
4	オーストラリア	280	オランダ	280	スウェーデン	288
5	スウェーデン	279	スウェーデン	279	ノルウェー	286
参加国の平均点		273		269		283

　この調査で驚くべきことに，3つの分野とも日本の平均点は参加24カ国中1位で，それも他の国に比べてかなり高いことが示されている。これは何を意味するのだろうか。一つは，上位5カ国をみるとOECD加盟国中PISAの上位国とかなりの程度対応していることが言える。フィンランドは以前からPISAで上位にあったし，オランダやオーストラリア，スウェーデンもそうである。PISAで上位なのにここに入ってこないのは韓国だけである。つまり，PISAの結果がある程度反映した順位になっていると言えるのかもしれない。実際に問題を見ると，PISAに出題されているものと同趣旨の問題だが，さらに単純化したものが多いように思われる（OECD, 2013d）。

学力とは何か

　しかしながら，ここで再度考察すべき点はOECDの2つの調査が明らかにしている能力が何であるのかという点である。ここまでの結果を整理してみると，PISAについては2000年代前半までの点数はやや低かったが，その後上昇志向で2012年のものは世界最高水準であることを示している。PIAACにおいては圧倒的に日本の点数が高いという結果が出た。

　これらの試験は，第一に文章を読んだり図表を見たりして自分のもっている知識や能力をもって解答するものである。第二に，解答の方法は選択式のものと文章で書くものがある。第三に，分野の専門知識を問う場合もあるが（PISAの科学リテラシー），多くの場合，言語による読解や論理的な判断力，文章で表現する力といったものを問うものである。このようなPISA＝PIAAC的学力観に立つと，日本の学校教育は成功しているということができる。

4. 探究学習の課題

カリキュラムの戦後史

　この成功を手放しで喜んでよいのだろうか。最初の課題に立ち返って考えてみよう。

　さきほど見たように 1957 年にスプートニクショックがあり，アメリカでは科学の現代化の必要性が言われ，ソビエトの科学技術力に対抗するために，科学教育をきちんとやろうという方向が採用された。その際に，学習者が科学の研究水準を体系的に追体験する方法を重視したのが，科学の現代化というものだった。これは，今の表現で言えば探究学習をベースに習得型学習を上乗せした概念だったと言えよう。そして，このとき連邦政府の資金によって全国の学校図書館の整備が行われる。専任の図書館員が制度的に全米の学校図書館に配置されるのもこの時期である。

　日本でも同じ時期に同じ課題に直面し，理科教育では実験をやるなど探究的な要素は増えた。しかしながら，実際のところ消化しなければならない習得学習のための内容がかなり多く，また，入学試験を前提とした教育評価のために，一律の客観的な評価に耐えるものとして習得学習の試験が一般的に志向された。1960 年代，70 年代はこのように逆に習得学習を徹底させる動きが強まっていくのである。

　日本経済が安定し国際的に強みを増す 1980 年代以降になると，今度は国際的な人材の育成を念頭においた教育改革が政府サイドで打ち出されるようになる。これが，1990 年代の週五日制を前提にした各教科の授業内容の削減や総合的な学習の時間の導入などの動きにつながっていく。先に見たような教育型探究学習の要素が取り入れられたのである。これが新しい学力の要素をもっていたことが，国際的な学力テストで一定の結果をもたらした理由であると考えられる。

　PISA＝PIAAC 型学力は従来の習得型の学習によって得られる学力と同じではないが，学習者が記号や書き言葉で表現でき，それをもとに正解か不正解を判断できるようなものであり，その点で評価方法としては共通している。これ

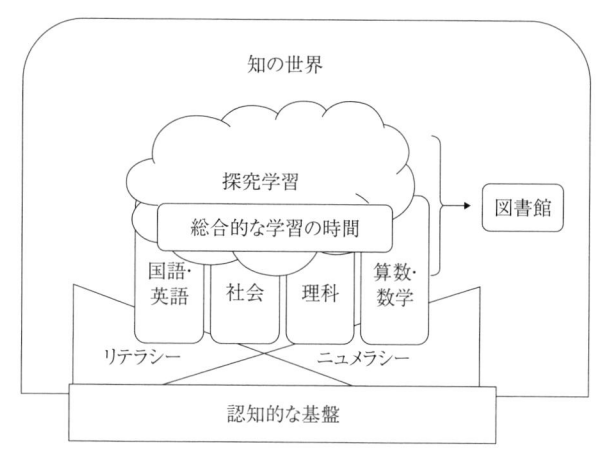

図 6-1　探究学習の構造

はこれを主催している OECD が経済開発という領域の国際機関であることと関わっている。この領域に必要な産業労働者の育成が大きなテーマであり、これらの試験はそのための能力をみるものであり、日本はそれに成功しているということができるだろう。PISA の全参加国中の最上位を東アジアが独占しているような状況もこれと関わっている。

探究学習の構造とこれからの課題

　だが、日本の 21 世紀の課題が知識集約型社会の構築にあるとされるときに、必要な知識の獲得は産業労働者に必要な能力だけでは不十分なことは明らかである。そこで必要なのが探究学習を十分に取り入れ、これをもとにした学習課程を志向することである。ここでの評価は一つの正解を基準にするものではなくて、論理展開の正確さが問われるものである。また、それに対応して学校図書館やデータベースを使った情報検索的要素が強化されるべきものとなる。

　以上のことを、学習者が知の世界とどのように関わるのかを中心に図に示した（図6-1）。学習者の認知的基盤のなかでとくに学習に関わる能力としてリテラシーとニュメラシーがある。そして、これらを基盤として教科（国語・英語、社会、理科、算数・数学）が成り立っている。教科は本来、習得学習と探究学習の双方の方法を取り入れながら展開されるものだが、現在は習得学習が中心

第 6 章　探究学習のあり方と学校図書館——89

となっている傾向がある。総合的な学習の時間は，とくに探究学習を教科横断的にできるように組まれた特別の枠組みと考えることができるだろう。探究学習がきちんと各教科で展開できれば，いずれは教科に吸収されて不要になるのではないかと思われる。そしてこれらの学習を支援し，学習者と知の世界をつなぐものとして学校図書館がある。

　実は習得学習に加えて探究学習を実施し，それを支援強化する機能として学校図書館を整備するという課題は世界的なものである。ここでは詳しく述べられないが，フランスではすべての中学校（コレージュ）と高校（リセ）に専任のドキュマンタリスト教員（Prófesseure documentaliste）が配置され，こうした探究的な授業の支援を行うようになっている（全国学校図書館協議会フランス学校図書館研究視察団，2012；根本，2013）。

　このような制度改革は，1980年代以降のものであり，ここ20年の間に全国で実施されようになってきた。その背景には，同国の中等教育に，一人一人の学習者が共有された知識に照らして自分の意見を明確にしてそれを発表することを重視する考え方が備わっていることがある。日本と同じ時期に同様の課題が検討され，フランスでは制度改革が行われたのである。日本が取り入れるべき方向はまさにこれであろう。

[注1]「社会に生きる学力形成をめざしたカリキュラム・イノベーションの理論的・実践的研究」（科学研究費　基盤研究A　2011-2013 代表者：小玉重夫）。
[注2]「図書館を学習課程の中心に置く──探究型学習の方法に関する教育実験と評価」（科学研究費　挑戦的萌芽研究 2011-2013 代表者：根本彰）。

参考文献
荒瀬克巳（2007）．『奇跡と呼ばれた学校』朝日新聞出版．
市川伸一（2002）．『学力低下論争』筑摩書房．
今井福司（2013）．『日本占領期におけるアメリカ学校図書館の導入──日米の学校教育実践における学校図書館の位置づけ』（東京大学大学院教育学研究科，2013年度博士論文）．
片岡則夫（2013）．『「なんでも学べる学校図書館」をつくる──ブックカタログ＆データ集「中学生1,300人の探究学習から」』少年写真新聞社．

塩見昇（1986）.『日本学校図書館史』全国学校図書館協議会.

柴谷晋（2009）『出る杭を伸ばせ——教育実験校「茗溪学園」プロジェクト』新潮社.

全国学校図書館協議会フランス学校図書館研究視察団（2012）.『フランスに見る学校図書館専門職員——ドキュマンタリスト教員の活動』全国学校図書館協議会.

竹林和彦（2014）.「高等学校における卒業論文執筆指導の実際」東京大学大学院教育学研究科生涯学習基盤経営コース図書館情報学研究室編『公開研究会記録　中等教育における卒業研究カリキュラム——学校図書館サービスを視野に入れて』, pp. 12-22.

東京大学大学院教育学研究科生涯学習基盤経営コース図書館情報学研究室（2014）.『公開研究会記録　中等教育における卒業研究カリキュラム——学校図書館サービスを視野に入れて』.

東京大学教育学部附属中等教育学校（2005）.『生徒が変わる卒業研究——総合学習で育む個々の能力』東京書籍.

長倉美恵子（1984）.『世界の学校図書館』全国学校図書館協議会.

根本彰（2005）.「学校図書館における「人」の問題——教育改革における学校図書館の位置づけの検討を通して」日本図書館情報学会研究委員会編『学校図書館メディアセンター論の構築に向けて』勉誠出版, pp. 19-43.

根本彰編著（2012）.『探究学習と図書館——調べる学習コンクールの効果』学文社.

根本彰（2013）「フランスの学校教育における資料情報支援体制」『学習情報研究』230, 52-55.

原田由紀子（2012）.『東出雲発！学校図書館改革の軌跡——身近な図書館から図書館活用教育へ』東京書籍.

文部科学省（2006）.『科学技術白書』平成18年版.

文部科学省科学技術政策研究所（2001）.『科学技術に関する意識調査 2001年2月～3月調査』.

OECD（2013a）.『OECD生徒の学習到達度調査～2012年調査国際結果の要約』文部科学省国立教育政策研究所（http://www.nier.go.jp/kokusai/pisa/pdf/pisa2012_result_ps.pdf）

OECD（2013b）.『OECD生徒の学習到達度調査～PISA調査問題例』文部科学省国立教育政策研究所（http://www.nier.go.jp/kokusai/pisa/pdf/pisa2012_examples.pdf）

OECD（2013c）.『OECD国際成人力調査～調査結果の概要』（http://www.mext.go.jp/b_menu/toukei/data/Others/__icsFiles/afieldfile/2013/11/07/1287165_1.pdf）

OECD（2013d）.『国際成人力調査（PIAAC）調査問題例～読解力・数的思考力～』（http://www.mext.go.jp/b_menu/toukei/data/Others/__icsFiles/afieldfile/2013/10/16/1287165_2.pdf）

東京大学教育学部附属中等教育学校における探究学習と学校図書館
根本　彰

　研究型探究学習を実施している学校として，東京大学教育学部附属中等教育学校がある。同校は1980年代より，卒業研究を6年生（高校3年生相当）全員に課している。つまり，研究をして論文中心の成果物を提出し，一定レベルの評価を得ない限り，卒業できないのである。現在は学校設定科目として5段階評価も行っている。

　これのためには，1年時（中学1年）から総合学習の時間が設けられていて，その準備が始められる。とくに5年時（高校2年）からは卒業研究の時間が月に一度設けられ，学校外に出て行くフィールドワークを重視して，夏休みにそうした自主的な学習を行うことを奨励している。そして，中間報告の発表を経て，6年時の夏休み前に1万6000字程度の量の論文が提出されることになる。

　だが，この過程は「言うは易く行うは難し」の典型である。

　入学するときは通常の入試を経て入っていた生徒たちが，早くから実施されてきた総合学習を受けつつ研究的な学習方法へのアプローチを学ぶといっても，多くの授業は習得学習を基本としている。また，大学進学をめざす生徒が大半であり，習得学習の成果を入試で問われることが多いから，そちらに意識が向くことは当然のことである。つまり，多くの生徒にとっては，研究型卒業研究と受験を意識した習得学習は正反対のベクトルをもつものと思われているのである。

　同校の学校図書館には，専門の図書館職員が配置されてきた。大学の図書館職員配置ルートの一つに位置づけられていたからである。しかしながら，図書館が総合学習や卒業研究を推進する場所としてきちんと位置づけられてきたかどうか，ということになると難しいところがあった。それは，ひとつには同校の卒業研究が最終的に論文を要求しているとしても，方法的にはフィールドに出ることを重視していて，文学的なテーマなどを除くと，文献調査をそれほど重視していなかったからである。学術的な立場からすれば，文献なしに研究は進められないということになるが，これは，上に述べたような研究と習得学習の関係に行き着くかなり本質な問題をはらんでいるといえる。

　しかしながら，2010年度から2013年度に学校図書館の役割を理解している図書館職員が赴任し協力してくれたおかげで，総合学習や卒業研究のための図書館サービスを通じてさまざまなサポートをすることができた。たとえば，卒業研究

の個々のテーマに合わせた本を選択購入して書架に並べたり，要求に応じて東大の学内や他大学の図書館の本を借り受けたり，「ジャパンナレッジプラス」や「朝日けんさくくん」といったデータベースを導入したりした。これらは，生徒たちの研究に幅と奥行きを与えることにつながったと言える。

　以上のように，同校の卒業研究は学校図書館の専門的サービスの援助を得ることによって，新たな段階に入っていったと考えることができるだろう。折から，中央教育審議会での議論において，大学入試が「覚える」から「考える」に転換する方向が打ち出されたことや，次の学習指導要領の改訂に子どもたちが討論や体験を通じて自ら学ぶ「アクティブ・ラーニング」の考え方が導入されることが盛り込まれることが報じられている。新しい学びは，本校の探究学習やそれを支援する学校図書館の存在と密接にかかわることになるだろう。

第7章
社会に生きる学び方とその支援

市川伸一・植阪友理

1. 学校での学習を社会に生かすには

　学校での学習で子どもたちが学んでいることは，社会でどのように生かされるのか。これまで教育の世界では，その内容が直接的に社会生活の中で使われるからとする「実質陶冶」の立場と，そこで身に付けた思考力や学習方法等が社会に出ても使われるからとする「形式陶冶」の立場があった。もちろん，学校教育にはどちらの面も含まれているので，決着をつけることはできそうにないが，時代の趨勢で，両者の間を大きく揺れ動くことが見られる。ラテン語やユークリッド幾何学を重視した中世のカリキュラムが，形式陶冶的な意味から正当化されていたのに対して，アメリカの教育心理学者ソーンダイク（E. L. Thorndike）が学習の転移可能性が低いことを示し，20世紀にはいってからのカリキュラム内容は実用性の高いものになったという歴史的経緯がある。
　しかし，その後も，実質陶冶論と形式陶冶論の対立は，潜在化したり顕在化したりしながら，教育の論議ではくり返し現れているといってよいだろう。現在においても，学校カリキュラムには，多くの子どもにとって，およそ将来使われそうもないという内容も確かに含まれている。その際には，それを正当化するのに，「頭を鍛えることになるから」「文化・教養を身に付けるため」「学ぶことの楽しさを知るため」といった，かなり抽象的な目的が引き合いに出されることがある。これは，一種の形式陶冶的な立場といえるが，客観的には肯定も否定もしにくい議論になりがちだ。すると，第3章で紹介した「学校知批判」のように，学校教育で習得したことは社会の中でほとんど使われないという，実質陶冶的な立場からの批判も出てくる。

本章でとりあげるのは，「メタ学習」，すなわち，学校教育を通して，子どもたちは学習とはどのような営みで，どのようなやり方が効果的なのかを学ぶことができ，それは，社会に出てからさまざまな学習をするときにも生かされるという考え方である。これは，「新形式陶冶論」とも言える立場であり，従来の教科学習を内容的に否定して刷新するのはなく，新たな文脈に置くことによって，内容の習得を越える意義をもたせることを意味している。ただし，これに説得性をもたせるには，学習のしくみに対する理論的背景と，実証・実践が必要になってくる。

2. 理解を重視した学習観と学習方略

　学校での学習が，社会で生きるためのものになるかどうかは，それらが同型の構造をもっているかにかかっている。図7-1は，認知心理学でしばしば見られる人間の情報処理のモデルである。このモデルは，伝統的なものではあるが，それでも1960年代以降，しだいに進化してきている。認知心理学初期の1960年代には，人間の記憶は，単純な反復によって短期記憶から長期記憶へと移行するものであるととらえられていたが，1970年代以降は，既有知識を使った能動的な解釈過程こそが重要であるととらえられるようになる。知覚，理解，言語行動，推論，問題解決など，人間の知的活動における知識の役割が強調されるようになった時代である。1980年代後半には，道具や他者との相互作用を通した知的活動が，人間の特徴としてクローズアップされる。こうして見ると，認知心理学は，人間の認知的なメカニズムをとらえようとして，日常的な人間行動に合わせてモデルを拡げてきたといえそうである。
　では，学校での学習はどうだろう。これは，教師により，学習状況により，学習者により，大いに異なるに違いない。たとえば，同じような数学の内容を学ぶにしても，教師がどのように教えるか，どのような授業形態やテスト状況にするか，学習者自身がどのような学習方法をとるかによって，情報処理のしかたは，まったく異なってくる。仮に，公式を反復的に暗記し，テスト問題に出てきた数値をあてはめて，速く正確に答えを出すことが促される学習環境ならば，上記の日常的な知的活動に近づいてきた認知モデルとは，かなり異なる

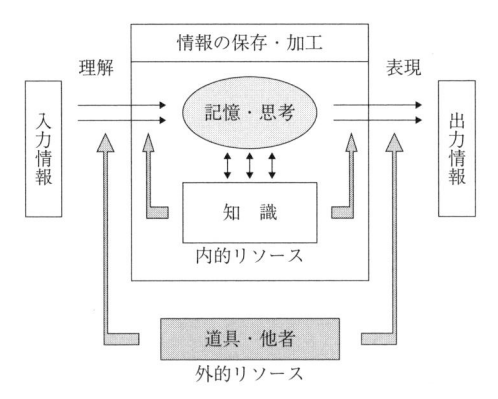

図 7-1　人間の情報処理モデル（市川，2004）

ことを行っていることになる。そうした学習を学校で繰り返してきて身に付く力とは，およそ「社会で生きる」ものとはならないだろう。一方，同じ内容を学ぶにしても，教師が理解を重視した説明をし，道具の利用や他者とのコミュニケーション活動を重視した授業を行えば，そこでの学習は社会での学習と同型性が高くなり，社会で生きる学力が形成される可能性が出てくる。

　また，教師や学習状況といった条件が同じ場合でも，学習者自身が，学習とはどのようなしくみで成立するものであるか，どのような学習方法をとるとよいのか，といった学習に関する考え方の差異は大きい。認知心理学では，これを「学習観（conception of learning）」と呼んでいる。これは，実際にその学習者がどういう「学習方略（learning strategy）」をとるかということと，表裏一体であり，学業成績にも大きく影響する。とくに，中学・高校とすすむにつれて，かなり難しい内容を，量としても多く学習するときには，理解を重視した学習観，学習方略をとらないと成績不振に陥ることが，個別学習相談のケースでも多く見られ，調査でもその傾向が見てとれる（市川，1993, 1998）。

3. 教科指導の中でメタ学習を促すには

　一般に，小学校低学年のうちは，学習とは反復習熟により成立するものであるという学習観が強く，漢字や計算などでも，反復練習が強調される。また，

学習への動機づけにおいても外発的な賞罰が重視される傾向が強い。しだいに意味理解を志向する学習観，学習方略，動機づけに移行していくという全体的な傾向はあるものの，その発達差，個人差は大きい。また，移行するとはいえ，一方では，反復習熟的な学習は大人になっても有効な場合があるのも確かであり，むしろ，学習内容や学習段階に応じてさまざまな方略を身に付け，柔軟に用いていくというのが，発達の姿であろう。こうした，「学習とはどういうものかを学習する」という「メタ学習」を，教科学習を通じて促すにはどのような手立てが考えられるだろうか。

　筆者らの研究室では，知的課題に関する悩みをもつ学習者に対して，個別的な相談・指導を行う実践的研究活動を「認知カウンセリング」と呼び，とくに，児童・生徒の教科学習については，大学や学校で「学習相談室」を設置して実践とケース検討を続けてきた（市川，1991, 1993, 1998）。そこでは，学習内容に関する子どもの誤解や指導法だけでなく，学習観や学習方略がしばしば問題となる。面談の中で普段の勉強方法などを聞くこともできるし，指導過程を通じてその子の学習のしかたが浮き彫りになってくることもある。カウンセラーとのやりとりを通じて，丸暗記や単純反復のみに頼るのではなく，理解することの楽しさやその効果を味わってもらうこと，それが内化されて日常的な学習行動が変容することも目標にしている。これは，まさにメタ学習をめざした学習指導ということになる。

　しかし，認知カウンセリングはあくまでも個別の学習相談という形態をとっているため，多くの児童・生徒に対して，メタ学習を促進するようなはたらきかけは難しい。そこで，「学習法講座」という形で，認知心理学の基本的な考え方やデモ実験，理解を重視した記憶，問題解決の学習方法などを体験的に伝えるような活動を行うようになった。これは，英単語学習，数学の文章題解決，国語の長文読解など，テーマもさまざまであり，形態も，夏休みなどの課外授業の場合もあれば，クラスや学年全体を対象にした講義形式の場合もある。また，こうした講座の内容は書物としても公刊されており，少なくとも情報としては，多くの学習者に提供されている（市川，2000, 2013）。

　児童・生徒たちは学習法講座に非常に興味をもってくれることが，事後アンケートなどからも明らかだが，定着や持続性の点では問題があった。なかなか

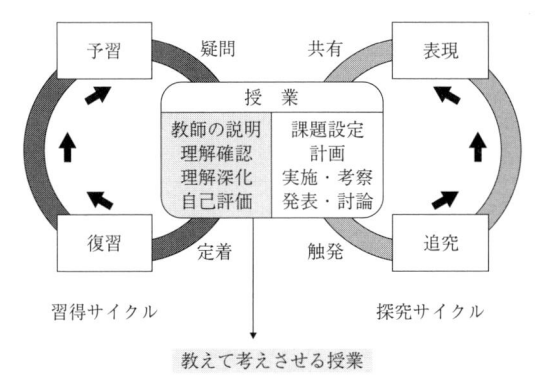

図7-2 習得と探究の学習サイクルモデル（市川，2013を改変）

　普段の学習行動の変容に至りにくいということだ。そこで，日常的な教科の授業そのものの中に，メタ学習を促すようなしくみがはいることがどうしても必要なことと思われた。それは，習得の授業モデルである「教えて考えさせる授業」の中に，学び方の学習を埋め込むということである。図7-2にあるように，学校における学習には，習得学習と探究学習の2つが存在するが，習得学習とは獲得させたい知識技能が明確になっているような学習である。教科の多くの時間はこれに費やされる。一方，探究学習とは，学習者が自ら課題を設定し，追究していくようなタイプの学習であり，総合学習，自由研究，卒業論文などがその代表的な例である。

　「教えて考えさせる授業」は，これまで述べてきたような認知心理学の学習のモデルを，日常的な習得の授業の中に取り入れたものである（市川，2004，2008, 2013）。授業は4つの段階から構成される。まず，第1段階では，教師が理解を重視した説明を行う。しかし，いくらわかりやすく工夫した説明を教師が行っても，子どもがそれを正しく理解できているとは限らない。そこで，第2段階では「理解確認」として，学習者に能動的に表現させる活動を入れる。例えば，ペアや小グループになって，いま習ったことを，お互いに説明しあったり，教えあったりする活動を入れる。ここでうまくできない場合には，学習者自身が「自分は十分に理解できていなかった」と気づくことになる。こうして基礎知識を共有してから，第3段階では，「理解深化」として問題解決や討

論を行う。この段階では，学習者同士がコミュニケーション活動を行い，協同で問題解決を行うことを重視する。最後に「自己評価」として，わかったこと，まだよくわからないことなどを書きとめ，自らの認知的な状態を客観的に振り返ることが求められる。

　「教えて考えさせる授業」を通じて獲得を促したい学び方や学習に対する考え方の例について，簡単に紹介しておこう。例えば，理解確認の段階では，教師から受けた説明を子どもなりの言葉で説明できるかといったことが重視されている。授業中は，教師から促されてこうした活動を行うわけだが，将来的には自分で学習しているときにも「いま学んだことが，自分でも説明できるだろうか」と自問し，できそうもなければ，調べ直したり，教師や友人に質問するようになることが期待されている。つまり，授業内の活動をモデルにしながら，自らの理解状態を診断して次の行動に移るという学習方略を身につけてほしい。また，単に問題が解ければ良いと考えるのではなく，なぜそうなるのかという思考過程や意味理解を重視する態度を身につけてほしいということになる。こうした学習のしかたは，社会生活における学び方ともかなり同型性が高いものと言えるだろう。

4. 教科の授業に埋め込まれたメタ学習の実践

　それでは，こうして日常的な教科の授業に埋め込まれたメタ学習というのはどのように実践され，効果を上げているのだろうか。ここでは，筆者らが研究連携をしている2つの事例を紹介したい。

予習―授業―自己評価を通じてメタ認知を促す小学校での実践

　1つ目の事例は，岡山県倉敷市柏島小学校での実践である。柏島小学校では，「教えて考えさせる授業」を学校全体で取り入れた学校である。この学校では特に，自己の認知状態を客観的に診断する力である「メタ認知」を育てることに注目した実践を行った。例えば，授業の前には，予習を行うことを促し，そのさせ方に工夫をこらした。具体的には，予習を行う際に，どのような点は理解できなかったかを明らかにし，「授業ではこの部分を重点的に学ぼう」と子

どもなりの「めあて」を持つように指導した。さらに，高学年でこうしたことを実行できるようになるまで，低学年，中学年，高学年とそれぞれの発達段階に応じた予習のさせ方を工夫し，段階的に引き上げていった。

こうした指導の結果，例えば，6年生の円の面積の公式を学習する授業では，授業の冒頭で子ども自身が「公式は分かったけれど，なぜそのような公式になるのかが良く分からないので，そこが分かるようになりたい」などのように目標を述べている（倉敷ケーブルテレビ，2012）。教師の説明では，多くの子ども達が分からないと感じている，公式を出す過程が分かるように教具も工夫している。理解確認，理解深化では，協同学習を多く入れて，相互説明や討論を通じて問題解決を図っている。さらに，授業の最後の自己評価では，自分にとってどのような点で理解が深まったのか，それが分かるようになったきっかけはなにか，自分がまだよく分からない点は何かといった点を中心に記述させ，次回以降の授業につなげる工夫を行っていた。

5年生のあるクラスの授業ノートの分析と教師からのインタビュー（植阪，2014）からは，特別な授業に限らず日々，意味を重視した指導が行われていることや，子ども自身も，予習段階から自分は意味を理解（自分の言葉で説明）が出来ているのかを重視しながら学習している様子が認められた。この学校では，「教えて考えさせる授業」を重点的に行っている算数科だけでなく，学び方のポイントを示し，メタ認知を促す一連の工夫を加えることで，学力面での向上が顕著に認められるようになったことが報告されている（谷本，2014）。

授業・テスト・数学通信を連携させた中学校数学での実践

中学校での数学科の例の1つとして，床教諭（元岡山市立灘崎中学校，主幹教諭）の実践が挙げられる。床教諭は，「教えて考えさせる授業」を取り入れた授業を行うのみならず，評価方法にも工夫を加えたユニークな実践を行った（ベネッセ，2012）。「授業中にいくら『考えることが大事』『途中の経過が大切』と言っても，定期テストの問題が今までと同じでは，生徒は結局，もともとの学び方を続けてしまう」と語っている。すなわち，「教えて考えさせる授業」で意味理解を重視した授業を行い，それを学習者自身でも説明できるのかまで問うているのであれば，テストでもそうしたことをもっと直接的に問う必要が

あるというわけである。

　この発想を踏まえて，例えば，従来であれば，「六角形の内角の和を求めなさい」といったテストを行っていた単元では，「六角形の内角の和は720度です。この求め方を下の図を使って説明しなさい」といった問題へと切り替えていった。すなわち，単に手続き的に公式を丸暗記して，それに当てはめるだけで解ける問題ではなく，「なぜそのようになるのか」という意味を重視し，それを直接的に問うような問題を定期テストにおいて出すようにしたのである。

　また，授業やテストでこうした活動を取り入れても，なぜそれが大切なのかを十分に認識できない子どもや保護者もいるであろう。そのため，「なぜ人に説明できることが大切なのか」，「なぜそのような学び方が効果的なのか」などを「数学通信」を通じて発信している（数学通信の実際の例は，ベネッセ (2012, p. 11) を参照されたい）。この数学通信には，理念的な解説だけでなく，生徒のノート例に即して，学び方の工夫を多く紹介している。

　このように授業，テスト，数学通信を連携させた取り組みを行うことを通じて，思考過程を重視する学習観を育成することや，説明できるかを自問しながら学習するという習慣を形成しようとした。年度末に実施した，「新しく入ってくる1年生に，勉強のアドバイスを書いてみよう」といった内容の質問紙からは，認知心理学の観点から見て効果的な学習方法（例，人に説明するつもりで勉強する，図や表をかきながら勉強するなど）を多く用いている様子や，それらを重視している記述が多く見られ，学習観の変容につながっている様子が認められる。

5. 中等教育におけるメタ学習カリキュラム試案と今後の課題

　本章のはじめに，学校教育を通じて，社会でも生きてくるような学び方を学ぶというのは，「新形式陶冶論」ともいえる立場であることを述べた。古典的なソーンダイクの研究でも，近年の認知心理学の「領域固有性」を強調する立場でも，学習の転移というのは一般の人々が期待するほどには起こらないという考え方が根強い。ただし，これは，あくまでも自然に起こる転移のことであり，より意図的，計画的な転移促進カリキュラムがあれば，可能になるのでは

ないかというのが,「新」の所以である。そのポイントは,学習者に直接認知心理学的な知識を与え,自らの学習経験を,領域横断的で一般的な学習のしかたに広げていくということにほかならない。

　我々は,これまでの認知カウンセリング,学習法講座,「教えて考えさせる授業」などの実践を通じて,メタ学習のカリキュラム試案を作成した(本書第22章表22-4)。これは,中等教育段階で,「総合的な学習の時間」に認知心理学のキーコンセプトを学び,各教科の中で,具体的な学習方略を教示するという構成になっている。学年順の配列としては,記憶の認知的方略に関わるものから始め,しだいに自己を対象化して内省を要する処理を求めるというメタ認知的なものに移行するようにした(表の中にある,認知心理学的な専門用語については,認知心理学に関する教科書や事典等を参照していただきたい)。

　これは,部分的には実践されているものの,中等教育全体を通して展開している学校があるわけではない。しかし,次期学習指導要領改訂に向けて,教科の学習内容の獲得だけでなく,社会生活に向けての資質・能力を育てることを積極的に盛り込むべきではないかという議論が進行している現在,避けて通れないものであろう。思考や表現のスキル,学習の進め方といった汎用的な資質・能力が,内容的知識の教授だけで自然に育つわけではない。かといって,内容や文脈を無視した特定の抽象的スキルトレーニングが有効に転移するとも考えにくい。教科内容の学習を通しつつも,そこでのメタ学習を促すような具体的かつ効果的な方法の開発が急務であるといえるだろう。

参考文献

市川伸一 (1991). 実践的認知研究としての認知カウンセリング. 箱田裕司 (編)『認知科学のフロンティアⅠ』サイエンス社.

市川伸一編 (1993).『学習を支える認知カウンセリング――心理学と教育の新たな接点』ブレーン出版.

市川伸一編 (1998).『認知カウンセリングから見た学習方法の相談と指導』ブレーン出版.

市川伸一 (2000).『勉強法が変わる本――心理学からのアドバイス』岩波書店.

市川伸一 (2004).『学ぶ意欲とスキルを育てる』小学館.

市川伸一 (2008).『「教えて考えさせる授業」を創る』図書文化社.

市川伸一 (2013).『勉強法の科学——心理学から学習を探る』岩波書店.

市川伸一編 (2013).『「教えて考えさせる授業」の挑戦——深い理解と学ぶ意欲を育む授業デザイン』明治図書.

植阪友理 (2014).「一斉授業と家庭学習を通じたメタ認知の育成——倉敷市立柏島小学校のノート分析をふまえて」,植阪友理・Emmanuel Manalo（編）『学習方略研究における理論と実践の新たな展開——学習方略プロジェクト H25 年度の研究成果』(Working Papers, Vol. 3, pp. 63-75).

倉敷ケーブルテレビ (2012).「かがやけクラブ第9回「すべての子どもを学びのステージに①」」(倉敷市立柏島小学校「学校力向上」研究発表会).

谷本登志江 (2014).「授業と連動させた学習方法の指導——「教えて考えさせる授業」と「学び方5」の活用を通して」,植阪友理・Emmanuel Manalo（編）『学習方略研究における理論と実践の新たな展開——学習方略プロジェクト H25 年度の研究成果』(Working Papers, Vol. 3, pp. 89-97).

ベネッセ (2012). 特集「自立的な学習者」を育てる学び方指導.『View 21』, 3, 6-13.

第Ⅲ部　生き方の学習

第 8 章
存在論的に呼応する
子どものための哲学教育

田中智志

1. 哲学教育の提案

哲学する

　私の提案する初等中等教育の新しいカリキュラムは，「子どものための哲学教育（Education of Philosophy for Children）」である。「子どものための哲学教育」（以下，たんに「哲学教育」と表記する）といえば，「哲学」と呼ばれる知識のうちで，学齢期の子どもたちにもわかるような概念（命題）を，子どもたちに理解させ記憶させることである，と思われるかもしれない。

　しかし，ここでいう哲学教育は，哲学をたんなる知識（諸命題の体系）と見なし，わかりやすいそれを，子どもたちに，まるでモノを手渡すように伝達する「哲学教育」ではなく，子どもたち自身が実際に「哲学する」（philosophieren）ことである。すなわち，どんなに稚拙な言葉を用いてでも，通念として私たちの多くが「価値があると信じていること」（以下，「〈信〉」と表記する）を超えて思考することであり，その反通念的な思考のための方法を身につけることである。

　したがって，ここでいう哲学教育（哲学すること）は，本来的に「役に立たない活動」である。哲学することが，通念としての価値を生みだす営みを疑い，それらを概念化し，さらに概念化しえないこと（後述する「真理」）に向かうことだからである。たとえば，経済のグローバル化にただ追従するのではなく，それを疑い，それを超えることに向かうことだからである。したがって，ここでいう哲学教育は，バタイユ（Georges Bataille）のいう「無為の営み」（l'œuvre désœuvrée）である。

共存在を諒解する

ここでいう哲学教育のめざすところは、人と人の、人と自然の、「共存在」（Mitsein）という事実の諒解である。どちらの共存在も、意図的に創りだされるべき情況ではなく、すでに私たちが生きている事実であるが、同時に、眼に見えるものが現実であると思いがちで、また人知人為の創造性に酔いがちである私たちの多くが忘れてしまっている事実でもある。その忘却からの脱出、すなわちあらためて人と人、人と自然の共存在の事実に気づくことが、哲学教育がめざすところである。

人と人の、人と自然の、共存在は、具体的な事実問題、また環境問題を科学的かつ存在論的に探究するなかで、感受される。それは、たんに事実問題や環境問題を通念にしたがって解決し満足することによってではなく、厳密な概念で、問題の構成、前提命題を把握し続けることで、人知人為を超えることとして現れる。端的にいえば、それは私たちがそのなかで生かされている「大いなる存在」という事実である。これが、哲学教育がめざすところ、具体的に哲学することのテロスである。

したがって、哲学教育は、いわゆる「教科」に収斂させられる教育ではなく、学校全体で取り組まれ行われるべき教育である。哲学教育だけに専従する教師が必要なのではなく、教科を担当するすべての教師がみずから哲学教育を行う必要がある。それは教師一人ひとりがよりよく生きようとすることのなかで、人は人知人為を超える存在に生かされていると感得することである。

2. 存在論という思考

通念としての〈信〉を超えて思考する

まず確認しよう。私たちの通念としての〈信〉は、商品を買う、法を守る、知識を得るといった、私たちの基本的な活動を支えている。おもなそれは、経済活動において人が求めている利益、司法活動において人が求めている合法性、教育活動において人が求めている知識技能の獲得（学力の形成）、政治活動において人が求めている権力、医療活動において人が求めている健康（生存）などであり、私たちが、だれかとともに営んでいる協働活動を可能にしている主

要な価値である。いいかえれば、私たちが信じ頼っているものである。私たちは、こうした価値を所有するために懸命に努力し、大事な人生を費やしている。いわば、それらを信奉し、いつのまにかそれらに仕えている。

　人は、社会のなかで生きるかぎり、通念としての〈信〉をもたなければならないが、歴史を少し振り返ってみるだけでもわかるように、人は、通念としての〈信〉だけで生きることに満足してこなかった。人は、よりよく生きるために、通念としての〈信〉を超える価値を繰りかえし求めてきた。そうした人びととは、通念としての〈信〉を超える、信仰としての〈信〉を心に抱き、通念としての〈信〉を──ヨーロッパを例にとっていえば──「偶像崇拝」と呼んだ。すなわち、それは信じるべきではない「幻影」（idora）を信仰し崇拝することだ、と考えた。たとえば、ベーコン（Francis Bacon）は、人間の有限性（idola tribus 種のイドラ）、個人の有限性（idola specus 洞窟のイドラ）、言葉の推移性（idola fori 語用のイドラ）、教義の衆愚性（idola theatri 劇場のイドラ）が、そうした幻影を生みだす、と論じた。こうした批判を可能にした信仰としての〈信〉は、基本的にキリスト教のそれであり、ヨーロッパの哲学思想は、ギリシア哲学的に見えても、たぶんにキリスト教的であった。

良心としての〈信〉に依って思考する

　キリスト教における信仰としての〈信〉の内実は、「アガペー」（agape）としての愛である。アガペーとしての愛は、「エロス」（éros たとえば、情愛）や「フィリア」（philia たとえば、友愛）といった、ギリシア哲学的な愛から、はっきりと区別される。アガペーは、たしかにギリシア語であるが、本来、キリスト教の神の属性を指している。その神を、人がイエス・キリストをつうじて篤信することによって、人は、人に対してその神的な愛を贈ることができるようになる。それが「隣人へのアガペー」である。端的にいうなら、アガペーとしての愛は、イエスが「キリスト」という使命を全うできるように、神が彼を支えたように、私の隣人が「新しい命」というその固有性＝本来性を全うできるように、すなわち「完全」（テロス[telos]）に迎えるように、私がその人を支えることである。そうするために、自分の命を失うことがあってもである。

　いうまでもなく、こうした信仰としての〈信〉は、キリスト者でなければ、

もつことができない。すなわち，何らかのきっかけによって回心し，〈イエスすなわちキリスト〉という篤信をもたなければ，もつことができない。しかし，通念としての〈信〉を超えて思考することは，信仰としての〈信〉によってのみ可能になるのではない。そうした思考は，「良心」（conscientia）によって可能になる。良心は，私たちの心奥から届けられる声である。この声が語ることは，疑えないという意味で，〈信〉である。この良心としての〈信〉は，〈イエスすなわちキリスト〉というキリスト教的篤信をもたずに，通念としての〈信〉を超えて思考することを可能にする〈信〉である。

存在論という思考

20世紀初期に登場したハイデガー（Martin Heidegger）の存在論は，この良心としての〈信〉に依りつつ，人の生を語る試みである。その言葉遣いに倣えば，ここでいう哲学することは，存在論という思考を実際に行ってみることである。この存在論の思考が向かうところが，「真理」（ἀρετή [arete]）である。ここでいう「真理」は，良心が露わにする「欠如」，すなわち漸次明らかになる，大切であるがいまだ具現化されていないテロスであり，よりよき生を求める私たちが最終的に向かうところである。真理は，哲学思想において，さまざまに呼ばれてきた。ハイデガーは，それを「存在」（Sein）と呼び，デューイ（John Dewey）は，それを「自然」（nature）と呼んだ。

真理は，「これこれである」というように，命題（述定）として語ることができない。いいかえれば，真理は，つねに命題を超えている。「存在」は，「これこれである」と述定される〈もの〉を存立可能にしている，いわば〈こと〉である。ハイデガーは，この〈もの〉を「存在者」といい，〈こと〉としての「存在」から区別している。この〈こと〉としての「存在」は，しいていえば，〈もの〉としての存在者を支えている基礎，本質などである。キリスト教思想は，それを「神意」「神の呼び声」と呼んできた。それは，無限に広がり，有限な存在者をつねにはるかに超えている。それは，さかのぼっていえば，「創世記」の冒頭に記された「光，在れ」（fiat lux）という神の「一声」（unus-vox）である。光は，見えない（＝述定不可能である）が，〈もの〉を見えるようにする（＝存立可能にする）。この一声としての光が，啓蒙の光としての

「理性」（ロゴス）の起源である。この光は，存在者のなかにとどまらない。それは，一命が生まれて消えるように，生成し消滅する。

欠如としての真理と良心の呼び声

真理が「欠如」であるということは，真理がいわゆる「必要性」や「欲望」とは無縁であるということを意味している。欠如を英語の「ニーズ」（needs）と理解すると，それは「必要性」や「欲望」に連なってしまう。必要性は，通念が作りだすものであり，衣・食・住のような，最低限の社会的生活を構成するために必要なものである。欲望も，通念が作りだすものであるが，それらは，今日ほしいものも明日には要らなくなるくらいに，刹那的なものである。欠如は，必要性でも欲望でもなく，フランス語の「ヴィド」（vide 空／喪失）である。それは，かつてあったけれども，今は喪われているもの，そしてどんなに時間がたっても，社会が変わっても，あるべきものを意味している。

良心は，新約聖書のなかにも「スネイデーシス」（suneidésis）としてすでに登場しているが（ローマ 2. 15, 9. 1, 13. 5），ここでは，ハイデガーのいう「良心」（Gewissen）の概念規定をかかげるにとどめよう。ハイデガーにとって，良心とは，通俗性のなかでまどろむ人を「責められる存在」（Schuldigsein）へと目覚めさせる声である。すなわち〈人は物・人を気遣うべき存在である〉と，傲慢に生きている人に告げる声である（SZ: 282）。その気遣いは，物に対しては「配慮」と呼ばれ，人に対しては「顧慮」と呼ばれる（SZ: 277）。この声は，人が「聞く」もの，つまり処遇が任せられている情報ではなく，人が「聴き従う」（hören）もの，つまり受け容れるほかない真理へと誘う声である。それは「人が共存在として，他者［の声］に実存として開かれる」ことであり，同時に「自分のもっとも固有な存在可能性に，自分がまさに根本的・本来的に開かれる」ことでもある（SZ: 163）。

哲学教育としての存在論の思考

近代教育が充分に果たしてこなかったことは，この良心の呼び声が示す，欠如としての真理，それに向かう人の動態を，子どもの生育過程のなかに位置づけることである。この真理へのベクトルは，国語，道徳の時間などで断片的に

第8章 存在論的に呼応する——111

取りあげられることはあっても，世俗性を旨とする公教育においては，信仰としての〈信〉として掬い取られることもなく，ましてや存在論の思考として取りあげられることもなかった。すなわち，真理へのベクトルは，まっとうな問いとして位置づけられ，まっとうに答える営みとして位置づけられることがなかった。一人ひとりの子どもが，それぞれに欠如としての真理に向かって歩み続ける道程を，子どもたち一人ひとりに用意することは，国民形成，学力形成，人格形成など，すなわち通念としての〈信〉の形成にもっぱらかかわってきた近代教育が看過してきたことである。「哲学教育」は，この公教育においておよそ看過されてきた存在論の思考を公教育のなかに位置づけ，子どもたち一人ひとりに真理に向かう道程を用意することである。

こうした存在論の思考としての哲学教育は，いわゆる「教科」ではありえない。旧来の「道徳教育」といくらか似ているが，それは，すべての教科において，また特別活動において，子どもたち自身の探究活動として生じる。その活動は，基本的に人と人，人と自然との呼応活動である。

3. 存在論的な呼応

存在論の思考——手仕事

存在論の思考は，人と人，人と自然の呼応活動のなかに生じる。ハイデガーは，『何が思考と呼ばれるのか』（*Was heißt Denken ?*）という本のなかで，存在論の思考を，いわゆる「認識」から区別している（GA, Bd. 8, WhD）。いわゆる「認識」は，あるものが本当に存在しているのか，あるものがどんな特徴をもっているのか，を確かめることである。すなわち，認識は，できるかぎり厳密に概念化することであり，その概念化を行う自分の意図・意思を他者や自然よりも重視している。これに対し，思考は，他者・自然への具体的な働きかけであり，その営みを支える他者・自然との相互活動を自分の意図・意思よりも重視している。つまり，存在論の思考の第一の特徴は，それが何らかの対象との相互活動と一体であり，その活動が対象との呼応（Entsprechung）活動であることである（GA, Bd. 8, WhD: 17）。この呼応活動は，相手に何かを試み，相手からの応えを聴くこと，それを踏まえて，また試みることである。

呼応活動は，基本的に「手仕事」(Handwerk) をともなっている。それは，機械的な処理から区別される。「機械的処理」は，相手と交渉しない。機械はただ決められた動作を対象に対して行うだけである。日本語の「思考」は，どういうわけか，「手」と結びつかないが，ヨーロッパの言語の場合，「思考」は「手」と結びついている。たとえば，ドイツ語の griffer は「[手で] ひっかく」であり，begreifen は「理解する」である。フランス語の prendre は「手にとる」であり，comprendre は「理解する」である。ハイデガーは次のように述べている。「指物師の徒弟が一人前の指物師になろうとするなら，彼は，いろいろな種類の木材と，その木材のうちに眠っている諸形態に，すなわちその本質が腹蔵している内実と，人間が住むことを支えている木材の内実に，自分を呼応させるはずである。徒弟の木材へのこうしたかかわりは，彼の手仕事全体を支えている」(GA, Bd. 8, WhD: 17)。

　呼応活動は，いいかえれば，コミュニケーション活動であるが，ここでいう「コミュニケーション」は，何らかの利害関心のもとに，いわゆる情報を伝達し取得することではなく，あくまで相手とつながろうとすることである。前提になっているのは，人と人を超えるものとの「コミュニカビリタス」(communicabilitas) という考え方である。これは，スコラ学で使われてきた，人と神との通約可能性 (communion) を意味するが，デューイが踏まえている考え方でもある。「すべての事物は，潜在的に呼応可能性 (communicability) を秘めている」と述べているように (Dewey, 2008, lw. 1, EN: 141-2)。

活用と享受

　こうした存在論の思考はまた，活用／享受の往還をともなっている。ラテン語にさかのぼっていえば，「活用」(uti) は，手元にあるものを何かの目的のために用いることであり，「享受」(frui) は，自分に何かが贈られ，自分が助けられていることを歓ぶことである。経験として把握するなら，享受は，何かが贈られ，それと出会い，それを受けとめるという「原初的経験」(primary experience) であり，活用は，その経験を，言葉によって述定し，概念によって理解し，使えるものにするという「派生的経験」(secondary experience) である。つまり，存在論の思考の第二の特徴は，それが，対象を手段として活

用するだけでなく，贈与として享受することでもある，ということである。

　活用はよく語られるが，享受はあまり語られない。手仕事も，学校教育のなかに取り込まれると，なぜか活用することばかりが強調され，享受すること，そして感謝することは看過される。何かの活用の仕方を教えてくれた教師は，子どもから感謝されるが，それ自体の存在は，子どもからほとんど感謝されない。たとえば，食育において，教師は，料理を作るという手仕事において，食材の活用方法（料理の作り方）をあれこれと語り示し，子どもたちは，喜んで美味しい料理の作り方を学ぶが，教師は，食材がもともと命あるものであり，「いただく」ことが他の命を享受することであるという「いのち」論を語ろうとしないし，子どもたちは，そうしたことにほとんど関心を示さない。

　重要なことは，命あるものの贈与を「返せない負債」と考え，食べることをあたかも「業」であるかのように呪うことではなく，享受が活用を可能にしているという事実に気づくことである。命あるものが私たちに贈られているから，私たちは，食材としてそれらを使うことができると。いわゆる事物，自然全体だけではない。私たち自身も，一命を享受しているから，自分の「能力」なるものを使うことができる。私たちがさまざまに活動できるのは，私たちが一命を贈与され，無意識のうちに享受しているからである。

　私たちは，多くの贈りものを享受しているが，ハイデガーによれば，「私たちへの，最高で・本来的に永続的な贈りものは，私たちの本質（Wesen）であり」，「もっとも思考すべきこと」は，私たちの「本質」という贈りものである（GA, Bd. 8, WhD: 146）。ハイデガーは，この本質を「存在」（Sein）と呼ぶが，それは「命」（Leben）といいかえることもできる。すなわち，ハイデガーの存在論がいう「存在」は，人が命を贈られているという事実である。この事実を「存在論的事実」と呼んでおこう。

人・事物との呼応活動

　子どもたちに，この存在論的事実を把握させるためには，私たちは，原初的経験を充分にふくむ学びの環境を整備する必要がある。すなわち，「プロジェクト活動」（問題を設定し，協同的かつ探求的にそれを解決してゆく学習活動）のような具体的活動をつうじて，子どもと子どもとの，事物との呼応活動を喚

起し，子どもたちが向かうべき方向が示されるように，学びの環境を整備する必要がある。

しかし，呼応活動は，「プロジェクト活動」「理科の実験」「体験学習」などを除けば，学校ではほとんど行われない。学校の授業の多くは，試行錯誤の手仕事をともなわない。学校の学びの多くは，実際に事物に働きかけ，その事物からの応えを聴くのではなく，「基礎基本」と称される，だれかが行った呼応活動の結果だけを記憶習得し，「応用」と称される，その記憶内容を敷衍展開する力が形成され，「学力」と称される，その敷衍展開する力の程度が測られる。学校の学びには，私の他者・事物への働きかけ，それに対する他者・事物の反応，それに対する私の働きかけ，それに対する他者・事物の反応……といった遣り取りが欠如しているため，未知の事態を自分で名づけ・意味づけ，その言葉の意味を他の言葉の意味との関係から確定・洗練し，より精緻に概念化することが，欠如していく。

近年，人・事物との呼応活動の乏しさを補うために，「協働学習」「共同の学び」と呼ばれる「プロジェクト活動」が取り入れられるようになったが，充分に広がっていないように思われる。その原因は，法令によって時間配分が制約されているだけでなく，教師の教育観（教育についての〈信〉）が時代遅れだからでもある。すなわち，教師が，「教育活動」を，〈もの〉としての知識を子どもに伝達することであると信じ，「授業技術」を，その伝達方法の精緻化であると信じていることである。

4. 自然環境を享受する

自然との共生

以下，自然の事物との呼応関係を取りあげ，その教育的含意を述べよう。冒頭に述べたように，自然との共存在は，存在論のめざすところであるが，それは，「大地との共生」「海との共生」といいかえることができる。どちらも，人びとが古くから行ってきたことである。私たちの生は，大地と海なしにはありえない。人びとは，大地，海から恩恵を受けて生きてきた。

大地・海と共生する人びとに見られるのは，享受の自然観である。それは，

〈人知人為を超える贈りものとしての自然があり，人はその自然の恩恵に与って生きている〉という考え方である。享受の自然観の自然は，人が支配すべき対象客体ではなく，「森羅万象」「山川草木」と呼ばれるような，「自ずから然る」ところであり，人が畏敬・感謝の念をもちながら，共に生きるところである。「グローバル・イノベーション競争」に打ち勝つことも大事であるが，そうした活動は，私たちの生存の基盤がすでに確保されていることを前提としている。グローバルな競争に勝つことばかりを考えて，その前提である私たちの生存の基盤，すなわち自然の保全を蔑ろにしては，本末転倒である。この自然保全の論理的な土台が，自然に与りつつ生きるという，享受の自然観である。

　しかし，現代日本に住む私たちは，この大地・海との共生という事実，享受の自然観を看過しているように見える。海についていえば，たとえば，海に膨大なゴミを棄て，また河川に大量の汚水をそのまま流すことは，海との共生ではない。なるほど，海は，汚染物質を拡散し分解するという意味で巨大な浄化装置であるが，そうした海の浄化機能をただ利用することは，海とともに生きることではない。そうしたやり方は，海に対する畏敬の念を欠いている。同じように，海をたんなる海洋資源と見なすことも，海との共生ではない。たしかに，海洋資源の確保活用は重要な政治経済政策であるが，海を海洋資源と見なすだけでは，海とともに生きることにならない。この考え方も，海に対する畏敬の念を欠いている。グローバルな産業化による地球温暖化，海洋酸性化などの海洋環境の変化，それにともなう海洋生物の多様性の喪失などは，基本的に，人の経済活動が海にもたらす帰結についての自然科学的知見の不足だけでなく，海に対する畏敬の念の不足に起因している。

　現代社会に拡がる自然観は，道具的な自然観，すなわち〈自然は人間のために利用されるべきもの〉という考え方だろう。それは，前述の，海を巨大な自然の浄化装置と見なすという考え方や，海をたんなる海洋資源と見なすという考え方の前提である。この考え方の背後には，自然を，定められた秩序にもとづく巨大な機械と見なし，その秩序を把握することが自然科学の目的であり，その成果は，自然の支配すなわち問題解決能力の拡大であるという通念がある。

倫理の基盤と大いなる存在

　こうした道具的な自然観が看過しているのは，享受の自然観が「倫理の基盤」であるということである。倫理の基盤は，社会情況がどのように変わろうとも，おそらく変わらないものであり，自然の恵みのなかにこそ見いだされるものである。それは，無条件の贈与への感謝である。それは，人知人為を超える自然からの恵みに生かされていると気づくなかで，生まれてくる。人は，自分が自然の恵みに与って生きていると気づくとき，自然だけでなく，他者も自分もみんな大切にしようと思う。すなわち，人が享受の自然観に立つとき，自然も人も大切にしようとする倫理感覚が生まれる。その意味で，享受の自然観は，人が自然と他者を気遣うための不可欠な倫理の基盤である。

　道具的な自然観がどんなに優勢であっても，享受の自然観はこれからも醸成されるだろう。ふり返ってみれば，日本の学校教育は，これまでにも，いわゆる「体験学習」によって，享受の自然観を醸成してきたように思う。たとえば，田植え・稲刈り，サツマイモ・ジャガイモ作りなどの，農業体験・栽培体験によって。また，里山で柴刈り・焚き火などを体験したりする里山体験学習，里海のアマモの再生を試みる里海プロジェクトなどによって。こうした体験学習は，しばしば個別の体験にとどまっているが，そうした体験そのものは，子どもたちのなかに「驚異の感覚」（sense of wonder　不思議を超える現象に驚く感覚）を喚起し，自然への畏敬の念を生みだすだろう。簡単にいえば，子どもたちが，驚異の感覚とともに，自然の何かを理解しようとすることが，子どもの試みと事物の応えという，あの呼応活動であり，この試みと応えが結びつけられ（一対一に対応させられ），因果関係となるとき，「法則」（因果律）が把握される。そして，こうした法則が精緻に概念化されたものが，いわゆる科学知であり，こうした活動のなかで，子どもたちはしだいに，自然が人知人為をはるかに超える大いなる存在であると実感するようになり，そうした実感は，大いなる存在としての自然が人に贈られていて，人がその贈られた自然とともに生きている，という諒解を生みだしてゆくだろう。

科学知が享受の自然観を生みだす

　ようするに，存在論の思考のなかで（＝哲学することで），子どもたちの経

験の内容は，自分が試みる／相手が応えるという呼応活動から，人は自然に与りつつ自然を使うという享受の自然観へと，深まってゆく。こうした経験の深まりが，デューイのいう「経験の再構成」である。いいかえれば，それは，さまざまな経験知が増え，精緻な概念化がはかられるなかで，物の背後に人知人為を超える自然の全体が拡がっていることが想像され，一命がその大いなる自然からの恵みであると了解されることで，しだいに享受の自然観が形成される，ということである。つきつめていえば，この経験の再構成が向かうところは，〈自然は人の願望や認知をはるかに超える大いなる存在であり，人はその大いなる存在に支えられ，その一部として生きている〉という存在論的事実である。

　存在論の思考を欠く道具的な自然観においては，子どもたちの自然についての経験は「問題解決の能力」の形成には向かうが，自然を「大切に思う心情」の育成にはつながらない。しかし，存在論の思考の元での享受の自然観においては，子どもたちの自然についての経験は「問題解決の能力」の形成に向かうだけでなく，自然を「大切に思う心情」の育成にもつながる。自然についての経験にもとづく「問題解決の能力」の形成は，経験知の形成であり，この経験知を精緻に概念化することが科学知の形成である。自然を「大切に思う心情」の形成は，こうした経験知・科学知が形成されるなかで，自然の呼応可能性に気づき，享受の自然観を形成し，文化の倫理基盤を培うことである。

　いうまでもなく，こうした経験的な存在論の思考は，一つの学びの可能性にすぎない。海についてのプロジェクト活動が，実際にどのくらい子どもたちのなかに享受の自然観を醸成してゆくのか，そのためにどのようなプロジェクト活動を設営するべきなのか，など，具体的に考えなければならないことは少なくないが，ここでは，学びの可能性を提示することにとどめざるをえない。

5. よりよく生きるために

　おそらく，子どもへの概念の教示ではなく，子ども自身による概念化こそが子どものなかに確かな〈信〉——すなわち，良心としての〈信〉——を育てるのではないだろうか。子どもにとっては，事実はすべて具体的経験である。それは，煌めく海原であり，苔むす古道であり，一夜で潰える命であり，握りし

める手である。それらは，いまだ概念的に抽象化されていない経験である。子どもたち自身がしだいに，こうした経験を概念化してゆくとともに，子どもたちの心のなかに，どんなに精緻に概念化しても，それを超える存在の影が浮かびあがり，それへの畏れが生まれ育つ。この大いなる存在への畏れこそが，子どもたちを真に倫理的に方向づける。その存在は，資格・学歴・名声・狡知・怨嗟のために学んできた者や，この世界の通念に従い，要領よく無駄なく失敗なく生きるために学んできた者には，誇大妄想としか思えないだろうが，この大いなる存在は，自然だけでなく，他者も，自分も，無条件の贈りものであること，したがって無条件に気遣うべき相手であることを，私たちに暗示している。この暗示は，良心としての〈信〉の主要な源泉ではないだろうか。

ともあれ，良心としての〈信〉を妨げる最大の壁は，真理すなわち人知人為を超える存在への想像力を欠如させ，この世界の通念としての〈信〉にとどまらせるもの，すなわち傲慢（慢心）である。ニーチェが1887年に『道徳の系譜』で述べたことは，今でもまだ，私たちが自然との関係を考えるときに留意すべきことである。「……私たちという近代的存在者はすべて，弱くなく強力であり，かつ強力であるという意識をもつかぎり，まったく傲慢（Hybris）であり，神を失っている（Gottlosigkeit）。現在，私たちが崇拝しているもの［＝自然を操作する力］と正反対のものこそが，長い間，良心によって守護され，神によって見守られてきた。傲慢であるのは，自然を操作しようとする私たちの姿勢すべてである。すなわち，自然に無配慮な技術者や技師の発明の助けによって，機械を使って自然を制圧しようとすることすべてである」（Nietzsche, 1999, Bd. 5, GM: 357）。この自然への傲慢は，人への，社会への傲慢に広がり，人から「よりよい生とはどのような生か」という問いを奪う。鷲田清一は『哲学の使い方』において，フランスの行政大学院の修了要件に「哲学論文」が含まれていることにふれて，「幸福であるとはどういうことか，よき社会とはどのようなものかについて，見識のない人に行政を任せることほど危ういことはない」と述べている（鷲田，2014: 8）。私も同感である。

参考文献
鷲田清一（2014）.『哲学の使い方』岩波書店.

Dewey, J. (edited by Jo Ann Boydston) (2008). *The collected works of John Dewey, 1882-1953*. Carbondale, IL: Southern Illinois University Press [Early Works = ew / Middle Works = mw / Later Works = lw, EN = *Experience and Nature* (1925, lw. 1)].

Heidegger, M. (2001). *Sein und Zeit*. Tübingen: Max Niemeyer Verlag. [SZ と略記]

Heidegger, M. (1975-). *Martin Heidegger Gesamtausgabe*. Frankfurt am Main: Vittorio Klostermann. [GA と略記. WhD = *Was heißt Denken ?* Bd. 8.]

Nietzsche, F. (1999). *Friedrich Nietzsche sämtliche Werk: Kritische Studienausgabe*. 15 Bden. Berlin and New York: Walter de Gruyter [GM = *Zur Genealogie der Moral*, Bd. 5.]

● 哲学教育はいかにして実現可能か
田中智志

　本書で紹介したような，哲学教育は具体的にはどのように実現可能なのだろうか。哲学教育は，本章でも言及しているように，哲学的な知識を教える授業ではない。また，何か特定の活動を行えば，必ず哲学教育になるというわけでもない。その授業において，教師と子どもとの間に哲学的なコミュニケーションが生まれたのかによってはじめてその成否を議論できるものである。哲学教育とは何か，具体的なあり方の一端を紹介しよう。

　哲学教育の本質は，本章でも言及されているように，「私たちが一命を享受しているからこそ，さらにこの世界を享受しているからこそ，様々な活動を行うことが可能になっていることに気づくこと」である。こうしたことは，学校生活における様々な場面において生じる可能性がある。例えば，家庭科の調理実習の時間に，子どもがふと「あれ，道徳の時間に生き物は大切にしようと勉強したな」と思い出したとする。その子どもが，「先生，僕たち，このお肉を美味しく食べていいのかしら」と言い出したとする。もし，教師がそのことを真剣に受け止め，どこかでその問いについて子どもと議論を深めたとしたら，これは立派な哲学的なコミュニケーションであり，哲学教育となりうる。同様のことは，算数や国語といった教科の学習であっても生じる可能性がある。

　しかし，偶発的にこうしたコミュニケーションが生じるのを待つだけでは，カリキュラムの中に位置づけていくことは難しい。そこでより積極的に，哲学教育を実現しようとする試みもある。たとえば，総合的な学習の時間を活用した里海プロジェクトなどはその例である。里海とは，アマモなどの海藻が豊かに茂る海の浅瀬を指す。こうした場所は，魚の産卵場所になるなど，豊かな海を支える大切な場所となっている。人間は，こうした場所を通じて育つ豊かな海の恵みを享受している。しかし，ただ享受しているだけではなく，浅瀬に流れ込む河やその上流の環境づくりも含めて，保全に努める必要がある。もし人間が里海の保全を積極的に行わず，一方的な開発のみを優先した場合には，最終的には資源の枯渇につながり，私たち自身がその恵みを享受することができなくなる。こうした自然との共生関係を学ぶ機会を里海プロジェクトは提供している。

　こうした学習を通じて，たとえば，子どもたちが「先生，海って宝物をくれるんだよね」と語ったとする。さらに，「だから，恩返しをしないといけないよね」

と述べたとしよう。これは自然を含めた世界の中の一員として人間が存在し，享受するだけではなく自ら贈与することで生きていけることを認識した証しである。具体的には，宝物をくれるという発言からは「享受している存在である」という気づきが生まれ，恩返しという発言からは「自らも贈与していく存在である」という気づきが生まれたということができる。これが存在論的思考である。

　むろん，里海プロジェクトをカリキュラムに取り入れたとしても，それがかならず哲学教育になるという保証はない。しかし，前述したような思考が子どもの中に生まれたとすれば，それはまさしく哲学教育の一例と言えるだろう。

第9章
カリキュラム・ポリティクスと社会

金森　修

1. 社会対応論と学問対応論

　一般に，カリキュラムは世界や社会の中立的で忠実な写像ではない。それは固有な政治学をもつ。その場合，昨今問題になっている「社会に生きる学力形成」とか，「知識の社会的意義(レリバンス)」などという発想について，どのように考えるべきなのだろうか。私は認識論の学者なので，カリキュラム画定のための制度や委員会などの構成，その歴史的形成過程などについての議論は行わず，もっぱらこの話題で中心的な機能を果たすいくつかの考え方について，その概念的な詰めを行いたい。

　「社会に生きる学力形成」論と一応対比的に位置づけられる考え方，つまり，先行世代を牛耳るアカデミズムが，各領域の内部で議論し，選択し，設計して提示するカリキュラムの内容を上意下達的に初等，中等教育に割り振るという従来型のカリキュラム論，それをいま便宜的に「アカデミズムによる学力形成」論と呼ぶ。さらにそれを簡略化するために，前者を社会対応論，後者を学問対応論と呼ぶ場合もある。さて，この両者の対比性は明快なものだろうか。もし，社会対応論ということで，知識習得を従来の個人的，個別的な努力や習熟というスタイルとは若干異なる試みをすることによって，子どもたちに違うタイプの知識習得がありうるというのを理解させる手法のことを指すのであれば，それはそれで「知識の社会的意義」を朧気かつ予兆的に感じさせる良質な体験になりうるだろう。例えば，或るテーマの掘り下げについて意識的に協同学習的なスタイルを採用させ，互いに疑問を出し合い，学び合い，議論し合いながらそのテーマを深めていくというような場合，それは知識錬磨の社会性に

ついての予兆的な経験になる。事実、成人社会に出れば、多くの場合、個別問題について協同で対処したり議論したりしながらそれを解決していくわけだから、協同学習経験は社会対応論として有効である。それは「個人的才能」が相対的に重視されがちな数学の難問を解くような場合でも、一定の有効性を発揮する。しかし、おそらくは、数学のように「正解」が原則的に一つに収斂する知識よりも、相対的に不確定性が高く、何が適切で何が不適切かが自明にはみえないような問題を対象にしたとき、より有効な効果を現すだろう。例えばいわゆる政治的な話題、あるいは社会正義に関する話題、などがそうだ。その種の問題を協同でいろいろな意見を出し合いながら考えていく場合、最初の意見が周囲の仲間たちの微妙に異なる意見とぶつかり合い、それによって反省の余地が生まれる。最終的には最初の意見に戻るにしろ、意見が変わっていくにしろ、そこではその種の話題に付きものの難しさが実感されるはずで、その経験自体が、成人後の類似の場面で役立つことになるだろうからである。

　また、付言しておけば、私が『サイエンス・ウォーズ』で紹介した〈科学の社会構成主義〉が戯画的に歪曲されて、「それは、物理法則でさえ政治的な相互調整、いわば関係者で相談して決めるという学説だ」云々という言説が蔓延したことがあるが、それが〈科学の社会構成主義〉の中核を外れた理解に過ぎないのは、拙著を読めばほぼ明らかだろうと思うので、ここでの詳説は避ける。ただ、確かに世の中には単に意見の調整だけではすまない話題もあるというのは事実である。しかしそれも協同学習論の錬磨を妨げることにはならない。数学でも物理法則でも、協同学習の果てに、単なる人間間の調整だけではすまない話題があるのだということを子どもが理解することは十分可能だからである。それは、それなりの「正解」に接近するための道程が、単数ではなく複数の声で満ちている知識風景を彷彿とさせるだけなのであり、協同学習論を否定する根拠にはならない。

　以上の意味で、カリキュラム・ポリティクスにおける社会対応論を、いろいろな協同学習の具体的設計、並びにそれを支える概念的整備（〈学びの共同体論〉など）という意味にとるなら、普通の学力対応論に比べて、独自な個性や利点が存在すると述べて構わない。

　しかし、社会対応論の概念的な含意は、単なる協同学習論を横溢する。社会

対応論，つまり「社会に生きる学力形成」という場合，或る見方をするなら，そこには一種の自明性がついて回るともいえ，その場合，現状で社会対応論を殊更に強調するだけの根拠が希薄になる可能性があるからだ。ここで「或る見方」ということで私が何をいいたいのかをより明確にするために，個人的記憶に基づくことなので恐縮だが，わかりやすい例として理科に関わる話題に触れてみよう。私は1954年に生まれたので，1960年代から70年代前半に子ども時代を過ごした。私の記憶に間違いがなければの話だが，中学校から高校に進んでしばらくした頃，学習参考書で，随分詳しい幾何光学に特化したものを手にした覚えがある。事実上は，私と全く同世代というよりは，私よりも数年前の先輩たちのために準備されたものだったらしい。そのほぼ一冊全部を使って，凸レンズと凹レンズの複雑な重ね合わせや，実像や虚像の生成の仕方が解説されていた。私は，その学習参考書が提示していたほどに複雑な内容を高校で教わった記憶がなく，単元としての重要性はすでに普通の高校では，やや減少していたに違いない。今になって反省してみるなら，その学習参考書を読破するような学生は，将来成人後にキヤノンやニコンなどの企業で光学系のエンジニアとして働くような人になる，またはその潜在的可能性が普通よりも大きな学生だということになろう。その種の知識が普通の高校では単元としての重みが軽減傾向にあったということは，何も幾何光学の知識自体が重要性を減らしていたということではなく，幾何光学の知識そのものを高校で教えることの重要性が，他にも教えなければならない異なる話題との関係の中で，徐々に減っていたということだ。それはつまり，当時の同時代的な産業社会の文脈が，中等教育のカリキュラムにそれなりに反映されていたということを意味している。20世紀初頭にはマッチが我が国の重要な輸出品として存在していたが，1960年代の時点でマッチに関する化学的な知識（製造工程の解説など）を多くの時間を使って教えるという必要性がないと判断されていたはずなのは，すでにその時点ではマッチの産業上の重要性が大幅に減少していたからだ。それもまた，同時代的な産業連関との兼ね合いの中で，それを多少なりとも反映しながらカリキュラムが構成されていたという事実を示している。

　他方で，例えば1970年代初頭の時点で私は，生物学の教科書でDNAやRNAに関する知識に触れ，しかもその際，この種の知識は斬新な知識で，将

来もっと重要になるはずだという教師の解説ともども教えられた。事実，1953年にDNAの二重螺旋構造の解明がなされて以来，その後十数年間を通して，遺伝子の研究が急速に発展しつつあった。柴谷篤弘の『生物学の革命』(1960)は，分子生物学の急速な展開を見据えて，それまで枚挙的性格の強かった生物学研究が急速にその性質を変えつつあるという興奮を跡づけたものである。また，1972, 3年頃から，いわゆるバイオテクノロジーを基礎づける組換えDNA技術が開発され，周知のように，その後その分野も急速な拡張を遂げる。区別することにそれほどの意味があるとも思えないが，バイオテクノロジー以前はまだ科学に近いが，バイオテクノロジー以降はそれに産業的な成分が多く入ってくる。私が高校の頃には分子生物学の初等的知識がそれなりの興奮をもって教えられていただけだが，その後，もちろんその分野に関係する知識が生物学という課目でもつ重みは大きくなっていったはずだ。バイオテクノロジーについての知識も同時に与えられるようになっていっただろう。

　この場合にも，カリキュラムに，それと同期的に存在している社会の状態が反映しているということは間違いない。ただこの場合，科学と産業を明確に区別することには大した意味はない。バイオテクノロジーが成立しうるのも，その背景の科学的知識があるからこそだからである。

　さて，以上の事例を念頭に置いて，協同学習論の整備というのとは違う社会対応論の含意を分節し直してみよう。マッチが重要な産業だった頃とカメラや医薬品が重要な産業である頃とでは，当然ながら教科内容も異なり，課目の単元の重みもそれを多少とも反映させたものになる。その意味では，「社会に対応する学力形成」などと殊更にいわなくても，すでに大枠で子どもには同時代の社会に対応した知識習得のための方策がとられている。社会に出たときに，たとえそのものずばりではなくても，基礎素養があるおかげで連想や推定が働き，有用なものとして活用できる知識を身につけさせるためにである。そのこと自体は，或る意味で自明かつ当然なのだ。では，社会対応論と対置される学力対応論との対比性は，自明的に透明なのだろうか。分子生物学とバイオテクノロジーとの関係を思い出してほしい。産業連関への組み込まれ方は確かに後者の方が深く強い。しかしそれは何も，バイオテクノロジーが，従来の学力対応論の論者たち，つまりアカデミズムが議論し，重視してきた教科内容的な練

り上げとは背反し，異質なものだということを意味するわけではない。バイオテクノロジーがうまく機能するのも，その背景に分子生物学などの学問的蓄積があればこそだからである。となると，バイオテクノロジーを重視する社会があり，その知識を反映させるカリキュラムがあったとき，それが学力に対応するものなのか，社会に対応するものなのかは，自明的には区別できなくなる。この事例が示唆的だが，社会対応論と学力対応論とが対比的に取り沙汰されるという構図は，実は明快でも自明でもないのである。もし，社会対応論の個性や利点をあくまでも堅持したいのであれば，それは協同学習論の一種として自己完結し，その具体的様式を練り上げることに専念すればいいとさえ，いえるかもしれない。確かにそれは，知識獲得の際，従来当然視されていた個人性，秘匿性，非連続性，脱文脈性という諸特徴を，知識というものは必ずしもそれらの特徴に縛られているものではないということを子ども時代に教え，実感させることで，より柔軟な知識観を醸成せしめる可能性をもっている。それは〈学びの共同体〉論の一種の敷衍でもある。知識は，集団的なやりとりの中で緻密になり，個人内部に隠されているものではなく，その意味でクラス集団の中での共鳴や逸脱，微妙な移調や劇的な転調の中で浮き彫りになるものだということが，そのおかげで明らかになる。また，どこでもいつでも全く同じ相貌や内容をもつという意味で普遍的なものだけが知識という名に値するものだとは，必ずしもいえないということにも，理解が及ぶかもしれない。確かにそれは，いろいろな妥協や調整，摺り合わせや微修正が必須な成人後の社会関係にとって，貴重な前準備になるはずである。

　さらに，この社会対応論的な知識観には，或る重要な社会哲学が隠れており，それが，その知識観の方向性に重要な役割を果たしている。それは，半ば当然のことながら，今述べたばかりの協同学習論的，〈学びの共同体〉論的な知識観とも相即するものだ。それはつまり，或る個人が知識場面で或る突出した成果を挙げるということを，最も重要なものだとは考えないということだ。その意味でそれは，科学技術立国論などで盛んに喧伝されるような〈ノーベル賞級学者〉の輩出を一次的目標として掲げるというような発想とはほぼ対極的なものだ。例えばニュートリノの観測に成功したからといって，そのことによって即，人間社会がよくなるというわけではない。それは何も，そう考えるからと

いって小柴昌俊の仕事を軽んじるということを意味しない。ノーベル賞をもらえるような学者には，もちろん社会として一定の敬意を払う。しかし，要は，その種の学者がどんどん増えるということを社会の重要目標とは設定しないということである。社会の中で，普通に，円滑に，半ば穏やかな人間関係が作れるような人々を増やすことを重視し，そのための準備をすることこそが，社会対応論が暗黙に前提とする社会哲学なのである。そしてそれは，例えばニートと呼ばれる人たちのように，通常の労働行為にさえ支障を来すような事例の発生確率を減らし，その種の人々を支え合うような社会の方が，数人の突出した例外的個人を作ることを目標とする傍らで，より多くの〈知識底辺層〉が困窮することをそのまま放置するような社会よりも好ましいと考えることを意味している。それはそれで一つの考え方であり，科学技術立国論やテクノクラシー論など，それとは異質な社会哲学と比較した場合，問答無用に前者の方がいいというようなものではないかもしれない。しかし社会対応論は，自らの社会哲学の同一性と部分性を反省的に内在化させ，そこから派出する首尾一貫した社会的判断や教育的判断を貫徹できる限りにおいて，一つの重要な発想になりうると述べて構わないのである。

2. 複数の，可能的な生や社会を垣間見る

　以上，ごく簡単ながら，私は「社会に生きる学力形成」論，つまり社会対応論の利点や特徴を分析し明示して，それが担う一定の妥当性について検討を加えてきた。それが協同学習論の含意から離れて，より一般性の高い議論に連接しようと思う場合に，いろいろな曖昧性や限界が出てきて従来型の学問対応論との差異性もそれほど自明ではなくなるということは，前節で触れた通りである。
　次にこの節では，その曖昧さも含めた上で，社会対応論一般が孕む含意に対して前節とは異なる視点からいくつかの分析的注釈をしてみたい。

批判的で，現状乖離的な社会構想
　まず，協同学習論を超えた含意，つまり単に社会の中で役立つ知識云々とい

う広い意味で捉えられる場合のことを改めて検討し直そう。前節で述べたことだが，例えば製鉄産業が盛んな頃には，物理の物性に関する単元が相対的に重視され，バイオテクノロジーが盛んになると，分子生物学系の単元が重視されるようになるのだから，カリキュラムが社会の動向をそれなりに反映しているという意味で，成人後の社会で生きた知識になっていることには，或る種の自明性が漂っていた。しかし，それがまるで自明だと感じられるのは，現代の日本社会が産業社会だからである。ここで産業社会の明確な定義を与えることは本稿の任務ではないので，普通にそれを，工業主導的特徴をもち，物資の高速かつ広範な移動が可能な社会資本が整備され，大量生産，大量消費的な生活スタイルが一般に行き渡った社会だと考えておく。われわれが生きる社会が産業社会だということが前提とされているからこそ，或る時点で重要な産業分野を，成人後に対応可能性が少しでも高まるように，それに関連した課目や単元の整備がなされるのだった。では，この産業社会なるものは，人間社会のあり方として，他の可能性を全く想像させないほどに自明的で当然なものなのだろうか。とんでもない。少しでも人類史を通覧するなら，産業革命またはその前駆形態以降のこと，つまりせいぜいこの300年前後しか続いていない現象だということがわかるはずだ。つまりわれわれの基本的な前提自体が非常に強い歴史性の刻印をもつということを自覚すべきなのである。だから，本当をいうなら，他のタイプの社会はかつて存在したし，また現在でも産業社会とは異なる社会を構想することはできる。産業社会は自然な所与ではないのだ。

ただ，確かに，成人がそのように思い続けて，それに少しでも近づくような発言や行為を行うことに問題はないが，それを初等はもちろん，中等教育でもメッセージとして伝えることには無理があるかもしれない。まだ世界や社会がどんなものなのかをあまり知らない相手に，世界はともかく，現今とは違う社会がありうるのだということを教えることは，簡単ではない。ただ，これは大切な論点なので，また後で検討し直そう。

現存する社会よりも少しでも理想に近づいた社会を想像すること，いわゆるユートピア論は，ヨーロッパでは16世紀初頭から存在していたが，19世紀半ば以降のヨーロッパ人にとって，またその影響力の強さから全世界的に見ても，現存社会に対する重要なオールタナティヴ社会の提示として存在していたのは，

マルクス主義だったと考えていい。そして、その思想に基づく壮大な社会的実験が20世紀にいくつかの国で行われた。もちろん、そのそれぞれの場合について緻密な評価をしなければいけないところではあるが、少なくとも大枠では、ヨーロッパ人が何百年もかけて創ってきたユートピア思想が夢みたような理想社会が実現されることはなかったと述べてもいいはずだ。特に20世紀終盤におけるソヴィエト連邦の崩壊はマルクス主義の知的権威の凋落を象徴する大事件だった。そしてその後の全世界は、この種のオールタナティヴ社会を描いてみせることが従来よりももっと困難になっているという不幸な状態にある、と私は思う。

　いずれにしろ、少なくとも成人が、現在の社会がそれ以外ではありえない一種の〈自然〉なのだとは考えずに、他の社会のあり方について時々考え続けておくことは大切だ。特に、教師にはそれが必要だろう。なぜなら、教師が現状を全く問題視せず、現今の社会が〈自然〉そのものだという発想をもつなら、後はその中でどのようにうまく生きていくのか、いや、もっといえばいかにうまく立ち回るか、それもできるだけ能率的に、できるだけ楽をしながら立ち回るかなどという問題群で頭が一杯になり、たとえそれをそのまま生徒たちに伝授しなくても、ふとした言葉の端々にその種の純粋に社会迎合的で機能的な考え方が伝わってしまう可能性が高いからだ。教育が最悪の意味での how to 問題の周辺を徘徊し、それに影響を受けた人間の再生産が行われるという図柄が浮上してくるからである。「社会に生きる学力」などという問題設定が、その種の how to 的な問題意識と無媒介的に直結するとき、それは一種の職業教育礼賛論になる可能性がある。だが、そのような短絡的事態は避けなければならない。むしろ、人生には、why を問いかけるべき局面が時々あるということ、そしてその種の問いかけに触れるためには例えばどんなものを読んだらいいのか、広がりや深みのある人生を送った人にはどんな人がいたのかなど、その種のことを教えてやれるような教師でなければならない。そのためには、現今社会への単なる迎合や追認とは違う問題設定ができるということが、重要な資質になる。その際、教師個人の人柄に改善策を収斂させるのではなく、教員養成課程での高等教育カリキュラムの内容に工夫を凝らす必要があるだろう。教師になろうとする人が、人間文化の底知れなさを若い頃から体感できるようなカ

リキュラムを整備する必要がある。些事に適合することに多大なエネルギーを使わせるよりは，その種の文化的体験をしやすくさせることが何よりも大切である。当たり前のことだが，生徒に深く豊かな世界観を与えるためには教師自身の質が重要であり，実をいうなら，カリキュラム・ポリティクスでもとりわけ大切なのは，高等教育のカリキュラム構成，それも特に教育者養成用の機関におけるカリキュラムの上質な整備なのである。

メタ的視点のほのめかし

　少しくどいが確認し直そう。初等，中等教育で子どもに与えられる知識の総体，カリキュラムの総体が客観的，普遍妥当的で永遠の世界記述に基づくものなどとはとうていいえず，その時点その時点で，歴史性や地理的特性，政治性を含むものだということはほぼ明らかである。ただ，それがその意味で歴史拘束的であったとしても，同時期の成人社会がとても成熟し，順当な文化や政治を見事に実現させている社会であるなら，当該の拘束性は何らマイナス要因にはならず，また「社会に生きる学力形成」が目指す社会への順応や適応も，格別の問題をもたらさないということになる。もっと簡単にいい換えるなら，もし或る時点での成人社会が，たとえ産業社会という前提を踏襲したものではあっても，産業社会のいろいろなヴァージョンの中でも理想的なそれに近い社会を実現しているのであれば，子どもに「早くこの社会に参加しなさい」というメッセージを与えるのにも別に問題はないということだ。しかし残念ながら，例えば現行の日本社会を見るなら，とうていそんなことはいえないと考えざるをえない。

　我が国は，調査すればするほど，個人の命よりも産業を保護するという傾向がある。水俣病，SMON，それに3.11直後の原発事故を巡る社会の動きを観察すれば，そこには同型的な政治的判断が働いていると考えざるをえない。確かに，産業を保護することは結果的に国民に富をもたらし，その富のおかげで各家庭，各人がその生命活動を維持していけるのだから，産業保護は生命保護に繋がるといい続けることはできる。しかし，そこには例えば10万人が繁栄するなら50人前後がたとえ重篤な病で死んだとしても，「仕方がない，そのくらいは我慢しよう」と考える，全体保護的な功利主義的発想が隠れている。社

会政策の場面では，確かに功利主義的視点をとらざるをえないという考え方もある。だが，そこにはどうしても，或る個人の命が消滅したとしても，そこにはその人の履歴からくる自業自得，または悪運があるだけで，全体的観点からの保護は必要ないという冷酷さが見え隠れする。病や苦痛の果てにこの世を去らざるをえない人間の気持ちや苦しみへの想像力の欠如，共感の欠如，ほとんど露わなまでの利己性の発現と，他人の命への無関心が透けて見える。いずれにしろ，そこに理想的な産業社会などは存在しない。

　そうなると，社会対応論つまり「社会に生きる学力形成」の重要性を語るとき，それが現実社会への最適かつ最短な経路を使った順応を奨励することを意味するのであれば，それはかなり問題のある目標設定になるといわざるをえない。となると，別に社会の現状は最適とはいえないということを念頭に置きつつ，とはいえ初等，中等教育で世界と社会の現状をとにかく教えなければならないという課題に教師は対面することになる。これは実は，先に宙づりにしておいた課題，つまり子どもに，現状の産業社会とは異なるタイプの社会構想を教えるという困難な課題と大幅に重なり合う問題でもある。

　まず，或る限定性を与えておこう。やはりオールタナティヴな社会を考えさせるためには小学校では無理がある。だから基本的に中学校から高校までの生徒を対象にして考えることにする。他方で，一言で現状社会が最適とはいえないとはいっても，その種の価値判断とは異質な，端的な事実が無数にあることも確かである。例えば国会には衆議院と参議院があり，それぞれがどのような機能や特徴をもつのかなどということは，そのままの事実として教えうる。他方で，現代の日本社会に伏在する多様な問題点，まさにこの社会を最適とはいえなくさせている問題群については，それを教える側の価値判断にも絡むことになるので，一般的かつ断定的にはいいにくい。

　この種の一般論に留まる限りでは議論が深まらないので，以下の部分で主要な課目毎について，この文脈での課題に即しながら私なりの注釈を加えることにする。それらすべてに通底するのは，教育内容そのものと同一平面にとどまりながら，いかにして能率良く分かりやすく教えるか云々という問題設定とは異なる位相を示唆すること，つまり教育内容から見て，いろいろな意味で〈メタ的な視点〉をほのめかすということだ。それは，結果的にオールタナティヴ

な社会構想や複数的な視点への感受性を豊かにするものになる。

　ただ，最初に取り上げる数学の場合には若干他の課目とは異質な立ち位置をもつ。一般に，数学的概念は他の教科に比べて極めて透明性が高い。数学的概念構成は，或る条件を設定することから始まる。或る条件を設定し，そこから出発すればどんな世界が展開されるのかを子どもに経験させることは，論理的思考を磨く上で極めて有効である。数学は，教育内容と同一の位相か，それともそこから離れる視点設定をするのか云々という微妙で繊細な事柄に踏み込む際にも，重要な下準備になる。これは，古典的には形式陶冶の考え方に近いと思う。では，数学を教えている場合には，独自のやり方で〈メタ的な視点〉のほのめかしをすることはできないのだろうか。いや，或る程度ならできる。例えば幾何学の問題を解かせているとき，考えさせた後で，その正解を単に提示するだけで終わりとするのではなく，説明の途中あるいは最終地点で，そもそも証明というのは，どういう性質の知識様態なのかということを，やさしい言葉で示唆することはできる。それは単に問題を解くために集中するというのとは違う精神活動への誘いであり，全員は無理にしても，少なくとも一部の学生は，はっとする経験を感じ得るはずだ。ただ，ここでの〈メタ的な視点〉は，オールタナティヴな社会構想云々の示唆ということとは，やはり質を異にする。メタ数学的な視座設定は，それ自体が一種の数学内部にとどまるという点が数学に特徴的なことなのである。

　では，理科の場合はどうか。それについては，実は社会対応論の射程を検討した際に間接的に回答済みでもある。マッチの成分を化学的に説明することと，現在ではマッチは主要な輸出製品とはいえず，例えば自動車の方がより重要な習熟課題だと，後者を教えながら簡単に触れるとき，生徒たちは時代毎に産業構造は変わるものなのだということを瞬時に学ぶ地平に立っている。もちろん全員に，というわけにはいかないが，その種の歴史的変遷や産業自体の歴史的・地理的拘束性について触れさせることは，理科を学びながら，それとは異なる〈メタ的な視点〉に接触させることに繋がるのだ。意味は異なるが，錬金術のような話題に触れることも，それを端的に前科学的，非科学的な魔術のようなものだったとは教えずに，固有の貢献に触れるなら，という条件付きだが，理科的な知識においてさえ複数的な視点の設定可能性を生徒に見せるという意

味で重要であろう。

　社会の一部をなす政治学や政治史関係の話題については，この文脈ではいわばあまりに当然のことだろう。紛争の勝利者や王家の継承など，支配層の成り立ちに触れるだけにとどめることなく，ユートピア思想史に簡単に触れたり，清教徒革命前後のレヴェラーズや19世紀のアナーキズムなどに触れたりすることで，生徒たちに自然に，違う社会が存在しえたかもしれない，また現在でも存在しうるかもしれないということに敏感にさせることができる。

　ただ，ここでの議論に最も適切な教材，それはやはり社会の一部をなす歴史教育を巡るものだろう。それは何も，南朝と北朝のどちらが正統な天皇の系列に近いのかなどというような殊更に政治的話題でなくてもいい。歴史的事実なるものは，道端に転がる小石が存在しているようには存在していないということ，それをどういう文脈で捉え直し，どういう光を与えるかによって，同一の史実がいいともいえるし悪いともいえ，重要ともいえるし些末ともいえるということを，生徒に理解させる必要がある。世界史，日本史を問わず，その種の〈史実の存在論〉の流動化に適した事例は無数にあるはずである。もちろん学習指導要領があるので最低限これを教えなければならないというような縛りはあるだろう。だが，それほど大仰に考える必要はない。或る個別事例に関して「こういう風にもいえるよね」「こんな風にも見えるね」などというような挿入句を入れるだけで，子どもに瞬時に，歴史なるものの浮動性や流動性，それに固有の政治性などを感じさせることは可能なのである。それも結局は，或るきまりきった事実ラインに対する〈メタ的な視点〉の設定に馴染ませることに繋がるのだ。

複数の声，可能的な生

　そろそろ紙数も尽きた。本章は基本的に「社会に生きる学力形成」という切り口でのカリキュラム・ポリティクスが与えられたとき，それにはどういう概念的含意や特徴があるのかを分析的に詰めるという作業をしてきた。それは一応対峙される学問対応論とは，実はそれほど明確な対比性をもっていないことが，簡単な分析から明らかになったが，他方で，それを好意的に見る場合，協同学習論の活性化を自覚的に成熟させることに繋がるということも見ておいた。

おそらく，このカリキュラム・ポリティクスで最も避けるべきなのは，「社会への対応」を，現状肯定を完全な前提として，現今の社会に対していかに能率的かつ俊敏に順応していくかという技法論へと堕して理解することだろう。だからこそ私は，「社会に生きる学力形成」という目標をより豊かにするために，そこにオールタナティヴな社会構想や〈メタ的な視点〉の示唆という成分を混入させることを試みた。それを一言で纏めるなら，或る判断や事実を前にして，その中に複数の声を聞き取り，既存の事実とは異なる文脈を構築することでみえてくる，可能的な生への想像を豊かにさせることを意味していた。そしてそれは，協同学習論自体からも醸成される，知識世界への他者性や複数性を浮き彫りにするという作業と，最終的には収斂するのである。

参考文献
金森修（2000）『サイエンス・ウォーズ』東京大学出版会．（新装版 2014 年）
金森修（2015）『科学の危機』集英社．
柴谷篤弘（1960）『生物学の革命』みすず書房．

第 10 章
うつ予防プログラムの開発

堤　亜美 + 下山晴彦

1. 学校における心理教育授業の必要性

　文部科学省が行った 2013 年度の調査では，小・中・高等学校における暴力行為の発生件数は 5 万 9345 件，小・中・高・特別支援学校におけるいじめの認知件数は 18 万 5860 件にも及んでいる。また，小・中学校における不登校児童生徒数は 11 万 9617 人，高等学校における不登校生徒数は 5 万 5657 人，そして小・中・高等学校において自殺した児童生徒は 240 人，という報告もある。これらの行動面の問題に加え，近年では小学生の 7.8%，中学生の 22.8% が高い抑うつ傾向を示すという報告もあるなど，メンタルヘルスの面においても問題が表面化している（傳田他，2004）。
　思春期の子どもたちが抱えているこうした数々の問題は，遭遇する課題を自分でうまく解決できないことが原因の一部であるとも考えられ，課題への適切な対処法を知っていれば防ぐことができるものもある。課題を乗り越える方法を予防的に伝えること，そして発達を促進させるように援助する試みが重要となってくる。そのひとつの手法として近年注目されているのが，問題のアフターケアにとどまらない，予防的な介入を目指した学校現場で行う心理教育授業である。
　『心理学辞典』によると，「心理教育」とは「子ども一人一人が自らの考えを持つ，豊かな感情体験をする，自覚的な行動のあり方や態度を学ぶこと」を目的として行われる支援である（國分，2008）。これはすべての児童・生徒を対象としたものであり，発達過程において起こり得る問題に対処する能力を伸ばすための，予防的・発達促進的サービスといえる。また心理教育授業は，2008

年に告示された学習指導要領において，その育成が必要と指摘された「生きる力」にもつながるものである。「生きる力」では，対処能力を向上させて自分で問題を乗り越えるという，セルフコントロールができるようになることを目指している。さまざまなソーシャルスキルの獲得を視野に入れた，「問題への対処能力の向上を援助する予防的・発達促進的サービス」である心理教育的支援は，「生きる力」育成の一助にもなり得る心理学からの関わりであるといえる。

　心理教育授業は，多くの場合，その内容の性質から外部の「心理の専門家」が実施することが多い（佐藤ほか，2009）。教師の負担が軽くなること，理論的な背景を熟知した者が実施したほうが，プログラムの導入が比較的容易であることなどが背景にある。学校現場における心理の専門家としてスクールカウンセラーがあげられるが，スクールカウンセラーは学校にとって完全に外部の人間ではないという点で，児童生徒に心理教育授業を導入しやすく，また学校の日常においてつながりができることで児童生徒が相談室に足を運びやすくなったり，スクールカウンセラーに話しかけやすくなったりするといった利点もある。心理教育授業を行うにあたってはスクールカウンセラーと教員との連携が不可欠であり，教員とのつながりもできることになる。学校でスクールカウンセラーが予防的な心理教育授業を積極的に行うことは，児童生徒のメンタルヘルス向上を直接的にも間接的にも支えることができるといえるだろう。

2. 心理教育のテーマと子どものうつ

　心理教育授業のテーマには，コミュニケーションスキルや，対人関係作りなどのソーシャルスキルトレーニング，アンガーマネジメント（怒りのマネジメント），ストレスマネジメントなどの例がある。これは，いじめや不登校といった，対人関係に起因する問題が数多く表面化している日本ならではの特徴ともいえるかもしれない。一方で，これまで多くは扱われてこなかったテーマとして「抑うつ予防」がある。昨今，大人だけではなく子どもにもうつ病が広がっているといわれている。一般的にうつ病は早期に介入するほど高い治療効果につながるとされていることから，予防的な心理教育授業を通した対処は有効

な手段のひとつといえるだろう。

　子どもの抑うつは，大人と同様の抑うつ気分，興味関心の低下など感情面での症状，無価値観や自責的思考といった思考面での症状はもちろん，子どもには腹痛や頭痛，睡眠障害，食欲の低下などの身体面での症状が表面に出やすいとされている。子どもは大人と比べると，自分の感情や自分の症状をことばで表現し伝える能力が弱いために身体化というかたちをとるのかもしれない。またこれらの症状に伴って授業中での態度が悪くなったり，成績が低下したり，学校に登校できなくなったりといった，二次的な行動面での症状も現れる。「子どものうつ」そのものの社会での認知度が高くないこともあり，こうした症状を本人はもちろん周囲が「甘え」だととらえてしまうことも多い。それにより早期での介入ができず，知らず知らずのうちに抑うつが悪化してしまうという悪循環がうまれやすい。周囲や本人が抑うつの兆候にいち早く気づき，適切に対処できるよう，抑うつの正しい情報を周知しておくことも心理教育授業の重要な役目だといえるだろう。

3. うつを予防する心理教育授業の開発と実践

　日本における抑うつ予防の集団実施心理教育プログラムの実践は，これまでもいくつかが報告されている（たとえば，及川・坂本，2007；佐藤ほか，2009）。しかし，その対象は大学生であるものが多く，また一貫した予防効果が示されているものは多くない。そもそも，「人々一般」を対象とした予防プログラムでは抑うつ改善効果が得られにくいことも知られており（Horowitz & Garber, 2006），国内だけでなく，海外の先行研究においてもこうした傾向がみられる。より確かな予防的な効果の獲得のために，筆者らは「介入要素」について工夫を行ったプログラムを開発し，実際に実践を行った（堤，印刷中）。

「介入要素」の工夫
　より確かな予防的な効果の獲得のためには，これまで扱われてこなかった介入要素を扱うことが必要と考える。既存のプログラムでは心理教育や認知の再構成などの要素が頻繁に用いられてきた（佐藤・嶋田，2006）が，例えば「反芻」

表10-1 心理教育プログラムの各セッションのテーマと介入要素

セッション	テーマ	介入要素
第1回	うつについて知る 自分の気持ち・考えに気づく（1）	心理教育 感情と思考の関連
第2回	自分の気持ち・考えに気づく（2） 考え方のクセを変える（1）	感情と思考の関連 認知の再構成
第3回	考え方のクセを変える（2）	認知の再構成
第4回	考え込まないようにする まとめ	対反芻

への対処スキルが新しい要素としてあげられる。反芻とは恐れや損失，自分に対する不正直さによって動機づけられた，否定的で慢性的で持続的な自己注目のことであり（Takano & Tanno, 2009），抑うつと強い関連があり，正の相関が示されている（高野・丹野，2010）。この反芻への対処スキルを要素として取り入れることで，抑うつ予防により有効な影響を及ぼすことができることが予測される。

以上を踏まえ，著者らは中学生を対象とした，「対反芻」という新しい介入要素をとりいれた認知行動療法的アプローチに基づく抑うつ予防心理教育プログラムを実践し，その効果を検討することを目的とした。

プログラムの内容

認知行動療法的アプローチに基づいた全6セッションの抑うつ予防心理教育プログラム（堤, 2013）を，全4セッション（1回50分）に改良したものを使用した。これは高校生を対象にした実践では抑うつ改善効果が示されたプログラムであり，「心理教育」「感情と思考の関連」「認知の再構成」「対反芻」の4つの構成要素からなる（表10-1）。

第1回は，うつの症状の解説を通し，正しい情報を共有した。また，落ち込みからうつに至るまでの過程を説明し，うつのきっかけや維持要因について伝え，「きっかけに適切な対処ができればうつは予防できる」ことを共有した。また，感情と認知の関連について解説し，予防法の1つとしてそれらの状態をモニタリングすること（「自分の気持ち・考えに気づく」こと）を取り上げ，

資料 12-1

②自分の気持ち・考えに気づく

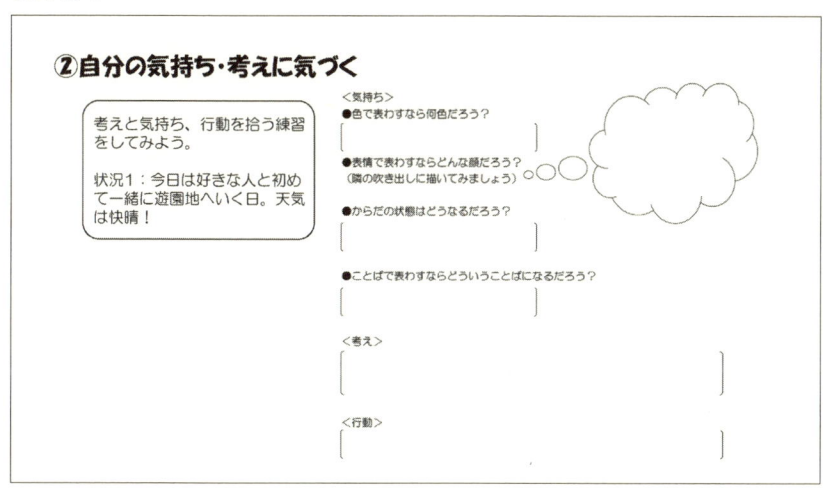

考えと気持ち、行動を拾う練習をしてみよう。
状況1：今日は好きな人と初めて一緒に遊園地へいく日。天気は快晴！

〈気持ち〉
● 色で表わすなら何色だろう？
● 表情で表わすならどんな顔だろう？（隣の吹き出しに描いてみましょう）
● からだの状態はどうなるだろう？
● ことばで表わすならどういうことばになるだろう？

〈考え〉

〈行動〉

③考え方のクセを変える

4) 自己関連付け をしてしまう、自分を巻き込みすぎな「全部私のせいなんジャー」

いつも笑顔で挨拶してくれる友達が、今日は無表情で声をかけられないオーラ。
「私が何かしたからかな・・・」

💡 自分を巻き込まず、「自分以外に理由があるかも」という考えに変えればいい。

➡

その練習を行った。実際の授業で用いた資料を資料 12-1 に示す。

第2回は，引き続き「自分の気持ち・考えに気づく」練習を行った。また，予防法の2つ目として認知の再構成を取り上げ（「考え方のクセをかえる」），まず主な認知の歪みについて解説を行った。

第3回は，引き続き「考え方のクセをかえる」練習を行った。認知の再構成

の方法を解説し，架空の人物や自分自身の事例をとりあげ，認知を修正するワークを実施した。

第4回は，予防法の3つ目として対反芻（「考え込まないようにする」）をとりあげ，対反芻スキルについて紹介し，またその場で実際にいくつか実践することでその効果を体験させた。最後に全4回で学習した3つの予防スキルについて振り返りを行った。

プログラムの実施手続き

中学生対象の実践　関東の都市部公立A中学校の生徒のうち，中学3年生計165名を対象とした。このうち，ランダムに選択された3クラス97名をプログラム実施群とし，2クラス68名を統制群とした。

高校生対象の実践　関東の都市部公立B高等学校の生徒のうち，高校2年生・3年生計71名を対象とした。このうち，心理学（選択科目）を受講した35名をプログラム実施群とし，他の選択科目を受講した36名を統制群とした。

プログラムの効果測定方法

プログラムの介入効果は，対象者の「抑うつの程度」が，授業の前後でどの程度変化しているかについて，プログラム実施群と統制群を比較することなどで測定した。「抑うつの程度」の測定にはCES-D日本語版（島ら，1985）を用いた。中学生対象の査定は，プログラム実施前後，フォローアップ1回目（3ヶ月後），2回目（6ヶ月後）の計4回行った。なお，フォローアップ2回目については，対象校の都合等から実施群のみの実施となった。また高校生対象の査定は，プログラム実施前後，およびフォローアップ（3ヶ月後）の計3回行った。

プログラムの効果

各実践における各群の得点変化を図に示したものが図10-1, 2である。

分析の結果，中学生対象の実践および高校生対象の実践ともに，授業実施前後での統制群に抑うつの程度の変化がなかったのに対し，プログラム実施群では明確な抑うつの程度の低減が示された。これにより，うつ予防授業には抑う

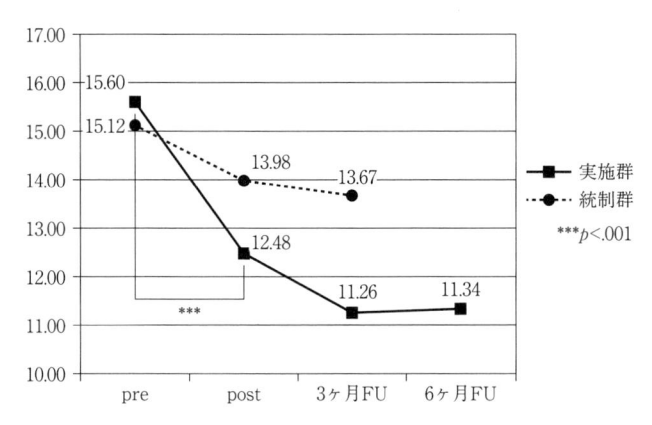

図10-1　中学生対象の実践における CES-D 得点の変化

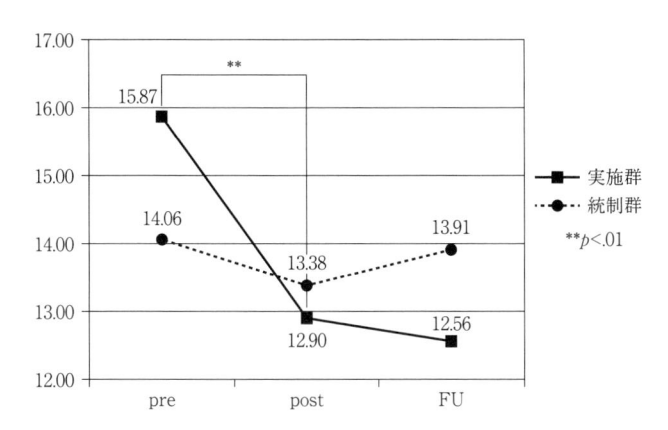

図10-2　高校生対象の実践における CES-D 得点の変化

つ低減効果が示されたといえる。また，いずれの実践でも実施群ではプログラム実施後もその抑うつの程度が維持されていることが示されたため，本うつ予防授業は抑うつを低減させた後それを維持する効果もまた保持ししていることが見出されたといえる。

4. うつ予防プログラムのさらなる展開

この実践をさらに深めていくために，なぜ本プログラムには効果があるのか，

第 10 章　うつ予防プログラムの開発——143

その要因をつきとめる必要はある。たとえば，より対象者を増やした実践・分析を行うことである。本研究では対象としたのはいずれも1つの学校の1～2学年であり，地域性や学校の風土などが効果に影響した可能性は否めない。よって一般化可能性という観点からも，今後は対象者や対象校の規模を拡大し，幅広い条件下で実施を行うことが望まれる。

また，プログラムの予防効果に対する長期的かつ継続的なフォローアップも行う必要がある。本研究ではプログラム実施後，3～6ヶ月後までのフォローアップ調査を行った。しかし，「予防」ということを考えるならばより長期的な調査も視野にいれる必要があるだろう。

今後は，一般の中学・高校生を対象とした抑うつ予防プログラムとして有効性を示した本プログラムを上記の形でより発展させること，そしてその中で多くの児童青年の抑うつ傾向に対する予防的アプローチを確立させていくことを目指したい。

参考文献

及川恵・坂本真士（2007）．「女子大学生を対象とした抑うつ予防のための心理教育プログラムの検討——抑うつ対処の自己効力感の変容を目指した認知行動的介入」『教育心理学研究』55(1), 106-119.

國分康孝（監修）（2008）．『カウンセリング心理学事典』誠信書房，p. 267.

佐藤寛・嶋田洋徳（2006）．「児童のネガティブな自動思考とポジティブな自動思考が抑うつ症状と不安症状に及ぼす影響」『行動療法研究』32, 1-13.

佐藤寛・今城知子・戸ヶ崎泰子・石川信一・佐藤容子・佐藤正二（2009）．「児童の抑うつ症状に対する学級規模の認知行動療法プログラムの有効性」『教育心理学研究』57, 111-123.

島悟・鹿野達男・北村俊則・浅井昌弘（1985）．「新しい抑うつ性自己評価尺度について」『精神医学』27, 717-723.

高野慶輔・丹野義彦（2010）．「反芻に対する肯定的信念と反芻・省察」『パーソナリティ研究』19, 15-24.

堤亜美（2013）．「高校生に対する抑うつ予防心理教育プログラムの効果の検討」『臨床心理学』, 13, 700-711.

堤亜美（印刷中）．「中学・高校生に対する抑うつ予防心理教育プログラムの効果の検討」『教育心理学研究』63.

傳田健三・賀古勇輝・佐々木幸哉・伊藤耕一・北川信樹・小山司 (2004).「小・中学生の抑うつ状態に関する調査——Birleson 自己記入式抑うつ評価尺度 (DSRS-C) を用いて」『児童青年精神医学とその近接領域』45, 424-436.

文部科学省（編）(2008).『小学校学習指導要領』東京書籍.

文部科学省（編）(2008).『中学校学習指導要領』東山書房.

文部科学省（編）(2009).『高等学校学習指導要領』東山書房.

文部科学省初等中等教育局児童生徒課 (2014).「平成 25 年度「児童生徒の問題行動等生徒指導上の諸問題に関する調査」について」.

Horowitz, J. L., & Garber, J. (2006). The prevention of depressive symptoms in children and adolescents: A meta-analytic review. *Journal of Consulting and Clinical Psychology*, 74, 401-415.

Takano & Tanno (2009). Self-rumination, self-reflection, and depression: Self-rumination counteracts the adaptive effect of self-reflection. *Behaviour Research and Therapy*, 47, 260-264.

第11章
ライフキャリア教育プログラムの開発
「ライフキャリア・レジリエンス」を高めるために

高橋美保

1. キャリア教育とはなにか

キャリア教育の誕生と発展

　失業率が過去最高を記録した2002年以降，それまでの産業・経済の構造的変化や雇用の多様化・流動化なども背景に雇用情勢が悪化した。フリーターや若年無業者の増加など若年層の就労問題も顕著になり，2004年には「キャリア教育の推進に関する総合的調査研究協力者会議報告書」（文部科学省，2004）が提出された。この報告書では，キャリア教育とは「児童生徒一人一人のキャリア発達を支援し，それぞれにふさわしいキャリアを形成していくために必要な意欲・態度や能力を育てる教育」と定義され，以後，多くの小・中・高等学校の教育現場でキャリア教育が実践されるようになった（山崎，2006など）。各学校で職業体験やインターンシップ，職業人講話などが実施されるようになり，「出口指導」といわれてきた進路指導ではなく，働くことについて考える教育へと方向転換が促されてきたことは意義深い。

　しかし，それらのキャリア教育はキャリア形成を重視しており，ややもすると働くことに夢や自己実現を求め，職業の早期決定を促す傾向も見られた。夢や希望は子どもたちにとって大事であるが，ともすれば「将来はきっと思ったような仕事に就くことができる」という期待を高め，それが「思ったような仕事に就かなければならない」というとらわれを助長する可能性もある。昨今，雇用情勢には緩やかな改善が見られるものの，依然として非自発的失業者や非自発的な非正規就労者は後を絶たない。このような先行き不透明な雇用情勢においては，たとえ中高生時になりたい職業を決定したとしても，将来期待通り

のキャリア形成ができるとは限らない。また，社会での産業構造の変化が早く，職業の変化や浮き沈みが激しいなか，中高生時に思い描いた職業に就くことが必ずしも適切かはわからない。さらに，終身雇用が崩壊しつつある現代の日本社会では，たとえ思い通りの就職ができたとしても，一生涯の雇用の安定が保証されるとは限らない。

このように，働くことのポジティブな側面のみを強調して早期に職業決定を促すキャリア教育は，将来的には夢と現実のギャップを生む可能性がある。筆者が専門とする臨床心理学では，そういったギャップに苦しむ若年層への心理的援助が求められている。なかには，思ったような仕事に就けないことをきっかけに自信を喪失してメンタルヘルス不調に陥るケースもある。必要なタイミングで必要な心理的援助を提供する一方で，こういったギャップを抱える若年層を再生産しないための予防的な取り組みも重要と考えられる。つまり，直線的なキャリアを求めるキャリア教育ではなく，たとえ思うようなキャリアが歩めなくても，自分なりのキャリアを構築する力を身につけるようなキャリア教育が必要だと考えられる。

「ライフキャリア・レジリエンス」の教育の必要性

働くことは生きること全体のなかでも重要な生活領域の1つであるが，昨今では，教育界・産業界など幅広い領域で，職業や労働に限らないライフキャリアの考え方が一般的になりつつある（川崎，2007；小野，2002など）。キャリアを個人の人生，生き方を含む概念とすることの重要性は，キャリア発達理論の古典でもあるD. スーパー（Super, 1980）の「ライフスペース」論でも示唆されてきた。2011年の中央教育審議会の答申でも，キャリアプランニング力を「『働くこと』の意味を理解し，自らが果たすべき様々な立場や役割との関連を踏まえて『働くこと』を位置づけ」るとされたことから（中央教育審議会，2011），ライフキャリアの重要性がより明確に提示されたといえる。これからのキャリア教育では，仕事や職業としてのキャリアの実現だけでなく，それらをより広い「ライフスペース」のひとつに位置づけるライフキャリアの視点が重要だろう。

一方，「苦境を生き抜くこと」に着目した研究は，近年「レジリエンス」研究として注目されている。本章では「レジリエンス」という概念をライフキャ

リアに適用し，「不安定な社会の中で自らのライフキャリアを築き続ける力」を「ライフキャリア・レジリエンス」とよぶことにする。

　不安定な雇用情勢の中でも自らのライフキャリアを築き続けるためには，キャリア教育にライフキャリアの視点を導入するとともに，ライフキャリアを生き抜くためのレジリエンスを獲得することが重要だろう。つまり「職業生活を思うように生きる」ためのキャリア教育ではなく，たとえ思うように生きられないことがあっても自らのライフキャリアを生き抜く「ライフキャリア・レジリエンス」を高めるようなライフキャリア教育が必要となる。

　近年のキャリア教育では体験学習や実習が盛んに行われているが，その報告は実践活動の紹介や定性的な評価に留まるものが多く，統計的に十分な効果評価はなされていない。その一因として，実践に連動した効果測定のための尺度がほとんどないという問題がある。キャリア教育を推進するだけでなく，その効果を精査するための尺度の開発が求められている。

　筆者らが行ったこの研究では，キャリア教育の主な対象である中高生を対象として「ライフキャリア・レジリエンス尺度」を作成することとし，キャリア教育の効果のなにをどう測定するのか，その構成概念を明らかにしようとした。その上で，ライフキャリア教育のプログラムを実際に開発して実践研究を行った。さらに，各教育現場に導入する，そのしかたの問題として，現場におけるキャリア教育の受け入れ態勢と課題について検討するためキャリア教育の先進校の活動も調査した。なお，実践授業および調査は東京大学教育学部附属中等教育学校（以下，「附属」と略す）の全面的な協力の下で実施された。

2. キャリア教育についての議論

「キャリア教育」

　この研究の前提として，「キャリア教育」や「キャリア発達理論」がどのように議論されているかを整理しよう。

　2004年以降，キャリア教育が様々な実践を重ねるなか，その後も継続して報告書や答申，調査研究が提出されてきた。なかでも，2011（平成23）年に中央教育審議会で取りまとめられた「今後の学校におけるキャリア教育・職業

教育の在り方について」(答申)では,「中途退学者や無業者等,学校から社会・職業への移行が円滑に行われなかった者や,その後,早期離職などにより職業生活からいったん離れてしまった者は,前期中等教育段階から約2万人,後期中等教育段階から約24万人,高等教育段階から約41万人存在するとみられる」とした上で,「中途退学者や無業者などのキャリア形成のための支援の観点からの検討が必要」としている(中央教育審議会,2011)。これは思うようなキャリア形成ができない現状を考慮することの必要性の指摘といえよう。

　また,「キャリア教育・進路指導に関する総合的実態調査第二次報告書」(国立教育政策研究所,2013)では,保護者の61.5％が高校でのキャリア教育や進路指導に期待している学習内容として「就職後の離職や失業など,将来起こり得る人生上の諸リスクへの対応に関する学習」を挙げている。しかし,「就職後の離職・失業など,将来起こりうる人生上の諸リスクへの対応」について,学習の機会や内容「なし」と答えた学校は49.3％と約半数に上っている。さらに,高校生と卒業生を対象とした調査では,「進路について指導して欲しかったこと」として,高校生では23.1％,卒業生でも26.1％が「就職後の離職・失業など,将来起こり得る人生上の諸リスクへの対応」を挙げている。

　さらに,学校時代に従来のキャリア教育を受けた25歳前後の若年者を対象に行われた調査では,転職や非正規就労など直線的なキャリアを歩まなかった者ではキャリア教育の評価が低いことが示されている(労働政策研究・研修機構,2010)。また,フリーターを対象に調査研究を行った小河ら(2008)も,将来フリーターになる可能性やその対処を考慮した教育の必要性を指摘している。以上より,近年キャリア教育では直線的ではないキャリア形成が課題となっているが,キャリア教育としてその具体的な対応が充分にされていない状況といえる。

「キャリア発達理論」
　先にも触れたスーパーは,人生における様々な役割を表す「ライフスペース」と人生を段階に分けた「ライフステージ」の2つの概念を「ライフキャリアレインボー」として描き,日本のキャリア教育にも大きな影響を与えた(仙崎ほか,2008)。しかし,下村(2008)が「スーパーがキャリア発達理論を述べ

た時代に比べると，現代のキャリア環境は激変しており，経済を中心とした様々なグローバル化，コンピュータ技術の急速な進展によって，従来とは比較にならないほどキャリアをめぐる環境変化のスピードが速くなっている」と指摘するように，変化と多様性に富んだ現代社会ではライフステージの安定性や一貫性が保証できなくなっている。このような中，ポスト・スーパーのキャリア発達理論として，偶然の出来事や人との出会いをキャリアに生かす「偶発理論」(Mitchell et al., 1999) や，キャリア発達における主体性・積極性を強調する「構築理論」(Irving & Malik, 2005 ; Savickas, 2002) などが提示されるようになり，不安定な雇用情勢にあっても偶然を生かしキャリアを構築することが重要視されている。

　キャリア教育の推進という観点からも，アカデミックな観点からも，キャリアのとらえ方およびキャリア教育の進め方については，不確定要素を加味することの必要性が示唆されているといえるだろう。

3.「中高生版ライフキャリア・レジリエンス尺度」の開発

　第1節で指摘したように，キャリア教育では効果を測定する適切な尺度がなく，十分な効果評価がなされていないことが課題となっている。そこで，ライフキャリア教育の効果評価を行う測度として「中高生版ライフキャリア・レジリエンス尺度」を作成した。この尺度の項目づくりにあたっては，前節で紹介したような「偶発理論」や「構築理論」の両理論で重要とされる態度や考え方をもとに，41の項目を案出した。

　予備調査[注1]をへて，2012年7月に，留め置き調査により質問紙を配布回収した。調査協力者は，関東地方の中高一貫校1校の生徒（各学年から120名程度，6学年で計701名が協力）および九州地方の普通高校1校の生徒（各学年から380名程度，3学年で計1137名が協力）の合計1838名である（倫理的配慮は予備調査と同様とした，[注1] 参照）。特に欠損値の多かった16名を除く1822名（男性874名，女性945名，不明3名，平均15.73歳，$SD = 1.57$歳）を分析対象とした。学年の内訳は，中学1年生114名，2年生116名，3年生116名，高校1年生504名，2年生487名，3年生485名であった[注2]。

表 11-1　中高生版ライフキャリア・レジリエンス尺度の因子分析結果

	F1	F2	F3	F4	F5
F1　長期的展望（$M=4.59, SD=0.75, α=0.90$）					
すぐにあきらめないで，我慢することも大事だと思う	**0.81**	0	−0.03	−0.05	−0.05
失敗してもそこから学ぶことが大事だと思う	**0.74**	0.10	−0.06	−0.02	0
結果が見えなくてもやってみることが大事だと思う	**0.72**	−0.08	0.04	0.07	−0.07
すぐに成果が出なくても，今できることをやることが大事だと思う	**0.70**	0.02	0.06	−0.04	−0.08
ものごとは長い目で見て考えることが大事だと思う	**0.70**	−0.06	0.01	0.05	0.12
どのような経験も将来の役に立つと思う	**0.68**	−0.07	0.01	0.11	−0.03
人生では，思い通りにいかないときにどうするかが大切だと思う	**0.67**	0.11	−0.01	−0.01	0.01
人生の回り道には意味があると思う	**0.63**	−0.05	0.01	0.07	0.01
長期的な展望に基づいて計画を立てることが大事だと思う	**0.62**	0.03	0.04	−0.11	0.09
F2　多面的生活（$M=5.02, SD=0.84, α=0.90$）					
将来は，仕事以外の時間も充実させたいと思う	−0.07	**0.95**	−0.02	0.03	0.03
将来は，仕事以外に，楽しめるような趣味をもちたいと思う	−0.05	**0.91**	−0.04	0	0.01
将来は，仕事以外の活動でも満足感を得たいと思う	−0.01	**0.87**	0.02	0.02	−0.05
人生では，仕事以外の目標も持ちたい	0.05	**0.68**	0.08	0.02	−0.07
職業は，家庭など他の生活とバランスがとれるようにすることが大切だと思う	0.16	**0.61**	0	−0.06	0.1
F3　継続的対処（$M=3.77, SD=0.72, α=0.82$）					
ものごとが思い通りに進んでいても，それに安心せず，次のことを考えている	0.02	−0.05	**0.73**	−0.17	−0.04
危機的な状況に出会ったとき，それに立ち向かっていける	0.03	0.04	**0.66**	0.14	−0.15

　項目分析の結果[注3]，5因子28項目で構成される尺度が生成された（表11-1参照）。因子名は，各々の項目内容から，第1因子（F1）は"長期的展望"，第2因子は"多面的生活"，第3因子は"継続的対処"，第4因子は"楽観的思考"，第5因子は"現実受容"と命名し，各因子を特徴づける項目群で5つの下位尺度を作成した[注4]。

　次に，5つの下位尺度と小塩ほか（2002）の精神的回復力尺度の3つの下位尺度との相関係数を算出した（表11-2参照）。長期的展望，多面的生活，継続的対処，楽観的思考の4つの下位尺度については，多面的生活と感情調整との間を除いては，精神的回復力尺度の3つの下位尺度と弱いもしくは中程度の正

	F1	F2	F3	F4	F5
常に，新しいチャンスを見のがさないように準備している	0.04	-0.02	**0.63**	0.02	-0.04
経験したことのないようなできごとが起きてもおちついて行動できる	-0.11	-0.05	**0.63**	0.24	-0.02
目先のことだけを考えないようにしている	0.10	0.07	**0.58**	-0.22	0.09
ものごとが思ったように進まない場合でも，適切に対処できる	0.01	0.01	**0.54**	0.21	-0.02
自分の選択したことに問題があると感じたら，もう一度選択し直すことができる	0.05	0.08	**0.5**	-0.02	0.11
F4　楽観的思考（$M=3.97, SD=0.91, \alpha=0.73$）					
困ったときでも「なんとかなるだろう」と考えることができる	-0.03	0.06	-0.04	**0.83**	0.02
将来についていつも楽観的である	0.03	-0.03	-0.12	**0.70**	0.06
ものごとが思ったように進まない場合でも，きっと何とかなると思う	0.21	0.07	0.04	**0.47**	-0.03
嫌なことがあっても，いつまでもくよくよと考えない	-0.06	-0.06	0.23	**0.44**	0.09
F5　現実受容（$M=3.76, SD=0.82, \alpha=0.66$）					
必要に応じて目標のレベルを下げることができる	0.05	0	-0.04	0.07	**0.71**
現実に合った目標を立てることができる	0	-0.03	0.29	-0.05	**0.59**
自分には達成できないと分かった目標には，いつまでもこだわらない	-0.07	0.02	-0.16	0.09	**0.58**
因子間相関　F2	0.52				
F3	0.61	0.38			
F4	0.32	0.27	0.46		
F5	0.14	0.2	0.33	0.07	

の相関が認められ，概ね妥当性が検証された。一方，現実受容に関しては，精神的回復力尺度のいずれの下位尺度ともほとんど相関が認められなかったが，これまで注目されてこなかったレジリエンスの側面を測定している可能性もあると考えられた。

表11-2　精神的回復力尺度とピアソンの相関関係

	長期的展望	多面的生活	継続的対処	楽観的思考	現実受容
新奇性追究	0.5***	0.41***	0.47***	0.38***	−0.04
感情調整	0.3***	0.13***	0.49***	0.39***	0.15***
肯定的な未来志向	0.46***	0.34***	0.5***	0.42***	0.03

*** $p<.001$

表11-3

授業内容			
	1日目	目的	働くことと生きることの関連性について理解を深め，ライフキャリアの視点を持つ
		内容	前半では，青年期の今なぜ働くことについて考えるのか発達心理学の観点から説明するとともに，働くことと生きることの関係について検討を加えた。また，働くことにまつわる様々な言葉や労働の歴史的変遷を紹介し，職業の移ろいやすさについてワークを通して理解を促した。次に，自分自身はなぜ働くのかを検討するとともに，ディスカッションにより人の考え方にも触れてもらった。さらに，あなたは既に働いているという視点から，働くことの意味と，自分自身の体験の中の働くことを考えてもらい，将来のことではなく，今の自分自身の中に働くことの種があることを理解してもらった。 後半には，Super (1980) のライフキャリアの考え方を紹介し，仕事を多領域の一つと位置付ける視点を提示した。そして，家庭・地域・趣味といった仕事以外の領域を含めた生活の中で，仕事をどう位置づけるかを自分なりに考え，ワークシートに記入してもらった。最後に，自分自身のライフキャリアを「庭」のメタファーを使って捉え直してもらい，ライフキャリアにおける多面的なものの見方と，キャリアをマネジメントするだけでなく，キャリアを長期的に構築し続けるスタンスを提示した。
	2日目	目的	思うようにならない現実を理解するとともに，その中でもライフキャリアを築き続けるライフキャリア・レジリエンスを高める。
		内容	前半では，働くことの歴史的変遷から昨今の労働市場の厳しさを示し，思うように働けないこともありうる現実を示した。そして，働いていないことから働くことの意味を考えてみることを促した。それにより，働くことについて多面的理解を深めるとともに，いかなる状態にも思うようにならなさがあることを示した。 後半は，有名人のエピソードや身近な事例を用いて，思い通りにならないことを乗り越える方法論を提示した上で，これまで実際に思うようにならないことを乗り越えた自身の体験を想起することで，ライフキャリアを築き続けるレジリエンスを高めるよう促した。さらに，自分を勇気づける言葉を探してセルフヘルプを促すとともに，過去に助けてくれた人を想起させることで援助要請の重要性を示唆した。

4. ライフキャリア教育プログラムの開発と実践研究

ライフキャリア教育のプログラム開発

　プログラムの目的は，繰り返しになるが，たとえ思うようにならないことがあっても自らのライフキャリアを生き抜く「ライフキャリア・レジリエンス」を高めることである。この実践研究のプログラムは，具体的には，上で作成した「中高生版ライフキャリア・レジリエンス尺度」で抽出された各因子を高めることを意識して開発した。プログラム開発は2009年から2012年まで4回の実験授業を重ねて開発され，研究者が実践者となりプログラムの精緻化を重ねた。

　授業は2週あるいは2日連続で行い，1回2コマ（計100分）を全2回4コマ（計200分）で「働くことと生きること1・2」と題して行われた。なお，授業は講義と個人およびグループによるワーク，全体シェアリングから構成された。

　第1回目の授業では「働くこと」を中心テーマとし，働くことと生きることの関連性について理解を深めるとともに，働くことを遠い将来のことではなく，現在の活動の連続線上に位置づけるよう促した。また，働くことを他の様々な生活領域の一つとしてとらえ直すライフキャリアの視点を提示した。第2回目の授業では，「直線的でないライフキャリア」について考えるために，働くことの現実に直面化するとともに，働いていないことから働くことの意味を考えてみることを促した。さらに，有名人のエピソードを用いて，思い通りにならないことを乗り越える方法論を提示した上で，これまで実際に思うようにならないことを乗り越えた自身の体験を想起することで，ライフキャリアを築き続ける希望を見いだす内容とした（表11-3参照）。2012年7月に附属の高校1年生の生徒40名を対象に行われた実践で，研究2で作成した中高生版ライフキャリア・レジリエンス尺度の5因子すべてについて，実験授業のプレとポストで有意差が認められたため（長期的展望：$t=2.51$, $df=35$, $p<0.01$, 多面的生活：$t=2.34$, $df=37$, $p<.01$, 継続的対処：$t=3.88$, $df=36$, $p<0.001$, 楽観的思考：$t=3.60$, $df=37$, $p<.001$, 現実受容：$t=3.07$, $df=37$, $p<.001$），これをもってプロ

グラムの完成と見なした。

プログラムの汎用化にむけて

　ライフキャリア教育のプログラムを各々の教育現場で使えるものにするためには，プログラムを開発した研究者だけでなく現場の教師が実践できるものにする必要がある。そのため，筆者たちは上で完成したプログラムの汎用化を試みた。

　2013年は附属の教員が実践者となって，ライフキャリア教育を実施した。汎用化に際して，以下の工夫を行った。

　①実施者となる教員はこれまでの授業に参加している教員とした，②指導要領を作成し，誰にでもわかるように授業展開を明示した，③パワーポイントのノートに注意事項や授業展開の意図を詳細に書き込み授業内容の教示を行った，④2012年に研究者が行った実験授業を録画したビデオを観ることによって，授業の雰囲気や全体の授業の流れを伝えた。なお，汎用化に際して画一化された授業を行うことを目指すのではなく，実践者となる教師の個性を活かしてカスタマイズすることが有効と考えた。そのため，失敗体験のエピソードについては実践者が独自にアレンジするよう依頼した。

プログラムの汎用化の実践

　2013年7月，高校1年生を対象に附属の教員Aが実践者となって実践⑤が行われた。附属において，高校1年生の生徒42名を対象に，特別時間割で2時間続きのロング・ホームルームの時間に行われた。教師Aは，少人数授業（学級2分割）形態をとる教科の担当者であり，半数の生徒にとっては教科担任という立場であった。その結果，授業後「長期的展望」「継続的対処」が高まるという効果が得られた[注5]。

　なお，先にみた「中高生版ライフキャリア・レジリエンス尺度」の作成データを用いて学年の特徴を検討したところ，ライフキャリア・レジリエンスは中学生と高校生で異なることが確認された。このような発達的変化を考慮し，2回のプログラムを中学3年生と高校1年生の2年に分けて段階的に実施した方が有効ではないかと推察された。今後2学年に分けた実施を試みる予定である。

5. 教育現場への導入

教育現場の教師の意識調査

　今後，プログラムを教育現場にスムーズに導入するためには，現場の教師のキャリア教育に対する認識を確認する必要がある。そこで，2013年6月に，この研究の実践フィールドである附属の教師を対象に，キャリア教育に関する意識調査を行った。42名に配布し，23名より回答を得た（回収率54.8%）。結果，69.6%が「キャリア教育を理解している」「キャリア教育は生徒にとって有意義なものと認識している」ことが明らかになった。また，83.4%が「キャリア教育を今後一層進めていくことは必要だ」と述べているものの，複数回答でキャリア教育を実施する上での課題を訊ねたところ，「時間の確保」（56.5%）や「受け入れ企業や事業所の確保」（52.2%），「プログラムの開発」（52.2%）などが上位となった。また，52.2%の教師が「教員の社会勤労体験やキャリア教育に関する研修の必要性を感じている」ことが示された。

　このことから，この研究の実施の場となった教育現場では，回答者の大半がキャリア教育を理解し，推進の必要性を認識しているにもかかわらず，時間の確保が課題となっていることが明らかとなった。また，プログラム開発や教師の研修については外部の支援が必要と考えられる。なお，筆者の進めるライフキャリア教育については，90.3%が今の生徒にとって意味があると認識されていた。ただし，回答率を考慮すると教育現場全体の理解や関心は十分に高いとはいいがたい。このような現場の実態の中で，生徒だけでなく現場の教師にとってもより有効な実施の仕方を検討する必要がある。

キャリア教育先進校の視察

　この調査からも，キャリア教育をいかに教育現場に導入するかが大きな課題となっていることが示唆された。キャリア教育のスムーズな導入を検討するために，2013年11月に1990年代後半からキャリア教育を積極的に推進している福岡県立城南高校を訪問し（中留・福岡県立城南高校, 2002），導入の工夫とその後の発展についてフィールド調査を行った。

城南高校ではキャリア形成で必要な能力や態度を培う力を「学習力」と規定し，イベント型のキャリア教育と日常型のキャリア教育とが両輪として組み込まれている点が特徴的である。すべての教育活動にキャリア教育の観点が取り入れた3年間の指導シラバスが作成されており，「生徒指導・学習指導・進路指導」の枠組みが「在り方・学び方・生き方指導」として再構成されている。また，各教科科目の学習指導計画は，CCS（キャリア・コミュニケーション・サイエンス）教育の観点に加え道徳教育の観点も取り入れられていた。また，総合的な学習の時間を活用した「ドリカム」と校外活動を行う「ドリカム活動」が3年にわたって計画されており，生徒は「ドリカムブック」に自身の体験を蓄積するよう工夫がなされていた。

　また，城南高校は画一的なキャリア教育の確立とその安定的な運用を目指しているのではなく，時代の変化の中で常に今あるべきキャリア教育の在り方が柔軟に模索されていた。教育現場におけるキャリア教育導入の難しさの一つに，教師間の合意形成の難しさがあると考えられるが，同校ではキャリア教育推進のための委員会の設置，教師にキャリア教育を伝えるための時間を確保するなど，ボトムアップとトップダウンの両面から意識の統一が図られていた。また，それは教師の異動にかかわらないキャリア教育の継承にもつながっていた。しかし，そこで継承されるのはキャリア教育の内容だけでなく，たとえ内容が改革されても脈々と受け継がれる「精神」のようなものと考えられた。参照すべきは教育のコンテンツだけでなく，キャリア教育の「精神」を引き継ぐ校内のシステム作りのノウハウと考えられた。

6. ライフキャリア・レジリエンス教育の可能性

　この研究では，尺度の開発とプログラムの開発，さらには学校現場への導入についての検討を同時並行的に行ったことになる。「ライフキャリア・レジリエンス」という新しい概念を用いたわけであるが，働くことと生きることとの間には連続性があり，むしろその連続性を使いながら，柔軟に自らのライフキャリアを築き続けることが重要と考えられた。また，キャリア教育では実践だけでなくその評価をいかにするかが課題とされているが（国立教育政策研究所，

2013)．この研究で作成した「中高生版ライフキャリア・レジリエンス尺度」はその試みの先駆けではないかと思う。この尺度で抽出された因子を高めることを意識したプログラム開発を行っている。実践ありきのキャリア教育ではなく，理論から実践を組み立て，さらにそれを評価する包括的な実践研究を試みたわけだ。

　プログラムは足掛け4年にわたる実践研究の中で，改善を繰り返して開発された。さらに，今後プログラムを各学校現場に展開していくために，教育現場の教員が実践することで汎用化も試みた。今後もその取り組みは継続する予定である。

　教育現場の意識調査と先進校の視察からは，プログラム内容の開発だけでなく，ライフキャリア教育に対する現場の教員の関心を高めるためのシステム作りが課題と考えられた。今後学校のカリキュラムとしてこうしたキャリア教育を組み込むのであれば，学校教育における位置づけを明確にすること，どういう時間枠を使って誰が何を実施するのかについて，現場に応じた導入スタイルを検討する必要があると考えられた。現在の教育システムでは，基本的には総合的な学習の時間で実施することが現実的と思われる。もちろん道徳・家庭科・社会の授業で取り上げることも可能であるが，重要なことは単元としてわかりやすく取り入れることではなく，教師が日常場面においてライフキャリア教育を意識したかかわりをすることである。したがって，それができれば敢えて教科教育に入れる必要はないであろう。

　この研究は附属の全面的な理解と協力のもとに実施されたものであり，この研究の知見の他のあらゆる校種，あらゆる地域に適用するには限界があるだろう。しかも，ライフキャリアという長期的視野を持ったテーマについては，その性質上絶対的な評価があるとも言いがたい。今後，フォローアップ調査を行うことで，中長期的な効果を検討する必要がある。

[注1] 予備調査は次のように行った。2011年12月に，留め置き調査により質問紙を配布回収した。調査協力者は，中部地方の中学校1校および九州地方の普通高校2校の中高生の合計1223名である。倫理的配慮として，回答は任意であることと守秘義務について質問紙に記載した。特に欠損値の多かった19名を除く1204名（男性606名,

女性597名, 不明1名, 平均15.94歳, $SD=1.98$歳) を分析対象とした。学年の内訳は, 中学1年生90名, 2年生95名, 3年生101名, 高校1年生314名, 2年生417名, 3年生187名であった。調査内容としては, 本文で紹介した手続きによって案出された41項目を用いた。評定法は6件法とした。項目分析の結果, 天井効果が見られた項目もあったが, これらの項目を機械的に除外することは避け, 41項目を対象に, 探索的因子分析 (重み付けのない最小2乗法, プロマックス回転) を行った。解釈のしやすさと固有値の変化から, 5因子であることが示唆された。各因子を特徴づける項目の内容から, 各因子は, 第1因子から順に, 展望性, 多面性, 継続性, 受容性, 楽観性に関連するレジリエンスを示していると解釈された。各因子を特徴づける項目群で5つの下位尺度を作成した。各尺度のα係数は0.71-0.87であり, 一定の信頼性が確認された。なお, 項目については, 附属の教師の確認により, 内容の妥当性について承認を得た。

[注2] 本調査で用いた「中高生版ライフキャリア・レジリエンス尺度」の項目については, 調査対象校でもある附属の複数の教師から, 中学生には難しい表現や漢字が含まれているという意見を得たことから, より平易な表現や, ルビ付きの漢字を用いるよう改めた。また, 各因子を特徴づける項目の数にばらつきが見られたため, 項目の追加と削除を行うとともに表現の精緻化を行い, 30項目を使用した。回答は6件法で求めた。なお, レジリエンスとの関連の強さを検討するために, 小塩ほか (2002) の精神的回復力尺度21項目について5件法で評定を求めた。

[注3] 天井効果が見られた項目はなかった。30項目について, 予備調査の結果をもとに因子数を5に指定し, 探索的因子分析 (重み付けのない最小2乗法, プロマックス回転) を行った。因子負荷は全ての項目で0.40以上あったものの, 想定外の因子を特徴づけた等の理由から2項目を削除し, 再度, 上記と同じ探索的因子分析を行った結果, 表11-1のような結果が得られた。

[注4] 4つの尺度のα係数 (表11-1) は0.73-0.90であり一定の信頼性が確認された。現実受容尺度のα係数は0.66とやや低いが, 3つの項目間の相関係数は0.31-0.51 (いずれも$p<0.001$) であることをふまえ, 尺度として採用した。

[注5] 長期的展望: $t=2.65$, $df=35$, $p<0.05$, 継続的対処: $t=3.36$, $df=35$, $p<0.01$

謝辞: 本研究の共同研究者である東京女子大学森田慎一郎先生, 駒沢女子大学石津和子先生, 東京大学教育学部附属中等教育学校の石橋太加志先生はじめ研究班として加わってくださった附属の先生方, 調査や授業に協力いただいた附属の生徒の皆様, 調査にご協力いただいた福岡県立城南高等学校, その他複数の中学校, 高等学校の先生方・生徒の皆様に心より御礼を申し上げます。

参考文献

小河洋子・松岡廣路・朴木佐緒留 (2008).「高校生のフリーター感を元にしたキャリア教育実践の若干の展望」『神戸大学大学院人間発達環境学研究科研究紀要』1(2), 155-162.

小野紘昭 (2002).「キャリア開発の考え方と進め方」『企業と人材』35, 72-75.

川崎友嗣 (2007).「キャリアとは何か――キャリア概念の今日的な意味を考える（特集 障害のある人のキャリア発達と形成）」『発達障害研究』29(5), 302-309.

国立教育政策研究所 (2013).『キャリア教育・進路指導に関する総合的実態調査第二次報告書』.

小塩真司・中谷素之・金子一史・長峰伸治 (2002).「ネガティブな出来事からの立ち直りを導く心理的特性――精神的回復力尺度の作成」『カウンセリング研究』35, 57-65.

下村英雄 (2008).「最近のキャリア発達理論の動向から見た「決める」について」『キャリア教育研究』26, 31-44.

仙﨑武・藤田晃之・三村隆男・鹿嶋研之助・池場望・下村英雄編著 (2008).『キャリア教育の系譜と展開――教育再生のためのグランド・レビュー』雇用問題研究会.

中央教育審議会 (2011).『今後の学校におけるキャリア教育・職業教育の在り方について（答申）』.

中留武昭・福岡県立城南高校 (2002).『生徒主体の進路学習ドリカムプラン――福岡県立城南高校の試み』学事出版.

文部科学省 (2004).『キャリア教育の推進に関する総合的調査研究協力者会議報告書』.

山崎保寿 (2006).『キャリア教育が高校を変える　その効果的な導入に向けて』学事出版.

労働政策研究・研修機構 (2010).『労働改革研究報告書　No. 125　学校時代のキャリア教育と若者の職業生活』.

Irving, B. A., & Malik, B. (2005). *Critical reflections career education and guidance: Promoting social justice within a global economy*, Routledge Falmer.

Mitchell, K. E., Levin, A. S., & Krumboltz, J. D. (1999). Planned happenstance: Constructing unexpected career opportunities. *Journal of Counseling & Development*, 77, 115-124.

Savickas, M. L. (2002). Career construction: A developmental theory of vocational behavior. In, Brown, D. and associates (Eds.), *Career choice and development* (4th ed.). Jossey-Bass. pp. 149-205.

Super, D. E. (1980). A life-span, life-space approach to career development. *Journal of Vocational Behavior*, 13, 282-298.

第Ⅳ部　社会参加の学習

第12章
シティズンシップ教育のカリキュラム

小玉重夫

1. シティズンシップ教育とは何か

　シティズンシップ（市民性）とは，民主主義社会の構成員として自立した判断を行い，政治や社会の公的な意思決定に能動的に参加する資質をさす概念である。近年，日本を含む各国で，そういう資質を育むシティズンシップ教育を，学校教育の中心的な課題にしようという動きが強まっている。
　たとえばイギリスでは，1998年に政治学者バーナード・クリック（後述）らが中心となって，シティズンシップ教育に関する政策文書（通称「クリック・レポート」）が発表された（小玉，2008；長沼・大久保，2012）。そしてこれにもとづいて，2002年から，中等教育段階でシティズンシップ教育が必修となった。
　この「クリック・レポート」では，シティズンシップを構成する3つの要素が挙げられている。それは，「社会的・道徳的責任」，「共同体への参加」，そして「政治的リテラシー」である。これら3つは，一般にシティズンシップ教育を特徴づける三本柱として位置づけることができる。クリック・レポートの場合，このうち特に重要視されているのは，「政治的リテラシー」である。
　日本でも，まず政策サイドでは，2006年に経済産業省が三菱総合研究所の協力を得て「シティズンシップ教育宣言」を刊行した[注1]。その成果もふまえつつ，2011年には総務省の「常時啓発事業のあり方等研究会」が最終報告書「社会に参加し，自ら考え，自ら判断する主権者を目指して――新たなステージ「主権者教育」へ」を刊行し，「社会参加の促進」と「政治的リテラシーの向上」を掲げて，学校教育における主権者教育の充実を提唱した[注2]。これを

受けて，総務省や各地の選挙管理委員会，明るい選挙推進協会では，若い世代へ向けての選挙啓発活動を活発化させ，2015年5月には「わたしたちが主役！新しいステージ「主権者教育」」と題する映像を制作し，動画サイトで公開した（この映像には小玉も出演）。他方，市民レベルでも，シティズンシップ教育を実践，研究している諸個人，諸団体が緩やかにつながる動きが進み，そのひとつの結節点として，日本シティズンシップ教育フォーラム（J-CEF）が2013年に設立されて，活動を続けている[注3]。

　そうした中で，2015年6月17日に，選挙権年齢を「20歳以上」から「18歳以上」に引き下げる改正公職選挙法が成立した。これにより，国政選挙では，2016年夏の参議院選挙から18歳以上による投票が実現することとなった。そうした状況をふまえ，文部科学省では2022年度の学習指導要領の改訂へ向けて，中央教育審議会教育課程部会の教育課程企画特別部会で，政治参加意識を高めるための高等学校での新科目の導入などの検討に入った。

　18歳選挙権の成立によって，高校3年生の半数近くが有権者ということになる。18歳に選挙権を与えるということは，18歳を大人として社会に位置付けていくことを意味する。このことによって，18歳を大人に，つまり市民にしていくということが中等教育に期待される固有の役割として浮上し，中等教育の再定義がもとめられることとなる。この，18歳を市民にしていくという点から中等教育のカリキュラムをとらえなおすことは，カリキュラム・イノベーションをテーマとする本書の課題にとっても中心的なテーマである。

　以上の関心にたって，本書の背景であるカリキュラム・イノベーション研究会では，東京大学教育学部附属中等教育学校（以下，東大附属）の教員と連携して，シティズンシップ教育グループを組織し，シティズンシップ教育のカリキュラム研究に取り組んだ。

2. シティズンシップ教育グループの活動

　シティズンシップ教育グループは，序章で示した4つの研究ユニットのうち，社会参加の学習ユニットに所属し，さらにそのなかの「市民性教育プロジェクトA」を担当している（序章の図0-2を参照）。メンバーとしては，大学（研究

科）からは，川本隆史，片山勝茂，金森修，小玉の4名が参加した。また，東大附属からは，江頭双美子（国語），橋本渉（社会），武田竜一（社会），野﨑雅秀（社会），村野光則（社会），小澤功（美術），松村厚子（英語），岡野友美（英語），成合弘太郎（体育），井口成明（体育）の10名が参加した。本節では，シティズシップ教育グループがどのような活動を行ってきたのかを述べたい。

　まず，シティズンシップ教育グループとしての活動方針であるが，すでに東大附属で行われている授業や活動のなかに，シティズンシップ教育につながりうるものを探し，意味づけ，カリキュラム開発につなげていくという点を重視した。つまり，研究者がもっているモデルやプログラムを適用し，開発するという形ではなく，すでに行われている授業や活動を重視し，実践批評を通じてカリキュラムの形を再発見し，カリキュラム開発につなげていく形を重視した。いいかえれば，「研究－開発－普及モデル」から，「実践－批評－開発モデル」への転換をめざした。

　そのために，各年度に3回ずつ，計9回の研究会を開催した。1年目（2011年度）は授業や活動の検討を行った。そのなかで特に，シティズンシップ教育の柱のひとつである「政治的リテラシー」に注目し，そのコアを後述する「争点を知る」という点を中心に実践化の可能性について問題関心を共有し，議論した。2年目（2012年度）はそこからシティズンシップ教育につながるものを整理，抽出した。3年目（2013年度）は，モデル実践とカリキュラムの提案を行うという方針で，活動を進め，各教科の中で市民性につながる要素を抽出しつつ，総合や道徳とリンクしてシティズンシップ教育のカリキュラム化につなげていく道筋を検討した。

　また，以上の活動と並行して，2013年度には，メンバーが手分けしてシティズンシップ教育を実践している学校や教育委員会を視察し，意見交換を行う場を持った。7月12日に神奈川県立湘南台高校を訪問し，参議院選挙の模擬投票を参観した。9月7日には小中一貫校である品川区立日野学園を訪問し，品川区のシティズンシップ教育を視察した。11月28日には，お茶の水女子大学附属小学校を訪れ3年生（岡田泰孝教諭）と4年生（佐藤孔美教諭）の「市民」の授業を参観した。2014年1月22日には，京都府八幡市立男山東中学校を訪問し，2年生と3年生の2つの授業を参観した。また，その際，谷口正弘

(八幡市教育長），水山光春（京都教育大学教授），小山和幸（八幡市教育委員会指導主事）の各氏からお話を窺った。

以上の活動を経て，参加した各メンバーが，シティズンシップ教育のモデルとなり得る実践を提案し，カリキュラム開発をしていくうえでの基礎資料とするべく論文を執筆し，報告書『シティズンシップ教育のカリキュラム開発』にまとめた（小玉編，2014）[注4]。そこで提案されている各実践は，本グループでの議論を経て，書かれたものである。

以下では，上記報告書に収録されている各論稿での実践的提案の基礎をなす，シティズンシップ教育の原理とカリキュラム提案の方向性を，2つの視点から整理してみたい。ひとつは，論争的問題の教育を中心とした政治的リテラシーの視点である（第3～4節）。もうひとつは，論争に向き合う市民が政治的主体としてどのように形成されるのかを，異質な他者と関わり合う越境者という点からとらえる視点である（第5節）。その上で，各論稿での実践的提案の方向性を整理し，そこから抽出されるシティズンシップ教育のカリキュラム開発の方向性を展望したい（第6節）。

3. 論争的問題の教育

本研究会のシティズンシップ教育グループの実践の中では，社会科（高校では地歴科，公民科）と保健分野での実践が，政治的リテラシーを育てる論争的問題の教育に焦点化して，実践を行っている。具体的には，エネルギー問題を扱った武田竜一の実践，領土問題を扱った野﨑雅秀の実践，消費税制度を扱った橋本渉の実践，国際連合の結成を扱った村野光則の実践，保健分野で高齢社会の授業を行った成合弘太郎の実践である。

武田実践では，2年生を対象とした社会科（地理）の授業でエネルギー問題を扱った。原子力発電所の将来について異なる政策を持つ3人の候補から，班ごとに議論をして1人に投票する「原発総選挙」の授業を実施した（武田，2014）。野﨑実践では，3年生の社会科（歴史）の中で，領土問題を取り上げた。日本政府の主張を理解するとともに，中国との間でどのような関係，主張の違いが形成されてきたのかを歴史を通じて学び，将来の両国間のよりよい関係の

あり方について考え，議論を行った（野﨑，2014）。橋本実践では，4年生（高校1年生）の現代社会で，消費税の益税制度（消費者の支払った消費税の一部が国庫に納入されず事業者の利益となる制度）を扱った。各政党の議員と会計士に教室に来てもらってそれぞれの見解を聞き，それをもとに判断と議論を行う授業が行われた（橋本，2014）。村野実践は，4年生（高校1年生）の世界史Bで第2次世界大戦の終結と国際連合の結成を扱った。特に，国際連合設立にいたる過程で連合国間に存在した第2次世界大戦を総括する仕方の違いに注目し，平和の構築や戦争を防ぐための条件について考える授業が展開された（村野，2014）。成合実践では，4年生（高校1年）の保健分野の授業で高齢社会の問題を扱った。その際，将来の生活設計におけるリスクの問題，年金制度の問題を学習した後，公的年金や社会保障制度の在り方について，その是非を含めて考える授業を行った（成合，2014）。

　これらの5つの実践はいずれも，社会的事象や歴史的事象の中にある論争，争点や，異なる複数の意見と向き合い，その中で自分だったらどのように判断するのかを考えることを通じ，政治的リテラシーを養おうとするものである[注5]。そこでこれらの実践の理論的な意義を，論争的問題の教育という視点からあらためて位置づけてみたい。

4. 政治的リテラシーと論争的問題の教育

　政治的リテラシーと論争的問題が結びついているという点は，前述のクリック・レポートや総務省の報告書においても重要視されているポイントである。以下では，この政治的リテラシーと論争的問題の結びつきについて，イギリスでシティズンシップ教育の理論的基礎を築いたバーナード・クリック（Bernard Crick, 1929-2008）の議論によりながら検討したい。

　クリックはイギリスを代表する政治学者である（小玉，2008）。後述するハンナ・アレントの影響を強くうけ，政治教育の重要性を早い段階から主張し続けてきた。クリックが政治教育を重要視する背景にあるのは，政治そのものを擁護しようとする視点である。そうした視点が端的に示されているのは，1962年に刊行された著書『政治の擁護』（邦訳書名は『政治の弁証』）においてであ

る (Crick, 1962)。そこでクリックが強調するのは, 政治とイデオロギーの違いである。すなわち,「政治的思考はイデオロギー的思考と対照をなす」といい,「政治はイデオロギーを供給できない。イデオロギーは政治の終末を意味する」と述べる (Crick, 1962: 36＝邦訳書, 1969: 49)。イデオロギーというのは, ある特定の考え方に基づいて社会を変革しようとする思想であり, これに対して, 政治というのは, ある特定の考え方を主張するのではなく, 多様な考え方や価値をいかに共存させ調停させるかに関わるものだというのが, クリックの政治観である。ここから, 次のような政治の定義が述べられる。

> 政治は, 不当な暴力を用いずに, 分化した社会を支配する方法なのである。ということは, 二重の意味を持つ。歴史的には, 利益の相違と道徳的観点の差異とを多彩に含む社会がすくなくともいくつか存在する, ということであり, 倫理的には, 調停が強制よりも好まれるということである。(Crick, 1962: 114 ＝ 1969: 151)

このように, クリックによれば, 政治の本質は, 対立の調停や異なる価値観の共存にある。よって, そのような異なる価値が対立している場合に, 論争的問題での争点をいかに理解するかにこそ, 政治的リテラシーの核心があるということになる。前述したクリック・レポートの全体の構成のなかで, その最終章に位置しているのが「論争的問題をどう教えるか」という節であるのは, まさにこの点と深く関わっている。この「論争的問題をどう教えるか」という点こそが, 政治的リテラシーの教育において, 中心をなしている。クリックは1970年代に政治的リテラシーの構造図を理論化しているが, そこで扇のかなめに位置しているのが,「争点を知る」という点である。(Crick, 2000: 71＝2011: 102, 図12-1を参照)。

この点は, すでに『政治の擁護』においても提起されていた点であるが, クリックの政治的リテラシーのとらえ方の特徴をつかむ上での鍵になるところなので, あらためて確認しておきたい。すなわちクリックによれば,「政治とは, 相異なる利益の創造的調停である。利益を主に物質的なものとみなすか, 精神的なものとみなすかは問わない。実際には, 両者が混じり合っているのが普通である」という (Crick, 2000: 36＝2011: 58)。

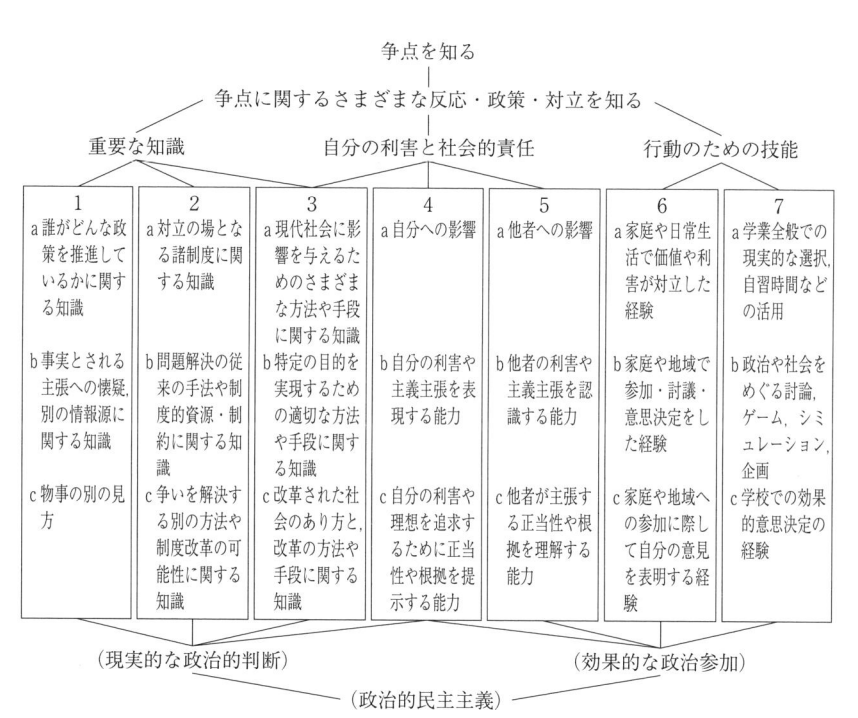

```
                            争点を知る
                               │
             争点に関するさまざまな反応・政策・対立を知る
        ┌──────────────────────┼──────────────────────┐
     重要な知識              自分の利害と社会的責任          行動のための技能
```

1	2	3	4	5	6	7
a 誰がどんな政策を推進しているかに関する知識	a 対立の場となる諸制度に関する知識	a 現代社会に影響を与えるためのさまざまな方法や手段に関する知識	a 自分への影響	a 他者への影響	a 家庭や日常生活で価値や利害が対立した経験	a 学業全般での現実的な選択，自習時間などの活用
b 事実とされる主張への懐疑，別の情報源に関する知識	b 問題解決の従来の手法や制度的資源・制約に関する知識	b 特定の目的を実現するための適切な方法や手段に関する知識	b 自分の利害や主義主張を表現する能力	b 他者の利害や主義主張を認識する能力	b 家庭や地域で参加・討議・意思決定をした経験	b 政治や社会をめぐる討論，ゲーム，シミュレーション，企画
c 物事の別の見方	c 争いを解決する別の方法や制度改革の可能性に関する知識	c 改革された社会のあり方と，改革の方法や手段に関する知識	c 自分の利害や理想を追求するために正当性や根拠を提示する能力	c 他者が主張する正当性や根拠を理解する能力	c 家庭や地域への参加に際して自分の意見を表明する経験	c 学校での効果的意思決定の経験

```
       └──────┬──────┘                              └──────┬──────┘
       (現実的な政治的判断)                              (効果的な政治参加)
                    └──────────────(政治的民主主義)──────────────┘
```

図12-1 政治的リテラシーの構造（Crick, 2000）

　このようにクリックは，強制によらず調停によって多様な利害や価値観の共存を図るのが，政治の本質だという。そういう意味での政治がないと，社会は，強制に基づく支配の社会になってしまったり，あるいはイデオロギーに基づく唯一の価値観が支配する全体主義の社会になってしまったりする。そういう全体主義や強制が支配する社会に陥らないためにこそ，政治が社会に存在することが重要なのだとクリックは考える。政治的リテラシーとは，まさにそうした多様な利害や価値観の対立のなかにあって何が争点であるかを知ることである。したがって，政治的リテラシーが身についたと言えるのは，「主立った政治論争が何をめぐってなされ，それについて主立った論者たちがどう考え，論争がわれわれにどう影響するかを習得したときである。また，政治的リテラシーが身につくと，特定の争点をめぐって自分で何かをしようとするとき，効果的に，かつ他人の誠意や信条を尊重しながら事に当たるようにもなる」とクリックは

いう (Crick, 2000: 61 = 2011: 89)。

　以上でみてきたように，政治的リテラシーにおいて前節の諸実践が取りくんだような論争的問題の教育，争点を知るということは，扇の要に位置づく最重要のポイントであり，それは政治それ自体の存在論的な定義に由来するものなのである。

　そのうえでさらに問題となるのは，そうした論争に向き合う主体，言い換えれば異質で多様な意見や争点と向き合い，それを判断する政治的主体がいかにして形成されるのかという点である。シティズンシップ教育のカリキュラムは，この点をも視野におさめることが要請される。本研究グループでは，この課題については，社会科だけではない，広く多様な教科や教科外活動の実践の中で追究が行われた。次節ではその点を述べたい。その際，これらの実践に共通する特徴として，越境する市民を育てることを通じての政治的主体形成という点に注目したい。

5. 越境する市民を育てる

　以下で取り上げるのは，OECD（経済協力開発機構）東北スクールに参加した井口成明の実践，国語科でフォト・リテラシーの授業を行った江頭双美子の実践，英語学習にシティズンシップ教育を導入した岡野友美の実践，道徳の時間で話し合いによる共同作業を行った松村厚子の実践である。

　井口実践は，OECD東北スクールに生徒と参加し，東日本大震災で被災した東北地方の復興活動に取り組んだ実践である。OECD東北スクールは，福島，宮城，岩手の中高生を中心に2012年3月から2014年10月にかけて行われた，ワークショップやテーマ別活動などの，課外活動を中心とした教育プロジェクトである。井口実践では，このプロジェクトに東大附属の生徒が東京チームのメンバーとして参加し，福島，宮城，岩手の各県で活動を行ったり，OECDの本部があるパリで活動報告会を行ったりした（井口，2014）。江頭実践は，1年生の国語で，メディアリテラシー教育の一環としてメディアに登場する写真を読み解く授業実践である。一見何気なく写っている写真の背後に，どのような政治的意図が隠されているのか，政治家の写真や新聞記事の写真などを題材に

考える授業が展開されている（江頭，2014）。岡野実践は，3年生の英語で，英語による平和メッセージの発信やキング牧師のスピーチトーナメント，イギリスの中学生とのビデオレターなどを通じての交流等を行った実践である。特に，イギリスの中学生との交流活動では，同年代の生徒同士で時事問題などを議論し，国を超えて意見や感情を伝える試みが展開された（岡野，2014）。松村実践は，1年生の道徳の時間にグループで竹ヒゴを使ったタワーづくりを行い，その振り返りを行うというものである。実践のアイディアのもととなったのは，実践者がシンガポールで参観したマシュマロとスパゲティーの束でタワーを作るという活動であり，異なる文化を持つ人同士が一つの国をつくるというシンガポールの課題に即した「話し合いの練習」としてのシティズンシップ教育であった。松村の実践は，これを日本のシティズンシップ教育に導入する試みである（松村，2014）。

以上の4つの実践をここでは，越境する市民を育てる実践として，特徴づけてみたい。ここでいう越境とは，単に生徒が地理的に越境するという意味だけにとどまるのものではなく，生徒が自分自身の生育歴の中で身につけてきたものの見方や考え方を，地理的な越境（井口実践）や，異質な他者との出会いとその相互交流（岡野実践，松村実践），あるいは既知の概念の批判的な相対化（江頭実践）によっていったん中断し，より広い視野へと開いていくことを指している。

哲学者のジャック・ランシエールは，政治的主体化について述べた著作の中で，以下のように述べる。

> あらゆる主体化は，脱自己同一化（アイデンティティの相対化）であり，あたりまえのものとして自明視されている場所からの離脱であり，それによって，誰もが認められるような空間が開示されることである。（Rancière, 1998: 36 = 2005: 71）

ここでランシエールがいうように，市民が政治的主体になるということは，自分自身のアイデンティティを，「自明視されている場所からの離脱」によって相対化することである。この離脱は，地理的，空間的な離脱である場合もあれば，自分自身の内面において自明視している認識やとらわれからの離脱であ

第12章　シティズンシップ教育のカリキュラム——173

る場合もある。そうした離脱が，越境である。

　論争に向き合う主体，異質で多様な意見や争点と向き合い，それを判断する政治的主体とは，したがってこのような意味での越境する主体にほかならない。ここで取り上げた4つの実践はそのような越境する市民を育てる教育の端緒となり得る実践として位置づけられる[注6]。

6. シティズンシップ教育のカリキュラム開発へ向けて
　　——「考える市民」の方へ

　以上，シティズンシップ教育の課題を，論争的問題の教育と，越境する市民を育てる教育という2つの課題に沿って整理し，研究グループで取り組まれた9つの実践をそこに位置づけてみた。これを図示すると，図12-2のようになる。これは，今後日本の学校がシティズンシップ教育のカリキュラム開発に取り組むうえでも参考になる整理であると考える。

　この図の縦軸は，論争的問題の教育と越境する市民を育てる教育のどちらにより焦点化されているかを示している。横軸は，カリキュラムの構造として，シティズンシップ教育に焦点をあてた領域特化型（教科型）であるか，他教科や総合学習の視点を含んだ教科横断，領域横断型であるかを示している。本グループの研究では，右上と左下に実践が集中しているが，学校でシティズンシップ教育を取り組むうえでは，各象限のそれぞれに焦点化した実践が行われることが想定されるだろう。

　その際に，あらためて確認しておきたいことは，ここで示した論争志向と越境志向は，二者択一の課題では必ずしもなく，むしろ，この両方が交差するところではじめて，論争と向き合い，政治的判断と意思決定を行う市民が育っていくという点である。

　特に，論争に向き合い，争点を知るという営みにおいて重要なのは，複数の価値や理念が対立しているときに，そのことの意味を深く問い，考えるということである。たとえば，クリックに影響を与えた政治思想家のハンナ・アレントは，対話的思考の重要性を唱え，考えるということは，自分のなかのもう一人の自分と対話をすること，すなわち，「一者のなかの二者（the two-in-one）」を自分自身の内に構築することであると述べている（Arendt, 1971: 179-193 = 1994:

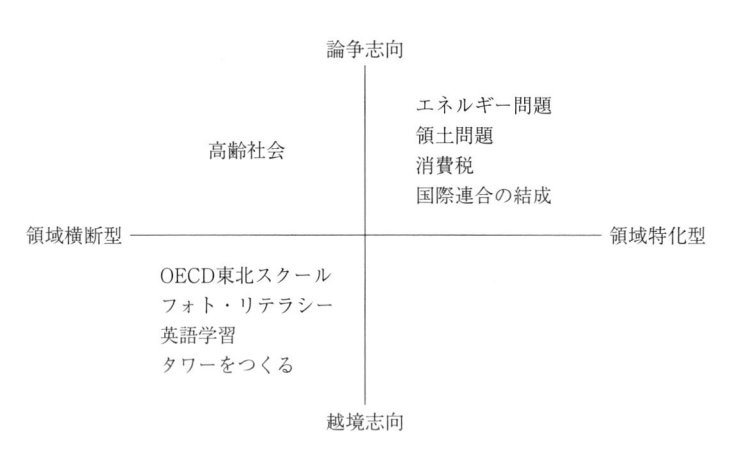

```
                        論争志向
                          │
                          │  エネルギー問題
             高齢社会      │  領土問題
                          │  消費税
                          │  国際連合の結成
領域横断型 ─────────────────┼───────────────── 領域特化型
                          │
           OECD東北スクール │
           フォト・リテラシー│
           英語学習        │
           タワーをつくる   │
                          │
                        越境志向
```

図12-2　シティズンシップ教育課題のマトリックス

208-224)。

　児童や生徒のなかにもう一人の自分との対話的思考を促すための教師の実践の特徴を考える際に，前述のランシエールの影響も受けている教育哲学者のビースタ（Biesta, 2011）は示唆に富む提起をしている。すなわち，ふだんの教室で行われている実践のなかで，教師がなにげなく発する「みなさんはこれについてどう考えますか」（What do you think about it ?）という問いを「中断のペダゴジー」（pedagogy of interruption）とよび，この中断のペダゴジーにおいては「教育は与える過程であることを止め，問いを発する過程へ，難問を発する過程へと転化する」という（Biesta, 2006: 150）。ここでビースタがいう「中断」とは，もう一人の自分との対話によってこれまで自明と思ってきたことを立ち止まって再考するということである。

　したがって，中断のペダゴジーにおける問いは，ある答えへと誘導する問いであってはならず，むしろ迷わせ，混乱させるような問いである必要がある。また，そこでの問いは，教育に先立ってあらかじめ答えが決まっている問いではなく，「教育のなかで答えが繰り返されうるような，開かれた問い」であるとビースタは述べる（Biesta, 2006: 151）。このような中断のペダゴジーによって，もう一人の自分との対話的思考が促されるというわけである。このような対話的思考は，政治的リテラシーの教育において，論争的問題の争点がどこにある

のかを深く考えるためにも，きわめて重要な意味を持つ（田中・村松，2014a, 2014b）。

　ここで述べた対話的思考の教育は，論争的問題の教育と，越境する市民を育てる教育という二つの課題が交差する地点において，はじめて可能となるものである。それを，考える市民の育成として位置づけることができるだろう。いわば，シティズンシップ教育を通じて，政治的リテラシーを備えた「考える市民」を育てる課題を追究していくことが強く求められている。

［注1］以下のサイトから全文入手可能。http://warp.ndl.go.jp/info:ndljp/pid/281883/www.meti.go.jp/press/20060330003/20060330003.html
［注2］以下のサイトから全文入手可能。http://www.soumu.go.jp/menu_news/s-news/01gyosei15_02000033.html
［注3］以下のサイトを参照。http://jcef.jp/
［注4］報告書『シティズンシップ教育のカリキュラム開発』は，全文が以下のサイト（UTokyo Repository）に収録されている。http://repository.dl.itc.u-tokyo.ac.jp/
［注5］シティズンシップ教育グループに属する実践ではないが，2014年度に東大附属が文部科学省の委託を受けて行った「消費者教育推進のための調査研究」では，「コンビニエンスストアなどで食事を購入し，家庭や学校で食べる中食」に着目し，「消費者としての判断力や批判的思考力を身につける題材として用いたカリキュラム」の教科横断的な研究に取り組んだが，これも，論争的問題の教育に通じる視点を含んでいる（東京大学教育学部附属中等教育学校，2015）。また，東大附属での社会科の実践を中心に，論争的問題を扱っているものとしては，橋本編（2014）も参考になる。
［注6］シティズンシップ教育グループに属する実践ではないが，東大附属の課題別学習（3年生と4年生を対象とした総合学習）のなかで取り組まれた沖縄体験学習の実践は，まさにここでの越境する市民を育てる実践の先行事例として，注目すべきものとなっている。この実践に関しては，2015年3月23日に東大附属を会場として行われた，生徒も参加したシンポジウム「アクティブラーニングの可能性とその条件——探究的学習の視点から」で発表され，議論が行われた（福島，2015）。このシンポジウムの様子については，東京大学大学院教育学研究科学校教育高度化センターのサイトにも掲載されている。http://www.schoolexcellence.p.u-tokyo.ac.jp/event/435/

参考文献

井口成明（2014）.「OECD東北スクールに参加して——エンパワーメントとしての復興

教育」(http://hdl.handle.net/2261/55958)，報告書『シティズンシップ教育のカリキュラム開発』所収．

江頭双美子（2014）．「国語科授業におけるシティズンシップ教育の試み――フォト・リテラシーの授業実践」(http://hdl.handle.net/2261/55959)，報告書『シティズンシップ教育のカリキュラム開発』所収．

岡野友美（2014）．「シティズンシップ教育を意識した英語学習」(http://hdl.handle.net/2261/55960)，報告書『シティズンシップ教育のカリキュラム開発』所収．

片山勝茂（2014）．「市民性教育における議論・熟議――熟議民主主義と議論・熟議の基本的ルール」(http://hdl.handle.net/2261/55967)，報告書『シティズンシップ教育のカリキュラム開発』所収．

小玉重夫（2008）．「バーナード・クリックとイギリスのシティズンシップ教育」特定非営利活動法人 Rights ほか編『18歳が政治を変える！　ユース・デモクラシーとポリティカル・リテラシーの構築』現代人文社．

小玉重夫（2013）．『学力幻想』ちくま新書．

小玉重夫（編）（2014）．『シティズンシップ教育のカリキュラム開発』（2011-2013年度日本学術振興会科学研究費補助金・基盤研究 A「社会に生きる学力形成をめざしたカリキュラム・イノベーションの理論的・実践的研究」（課題番号：23243080）シティズンシップ教育グループ研究成果報告書，2014年5月1日，東京大学大学院教育学研究科小玉研究室（本章では，報告書『シティズンシップ教育のカリキュラム開発』と略記する．）．

武田竜一（2014）．「エネルギー問題とシティズンシップ教育の接合――2年社会科地理の授業実践から」(http://hdl.handle.net/2261/55961)，報告書『シティズンシップ教育のカリキュラム開発』所収．

田中智輝・村松灯（2014a）．「政治的リテラシーの重層性――論争的問題を扱った授業を手がかりに」，日本シティズンシップ教育フォーラム第1回シティズンシップ教育ミーティング第2セッション発表（2014年3月15日，立教大学）．

田中智輝・村松灯（2014b）．「政治的リテラシーの重層性―― J. ランシエールの「政治」と「ポリス」に着目して」，日本教育学会第73回大会テーマ型研究発表（2014年8月23日，九州大学）．

東京大学教育学部附属中等教育学校（2015）．『中食からつなげる多面的な消費者教育』（平成26年度文部科学省消費者教育推進のための調査研究事業報告書，http://www.hs.p.u-tokyo.ac.jp/wp-content/uploads/2015/04/H26customer.pdf）．

成合弘太郎（2014）．「4年生　健康・生活　高齢社会の授業実践」(http://hdl.handle.net/2261/55962)，報告書『シティズンシップ教育のカリキュラム開発』所収．

長沼豊・大久保正弘（編）（2012）．『社会を変える教育』キーステージ 21．

野崎雅秀（2014）．「「領土問題」を多角的に考える——日本・中国・沖縄・台湾の視点から」（http://hdl.handle.net/2261/55963），報告書『シティズンシップ教育のカリキュラム開発』所収．

橋本　渉（2014）．「代議士，会計士を迎え議論を行う授業の実践——消費税増税と消費税制度をテーマに（4 年生，現代社会）」（http://hdl.handle.net/2261/55964），報告書『シティズンシップ教育のカリキュラム開発』所収．

橋本　渉（編）（2014）．『シティズンシップの授業』東洋館出版社

福島昌子（2015）．「境界を越える探究的学習とアクティブラーニングの実践」『ガバナンス改革と教育の質保証に関する理論的実証的研究——平成 26 年度報告書』（研究代表者：大桃敏行，課題番号：26245075）東京大学大学院教育学研究科大桃研究室．

松村厚子（2014）．「竹ヒゴで高く，美しいタワーをつくる——道徳の時間で「話し合い」と「良いクラス作り」を考える」（http://hdl.handle.net/2261/55965），報告書『シティズンシップ教育のカリキュラム開発』所収．

村野光則（2014）．「第 2 次世界大戦の終結と国際連合の形成（授業実践報告）」（http://hdl.handle.net/2261/55966），報告書『シティズンシップ教育のカリキュラム開発』所収．

Arendt, H. (1971). *The life of the mind*. A Harvest/HBJ Book（アレント，佐藤和夫（訳）（1994）．『精神の生活・上』岩波書店）

Biesta, G. J. J. (2006). *Beyond learning: Democratic education for a human future*. Paradigm.

Biesta, G. J. J. (2011). *Learning democracy in school and society*. Sense Publishers.（ビエスタ，上野正道・藤井佳世・中村（新井）清二（訳）（2014）．『民主主義を学習する——教育・生涯学習・シティズンシップ』勁草書房）

Crick, B. (1962). *In defence of politics*. Weidenfeld and Nicolson.（クリック，前田康博（訳）（1969）．『政治の弁証』岩波書店）

Crick, B. (2000). *Essays on citizenship*. Continuum.（クリック，関口正司監訳（2011）．『シティズンシップ教育論』法政大学出版局）

Crick, B. (2002). *Democracy*. Oxford University Press.（クリック，添谷育志・金田耕一訳（2004）．『デモクラシー』岩波書店）

Rancière, J., translated Rose, J. (1998). *Disagreement*. University of Minnesota Press.（ランシエール，松葉祥一・大森秀臣・藤江成夫（訳）（2005）．『不和あるいは了解なき了解』インスクリプト）

第 13 章
正義とケアの編み直し
脱中心化と脱集計化に向かって

川本隆史

はじめに──主題とアプローチの設定

　「社会参加の学習」のパートに配された本章では，これまで別々の教科や科目で扱われてきた「正義」と「ケア」との《編み直し》を試みる[注1]。《編み直し》とは，イマニュエル・ウォーラーステインが社会科学の「19 世紀パラダイム」の限界を剔抉するために採った《unthinking》（Wallerstein, 1991）という身構え（＝方法的態度）に対して，鶴見俊輔が与えた絶妙の訳語を拝借したものである。鶴見によれば，unthink は「考えを戻す，またその考えを振りほどく」という反復行為を表す動詞であり（鶴見，1994：2-3），セーターをほどいて同じ毛糸で次のセーターを身の丈に合わせて編み直すように，ある思想体系（たとえばマルクス主義）に間違いが見られたからといって，これをそっくりそのまま廃棄するのでなく，誤りに対する共感をくぐりながら私たちの必要に合わせて元の思想を再編成する働きを指す（鶴見，1997：310（朝日文庫版：337））。
　そうした身構えをもって《カリキュラム・イノベーション》の協働作業に取り組むべく，中等教育の趨勢に目を向けてみよう。まず一方には，裁判員制度（実施は 2004 年から）を 1 つの契機として推進されてきた「法教育」がある[注2]。この分野の理論の洗練および実践の展開を通じて，「正義」という価値の教え方・学び方の理解が深まり，それが法教育の基軸をなしているように見受けられる。他方，高等学校の専門学科に開設された「看護」や「福祉」といった教科では，「ケア」の学びが必須の教育内容を構成しているだろう。この 2 つの動向を視野に収めながらも，以下では「一人称の話法」（first-person narrative）を駆使して，私自身の"学びの履歴"を顧みるというアプローチを

あえて選択する。「教育はパーソナルな経験から切り離すことができない（we cannot separate education from personal experience）」（Noddings, 1992: xiii（邦訳：15-16））と喝破した教育哲学者ネル・ノディングズの至言を引くまでもなく，教育と「一身上のことがら（the personal）」との間に深いつながりがあるのは否めない。教育という営みに即して，「正義」および「ケア」を編み直す——両者にまとわりついている固定観念をほぐし，つなげる——にあたって，パーソナルな（個人的かつ人称的な）語りが突破口となることに期待したい。

　18歳の春から始めよう。1970年4月，文系志望だった私は教養学部の法学部進学コースに入学した。ところが，一般教育課程を修了して専門課程の3年次にどうにか進級しはしたものの，「正義感覚」や「リーガル・マインド」の育成を目当てとしていたはずの法学の勉強から完璧に落ちこぼれてしまい，文学部倫理学科への転学部（脱走！）を余儀なくされる。幸いにもこの学科で師友に恵まれ，カントの『宗教論』（1793年）と格闘した卒業論文，そして同書の「根本悪」の社会哲学的意義を解明する修士論文を書き上げて，博士課程に進んだ。そして，忘れもしない1977年7月14日の大学院ゼミの席上，担当教員からジョン・ロールズの『正義論』（初版1971年）という書物があることを知らされる。その日のうちに原書を入手し繙読を開始した私は，「最大幸福」を謳いながら幸福の分配を問わない功利主義との全面対決を企て，カントを頂点とする社会契約説の正義観（「公正としての正義」）を現代的に再構成しようとするロールズのねらいに深く共鳴した。さらに，「最も不遇な人びとの暮らし向きを最大限改善せよ」と命じる再分配の要請（「格差是正原理（difference principle）」）や生活と学問の双方に向き合いつつ，道徳原理の定式化を目論む倫理学方法論（「反照的均衡（reflective equilibrium）」）にも，目からウロコが落ちる思いが湧いた。こうして『正義論』を嚆矢とする，まともな社会のあり方をめぐる活発な論議（いわゆる「現代正義論」）のとりこになっていったのである。

　1980年4月，女子大学に職を得た私は，女子学生たちの顔および声——この2つが「人格」＝パーソンの核を形成している——に日々接することを通して，女性学やフェミニズムの問題提起の切実さが自分なりに得心できるようになり，関連文献の渉猟に着手した。その過程で出会い，強い衝撃を受けたのが，

発達心理学者キャロル・ギリガンの話題作『もうひとつの声』(Gilligan, 1982)
だったのである。関係する事態の全体を満遍なく見渡して「何が正しいのか」
を考究する「正義」の視点が，社会倫理学にとって肝要であることは論をまた
ない。しかしながら，目の前で苦しんでいる一人ひとりの有言・無言の訴えに
「どのように応答すればよいのか」を模索する「ケア」の視点も，欠かせない。
女子学生たちとギリガンの書を講読するうちに，それまでもっぱら「正義」の
方面ばかりを注視してきた私の視野狭窄に気づかされたのだった。

1. 社会倫理の「定義域」を拡げる──ロールズからギリガンへ

ロールズからギリガンへと読み進んだ個人的な経緯は，上述のとおり。これ
をもう少し抽象度を上げて言い換えると，社会倫理の「定義域（domain）」を
拡げて，ロールズ（さらには心理学者ローレンス・コールバーグ）が重要視す
る「正義」や「権利」だけでなく，「ケア」や「責任」をもカバーしようとす
る拡大路線を選んだということになる。

正義感覚の発達を中軸とするコールバーグの「三水準六段階」の道徳発達理
論やギリガンのコールバーグ批判については旧稿（川本，1995：67-70；川本，
2002a；川本，2008：33-46）に譲り，本節では3つの引用文をもって，私がギリ
ガンから学んだポイントを振り返るとする。

一番目は，従来の道徳発達理論に伏在していた「男性中心主義」を，ギリガ
ンが鋭くえぐり出した文章である。

「ノーマ・ハーンの調査とコンスタンス・ホルスタインの研究は，次のことを暗に示
している。女性の判断は，感情移入と思いやり（empathy and compassion）の感情
に結びつけられており，仮想のものではない実在のディレンマの解決に関心を向ける
傾向が大いにあること，そしてその限りにおいて女性の道徳判断は男性のそれとは異
なるということ。しかし，発達を査定するカテゴリーが男性に関する調査から引き出
されているがゆえに，男性の標準から逸脱しているということは，たんなる発達の失
敗に過ぎないと考えられてしまう。そしてその結果，女性の思考は子どもの思考とお
なじ程度のものとして分類されてしまいがちとなる。しかし，女性の発達をうまく包
み込める代わりの基準がないということは，男性の手によってつくられ，しかも男性

第13章　正義とケアの編み直し──181

および思春期にあまりに偏った調査サンプルを持ち出して確証された理論（＝コールバーグの「三水準六段階の道徳発達」理論のこと（引用者））にはそもそも限界があることを示してくれる。そればかりではない。女性たちが無力であるためにこうむっている制約や男女の関係を貫く政治が厳然と存在するため，彼女たちはみな自信をなくし，自分自身の声で（in their own voice）公然と発言するのを嫌がるようになっていることも，合わせて教えてくれるのである。」(Gilligan, 1982: 69-70（邦訳：121-122））

ギリガンはコールバーグが跡づけた道徳発達の筋道を「正義の倫理」と呼び，自分が女性の声から聴き取った「ケアの倫理」と比較照合する。「正義の倫理」の場合，道徳の世界は複数の「権利」が競合する場と見なされ，公平・中立な裁判官のような立場で権利間の優先順位を判定することによって，問題の解決が図られる。そして「正義の倫理」の基底には，他者から「切り離された」自己，「自律・自己決定」の主体である自己といった人間像が横たわっているという。これとは対照的に，「ケアの倫理」では一人ひとりの他者に対する複数の「責任」が衝突し合う場として道徳の世界を捉えるため，そうした衝突を解決するためには「文脈＝情況（コンテキスト）に即した物語り的な思考様式」が求められる。さらに，この倫理を支える人間観によれば，自己とは他者との「相互依存性」やネットワークの内部に居場所を有する存在であると了解される。そこでギリガンは，「正義の倫理」と「ケアの倫理」が目指す人間関係の相違をこう際立たせた。

「不平等の経験を通じて正義の倫理が，人間相互のつながりの経験を通じてケアの倫理が，それぞれ生み出される。すなわち正義の倫理が理想とする人間関係は，自己と他者とが（力の違いがあるにもかかわらず）対等の真価を有するものとして扱われ，ものごとが公正（fair）に運ばれるという見通しであるのに対して，ケアの倫理の人間関係の理想は，〈誰もが他人から応えられ仲間に入れてもらえ，一人ぼっちで置き去りにされ傷つけられるような人はいない〉という見通し（the vision that everyone will be responded to and included, that no one will be left alone or hurt）にほかならない。」(Gilligan, 1982: 62-63（邦訳：109））

『もうひとつの声』が発火点となった「正義対ケア」の論争に関しては，品川哲彦の労作（品川，2007），教育哲学会第54回大会の研究討議「教育におけ

る正義とケア」(『教育哲学研究』第105号,教育哲学会,2012年),関西倫理学会の機関誌『倫理学研究』第44号 (2014年) に掲載された〈シンポジウム　正義とケア〉,および拙論 (川本,2015) の参照を勧めるにとどめ,フェミニズムと批判理論とのクロスオーバーを進めてきた女性哲学者セイラ・ベンハビブの的確な総括でもって本節を結ぶことにする。彼女は,コールバーグとギリガンの論争を,①公共圏における「一般化された他者」(法的権利の主体) および②親密圏における「具体的な他者」(ニーズを訴える主体) という2種類の他者像の間における見かけ上の対立に遡って解き明かした上で,ギリガンから託された課題と解決の方向性を以下のように展望した。

> 「キャロル・ギリガンが聴取しているのは,自分たちとは縁もゆかりもない仕方で設定された道徳的ディレンマに直面し,まったく興味をそそらない自己の捉え方を突きつけられた女たちが発した複数のつぶやき,抗議,異論 (those mutterings, protestations and objections voiced by women) である。こういった声が道徳理論においてこれだけ過小評価されてきたのはどうしてか (why),そして私たちの文化における道徳的自律の支配的な諸理念および道徳の領域の (権利タームによる) 特権的な定義とが共謀して女たちの声を黙らせ続けているのはどのようにしてか (how)。この2つの問いを解明できさえすれば,私たちは次のような希望を本気で抱けるようになるに違いない。つまり,一般化された他者でありかつ「具体的な他者」として仲間たちを捉え,そうした仲間と私たち自身とを (切り離すのではなく) 一本化された観点で把握する見方へと移行しうるとの希望である。」(Benhabib, 1992: 170 (邦訳：201-202——ただし大幅に訳し変えている))

「自分たちとは縁もゆかりもない仕方で設定された道徳的ディレンマ」が,コールバーグの考案になる「ハインツのディレンマ」を,「まったく興味をそそらない自己の捉え方」が他者から切り離され,「自律・自己決定」の主体へと祭り上げられた「自己」(「正義の倫理」のベースをなす自己像) のことをほのめかしているのは明らかだろう。女性たちの「つぶやき,抗議,反論」の声に耳を傾けることを通じて,「法的権利の主体」であるだけでなく,「ニーズを訴える主体」でもある仲間たちを迎え入れることが可能になる。少数派や社会的弱者が発信する「もうひとつの声」をノイズとして聞き流すことなく,しっかり傾聴する姿勢は,「法教育」や「看護」「福祉」の教育の当事者のみならず,

いやしくも教育に関与しようとする者ならば身につけてしかるべきではなかろうか。

2. 名詞（ケア）を動名詞（ケアリング）に変換する
　　――ギリガンからノディングズへ

　1986年の夏,『もうひとつの声』の訳書を通読したのをきっかけに，ギリガンの仕事の追跡を始めた私だが，その後たまたま入手したインタビュー記事 (Gordon, 1991)[注3]によって，ノディングズの教育論の一端を知らされた。私が何よりも啓発されたのは，ギリガンにおいて,「苦しみの緩和」「ニーズへの応答」として，ある意味で一方向的な性格を附与されていた「ケア」という名詞を,「ケアリング」という動名詞へと切り替えて論じようとした点である。そして,「ケアする人（carer）」と「ケアされる人（cared-for）」との間に一方的な援助ではなく,「互恵性＝助け合い（reciprocity）」という双方向的な関係が形成されるところに着目したノディングズは,「ケアリング」に準拠した道徳教育の組み換えを企図し (Noddings, 1984)，次いで「ケアリング」を中心原理に据えた大胆な学校改革プランを提起したのだった (Noddings, 1992)。

　このノディングズの意欲作『学校におけるケアへのチャレンジ』(Noddings, 1992)[注4]は《カリキュラム・イノベーション》への示唆に満ちていると思われるので，少し立ち入って検討するとしよう。

　「学校の第一の任務は子どもたちをケアする（care for）ことにある」(「序章」)との主義主張から説き起こした本書は，まず社会と教育に関する現状分析に取り掛かる（第1章「社会の深刻な変化に対する，教育の浅薄な対応」)。20世紀後半に生じた凄まじい社会変動の結果，これまでのように，家族というつながりに「ケアリング」(成員のニーズに応え，世話し，心を砕く営み)の要求を丸々負わせるのが無理になってきたのではないか。だとすれば，他の制度，とりわけ学校こそがその要求に応じるべきであるのに，現代の学校教育は薄っぺらな対策しか提供できていないと断じる。

　次いで第2章「ケアリング」では，マルティン・ハイデガーに始まり，アイリス・マードック，シモーヌ・ヴェイユ，そしてギリガンにいたる博引傍証を重ねて,「ケアリング」の意義と教育との関連性を主題化する。「ケアリングこ

そがあらゆる教育の成功の根幹を形成するのであって，現代の学校教育はこの観点から再活性化されうる」というのが，この章の結論をなす。

　第3章「ディシプリンを超えて——リベラル・エデュケーション批判」では，職業や専門職に就くための教育ではない「一般教育」用の科目群で構成される「リベラル・エデュケーション」，具体的には教科（discipline）で縦割りにされた学校教育が俎上に載せられる。「リベラル・エデュケーションは人間の能力の限られた部類しか利用しないので，一般教育に相応しくない理想である」と批難するのだが，その主たる理由は次の3つである。

　（1）合理性や抽象的な推論（理性使用）の狭隘な形式に力点をおき過ぎていること。

　（2）生活の精神面を過度に強調するあまり，もっぱら身体を使って生活する人たち（肉体労働者など）を生徒たちが見下すようになること。

　（3）カリキュラムの大半が男性の生活を称揚しているため，女性と結びつけられてきた価値や態度や行為（その代表格が「ケアリング」である）が無視あるいは省略されてしまうこと。

　そうした「道徳上の欠陥を有する学校教育」に取って代わるべき学校像を練り上げるのが第4章「ひとつの代替的な見通し」である。「子ども，老人，病者，障碍者，あるいは他の人に依存している人びとに対する直接的なケアを関心の的とし，責任の中心に据える当事者たちによって，教育が計画され学校制度が構成されたらどうだろうか」という，ラディカルな対案が打ち出される。

　第5章「ケアリングと継続性」での洞察は，小学校教師および高校の数学教師を勤めたノディングズのパーソナルな経験に裏づけられている。《学校でのケアに突きつけられた難題》に取り組もうとするなら，4つの「継続性」を計画的にねらわねばならないという。第一に，学校がケアの中心拠点であり続けるべきだとする「目的の継続性」。第二に，「学校の所在地の継続性」（3年以上，望むらくは6年間，子どもたちが同じ場所に通学できること）。第三に，「教師と生徒の継続性」（教師と生徒が，お互いの合意に基づいて3年もしくはそれ以上の期間を一緒に過ごせること）。第四に，「カリキュラムの継続性」（ケアや人間の能力の全領域に対する尊重を教えてくれるカリキュラムが維持されること）である。

第6章から第11章では，ケアリングを核とするカリキュラムの大要が描き出される。すなわち，生徒たちにとって一番身近な当人の「身体」のケアリング（運動や遊びを通じての成長と健康管理）を起点とし，目には見えない「理念」のケアリング（数学や美術の学び）にいたる6つの段階（それはまたケアリングの同心円の拡大過程とも重なる）でもって，教科別の学校教育への対抗カリキュラムが肉づけされる。
　ここでは「正義とケアの編み直し」につながる省察を，第8章「見知らぬ人や遠く離れた他者へのケアリング」の結びの部分から抜萃しておくとしよう。

　「知的障碍や，視覚・聴覚・精神の障碍，身体の麻痺，あるいはこれらとは別種の障碍を負った人たちと〈私たち〉との距離感をしばしば経験する」。この「距離感」は，私たちが馴染んでいる応答の形式を，そうした障碍者たちから引き出すのが難しいことに由来する。しかしながら，「重度の心身障碍者に愛情をもって上首尾に働きかける人たちは，理性と同等の価値のある，人間の応答の別の形式をたいてい見出している。〔……〕これらの応答が可能な存在は，他者の中にケアリングによる触れ合い（caring contacts）を持とうとする欲求を引き起こすはずである」（Noddings, 1992: 124（邦訳：232））。

　最終の第12章は「学校で始めるにあたって」と題されている。学校教育をどのようにスタートさせればよいのかについて，ノディングズが示した以下6つの提言（Noddings, 1992: 174-175（邦訳：310-313））は，《カリキュラム・イノベーション》のガイドラインにも準用できはしないだろうか。

　(1)「教育の主要な達成目標は，有能・適格にして思いやりがあり，愛し愛される人びと（competent, caring, loving, and lovable people）を輩出するところにおかれるべきである」。
　(2)「居場所を求める（児童・生徒たちの）ニーズを，引き受け満たすこと（Take care of affiliative needs）」。
　(3)「管理しようとする衝動を緩めること」。
　(4)「授業科目間の上下関係を取り除くこと」。
　(5)「毎日の学校生活の中で，少なくとも一部の時間をケアの諸テーマにあてること」。

(6)「あらゆる分野におけるケアリングは，(ケアしケアされる関係性だけでなく)適格性・力量を含意するものであることを，生徒たちに教えること」。ケアリングには，安っぽく感傷的な要素はまったく含まれていない。むしろそれは強靱で弾力性・回復力に富む人間生活の屋台骨（the strong, resilient backbone of human life）なのである。

3. ケアと正義の連携・接続を見極める
―― ノディングズから再びロールズへ

最後の節に移る。まずは，「正義とケアの編み直し」を直に促してくるノディングズの著作をもう1冊挙げておこう。「ケアし合う社会（caring society）」の構想を全面展開して，リベラリズムに領導されてきた社会政策の限界を克服しようとした力作『〈ホーム〉から始める』（Noddings, 2002）――このタイトルは，理想国家の叙述からスタートして，そうした国家を支える家庭や家族の役割は副次的にしか論じてこなかったプラトン以来の伝統を覆し，「最善の〈ホーム〉」の描写から出発して，より規模の大きな社会が実施すべき政策へとたどり着こうとするプランを端的に表明している。ケアしケアされる感覚が〈ホーム〉――すなわち，「私はここにいるよ（"I am here"）」という頼もしい呼びかけを発しながら，他者のニーズに注意深く応答するひとりの人物が待ち受けている場所――において発生すると見抜いた著者は，この始まりの地点を真剣に受けとめ，そこを本拠地（home）とするケア（互いのニーズに対して積極的に応答し合う営み）に基づく社会政策を素描し，「ケアの公共倫理（a public ethic of care）」を構築しようとする。

同書の第3部は，現行の社会政策のうちで他者のニーズに対する応答を妨げてきたものを精査し，多様なクライエントのニーズに適切に応じうるような柔軟な政策こそが，福祉の専門家集団を導くべきだと主張する。そこでは，法実務や社会事業に従事する専門家の自由裁量の必要性，彼らの裁量権の乱用を防止するための審議会や非公式のカウンセリング・グループの設置，生命倫理の難問（人工妊娠中絶，重度の障碍を負った新生児の治療停止，安楽死の是非……），DV被害者と加害者との仲裁・和解，都市環境の整備と環境教育，死刑廃止論，ホームレス問題とその対策（閉鎖中の軍キャンプ施設を開放するなど），〈ホーム〉へのニーズと権利，薬物常用者や犯罪者を社会に再統合する方

策といった，広範囲のトピックが取り上げられている（川本，2004: 24）。

ちなみに，この本は「正義対ケア」論争にも一石を投じていた。直接的・対面的な世話やいたわりを意味する「ケアリング・フォー（caring for）」と，私たちから離れたところに暮らす人びとを気にかける「ケアリング・アバウト（caring about）」との区別を踏まえて，後者が正義を求める有力な動機を提供し，正義の中身の大半を生み出すと考える（Noddings, 2002: 3）。したがって，正義そのものはケアリング・アバウトに左右されるのだが，そのケアリング・アバウトはケアリング・フォーに依拠する。正義とケアを二項対立させて両者の優劣を競わせるのでなく，ケアする活動を2種類の動名詞に分割した上で，正義とケアの相互連携（interplay）を浮き彫りにしようと努めるのである。

では，そもそもロールズの『正義論』には，「ケア」（もしくは「ケアリング」）が入り込む余地はなかったのだろうか。私はそう考えない。一部のフェミニストたちが差し挟んだ，そうした疑念を解きほぐす手がかりは，『正義論』第三部の第8章「正義感覚」の第75節「道徳心理学の諸原理」にある。

「**第一法則**：家族の制度が正義にかなっており，その上で両親が子どもを愛し，子どもの善（幸福）に心を砕く（caring for）ことによって親の愛を表明しているならば，子どもは自分に対する両親の明白な愛を認識し，彼らを愛するようになる。

第二法則：第一法則に則った愛着（attachment）を習得することによって仲間意識を抱く個人の能力が実現されており，かつ社会的な制度編成は正義にかなっていて，さらにすべての人によって正義にかなっていると公共的に知られていることを前提とするならば，その個人は，他の人びとが明白な意図をもって彼らの義務と責務を遵守し，そしておのおのの持ち場における理想に従って生活している限り，当該の交友関係・結社（association）の中で他の人びとに対する友愛の情と信頼の絆（ties of friendly feeling and trust）を発達させる。

第三法則：最初の二法則に則った愛着を形成することによって仲間意識を抱く個人の能力が実現されており，かつ社会の諸制度は正義にかなっていて，またすべての人によって正義にかなっていると公共的に知られているならば，その個人は，自分やおのれが世話を焼いている人たち（he and those for whom he cares）がそうした制度編成の受益者であることを認める限り，それに相応した正義感覚（the corresponding sense of justice）を習得する。」（Rawls, 1999: 429-430（邦訳：642-643））

上記の引用箇所は，マクドーガル，ピアジェ，コールバーグを援用したロールズ流の「道徳性の発達」の三段階説（①権威の道徳性→②交友関係・結社の道徳性→③原理の道徳性）を「道徳心理学の三法則」へと書き換えた部分に相当する。すなわち，道徳性の３つの発達段階に対応して，①親密圏での愛・愛着，②仲間どうしの友愛・信頼，③社会制度の受益者であるとの自覚に裏打ちされた正義感覚，以上の３つを段階的に身につけていくというシナリオが描き出されている。

　最後に，ノディングズの論法とも通じる論述を含んだ箇所を，同じ第75節から抜き書きしておく。「互恵性」以下の文章をとくに熟読玩味してほしい。

「それ（＝上述した心理法則の三番目の特徴）は，３つの心理法則は観念連合の原理や強化（reinforcement）の原理に過ぎないものではないということである。心理法則は，これらの学習原理と一定の類似性を有してはいるが，愛や友情といった能動的な情操そして正義感覚でさえ，私たちの善（幸福）のために行為しようとする他の人びととの明白な意図（＝他者の善意）に起因していると断言している。私たちの良好な暮らしを他の人びとが願っていると認識しているので，その返礼として，人びとの暮らしよさに私たちは心を砕くようになる（we care for their well-being in return）。それゆえ，私たちの善（幸福）が人びとや制度から影響を受けていることをどのように理解するのかに準じて，人びとや制度に対する愛着を私たちは習得していく。（ここで）基本的な理念となるものこそ，互恵性（助け合い）という理念，すなわち同じことで返礼・応答しようとする傾向性（a tendency to answer in kind）なのである。［……］同じことで返礼・応答することによって陶冶された正義感覚の能力は，人間の社交性の一条件（a condition of human sociability）であるように思われよう。」(Rawls, 1999: 433（邦訳：647-648）)

　家族・親密圏でのケアリングの授受を出発点として，親子間の愛，仲間どうしの信頼，さらには公共的な正義感覚が順次体得されていくとするロールズの「道徳心理学」もまた，「正義とケアの編み直し」の指針を提供してくれる。

おわりに──《脱中心化》と《脱集計化》の手法

　方法論に関して２点，見通しを記して本章を結ぶ。

1つ目は,「当事者性の〈脱中心化〉」を「正義」の編み直しの手法とすること。ケアやケアリングの観点をとった場合,ニーズを訴える当事者やニーズが発生する現場が,当然ながら重視される。当事者の苦しみやニーズは本人にしかわからない,現場に身をさらさなかった者は発言する資格がない……といった断定が,一定の説得力を持つことも理解できなくはない。だからといって,当事者や現場関係者以外はものを言うなということになると,およそ対話や議論なるものが行き詰まるだろう。また,当事者や現場を固定してしまうと,当事者間の差異や現場内部の対立が見えなくなる危険性すら生じてくる。そこで,当事者性や現場性を〈脱中心化〉(decentration) してみる――言うまでもなく,この術語はピアジェの発達心理学から借用しており,「自己中心性」(自分中心のものの見方)を脱却して,ものの見方・観点が複数あることを自覚していく認知発達プロセスを意味している。当事者や現場を尊重しつつも,その人たちを中心部に張り付けてこと足れりとするのではなく,当事者や現場をたえず中心からずらし分散・複数化していく作業を通じて,観察者の視点をも取り込んだ公平さへと徐々に近づいていけるものと考えたい。
　具体例を挙げておこう。東日本大震災から1年後に編まれた文集に,漫画家のこうの史代が以下のような意味深長なメッセージを寄せていた。

　「今は,この国のいたるところに「がんばろう日本」「がんばろう東北」と書いてある。／「がんばろう」に対して「がんばっています」は圧倒的に少ない。／あんなにがんばっているのに。／自分ががんばっているかどうかは,案外その時には判らないものだ。しかも,もっとがんばらねばならない事だけは判っているからだ。／代わりに,「我々はまだまし」という言葉を多く聞いた。／津波の来なかったところは来たところと比べて。原発事故に巻き込まれた町と比べて。死んでしまった誰かと比べて。[……]／こうしてどこまでも,仕切りを作って,まだましな「外側」の人間だと思おうとしてしまうんだろうか。「内側」の人への同情をもって,がんばっている自覚のないまま,がんばろうとしてしまうんだろうか。／でも,「外側」になってみないと判らない事だってある。／「外側」に伝わらなくては意味がない事だっていくつもある,とわたし達は知っている。／心を澄ましておこう。／「内側」から囁かれる何かを,「外側」の人間として,ひとかけらずつ受け取ってゆこう。／そしてもっと「外側」の誰かへ,「内側」の人間として伝えようと思う。」(こうの,2012:105-107)

下手な解説は控えておこう。「内側」から囁かれる何かを「外側」から受け取り、そしてもっと「外側」の誰かへ伝えようとする——「当事者性の〈脱中心化〉」とは、こうしたたゆまぬ試行の謂いなのである。

　２つ目は、「各種の集計量・集計概念の〈脱集計化〉」を「ケア」の編み直しの機軸とすること。〈脱集計化〉（disaggregation）とは、貧困・飢餓に立ち向かうアマルティア・センの身構えを開発経済学者の峯陽一が見事に言い当てたもので（峯, 1999；2011）、さまざまな集計量や集計概念を分解・解体することにより、個々の構成要素が人びとの暮らしよさ（well-being）にどう影響しているのかを突き詰めていく流儀を指す。各種のデータに対する「脱集計化」を怠らなかったセンだからこそ、現代の飢饉が人口および食糧供給量という２つの「集計量」の相関（アンバランス）によっては説明できないことや、「家計」という経済主体として一括された老若男女の中に「非決定者」（消費や貯蓄といった一家の暮らしを左右する意思決定に参与できない当事者）が伏在している局面をも看破しえたのである。「脱集計化」は、まさしく一人ひとりのいのちを世話し暮らしを気にかける「ケア」（caring for および caring about）を発条としている。だとすれば、児童・生徒一人ひとりに向かい合うことなく、クラスや学年、学校といった集団単位で括って評価を下しがちな教師の姿勢を正すのに、「脱集計化」が有効な手だてとなるに相違あるまい[注5]。この手法の使い道はほかにも考えられる。学習指導要領や教科書に盛り込まれている各種の概念のこわばりをほぐして、児童・生徒の腑に落ちるものへと嚙み砕いていく際に、この「脱集計化」が活用できるかも知れない[注6]。

　40年ほど前、障害児教育の現場から発せられた「脱集計化」の訴え——それが「一群の子どもたちを「障害児」としてくくり出して異質化する「障害児の教育権」思想を批判する」（篠原, 1986：2）著述へと結実していった——に耳を澄ませながら、本章を閉じるとしよう。

> 「たみちゃんという名の「障害児」、きみ君という名の「障害児」、そして、みよちゃんという名の「障害児」は、「手細工のにがてな」たみちゃん、「こまかいものを見るのに不自由な」きみ君、そして、「一斉授業になかなか慣れない」みよちゃんとして受けとめなおされなくてはならない。」（篠原, 1976：153-154）

第13章　正義とケアの編み直し——191

[注1] 本章の執筆にあたって，小論（川本，2012）の一部をアレンジして組み込んだことをお断りしておく。

[注2]「法教育」については「法と教育学会」（2010年設立）の学会誌『法と教育』をはじめ，少なからぬテキスト・資料集がすでに出版されている。拙稿（川本，2009）も参照されたい。

[注3] 著者スザンヌ・ゴードン（ジャーナリスト）の取材を受けたのは，ノディングズのほか，看護学者のパトリシア・ベナーと哲学者のチャールズ・テイラー。三者いずれも現代の道徳的行き詰まりを打開するものとして，「ケア」を引き合いに出していた。このインタビューを目にした後，佐藤学による行き届いた紹介と批評（佐藤，1995）を合わせ読んで，ノディングズへの関心がさらに掻き立てられたと記憶している。

[注4] 邦訳のタイトル『学校におけるケアの挑戦』は，いささかミスリーディングではなかろうか。正確には「ケアの」ではなく「ケアへの」だし，「挑戦」だと「チャレンジ」のニュアンスを伝えきれない。むしろ《学校でのケアに突きつけられた難題》と解したいところである。

[注5] 均質集団としての「全体（total）」と全身全霊を傾けた個別状況への取り組みを支える「まるごと（whole）」とを峻別し，「まなびほぐし（unlearn）」にまで説き及んだ鶴見俊輔の教育論にも，次のような《脱集計化》の促しが読める——「国民主権国家という形のほころびを学校の教室でもはっきり見せたほうがいい。それが現在および未来の問題なのだから。それを生徒が口にするとき，教師がマニュアルどおりでなく，一緒に考えるようでありたい。国民というかたまりが，コンクリートのように隙間のないものにすることをどうしたらさけることができるか。それが，今の教育の問題だ。」（鶴見，2010：157）

[注6] 高等学校公民科「現代社会」の教科書を分担執筆した私には，「人権」や「権利」，「責任」，「自由」といった抽象概念を動詞や形容詞・形容動詞へとほぐしてパラフレーズした体験がある（川本（2002b）参照）。

参考文献

川本隆史（1995）．『現代倫理学の冒険——社会理論のネットワーキングへ』創文社．

川本隆史（2002a）．「キャロル・ギリガン『もうひとつの声』」，江原由美子・金井淑子（編）『フェミニズムの名著50』平凡社，所収．

川本隆史（2002b）．「公民科教育という試練の場——〈教育における臨床の知〉に寄せて」，『教育学研究』69, 4．

川本隆史（2004）．「ケアの倫理と制度——三人のフェミニストを真剣に受けとめること」，日本法哲学会（編）『法哲学年報2003——ジェンダー，セクシャリティと法』有斐閣．

川本隆史（2008）.『共生から』（双書・哲学塾），岩波書店.
川本隆史（2009）.「公民科教育・市民性の教育・法教育――「法と倫理をつなぐもの」をめぐるパーソナルな覚書」，大村敦志・土井真一（編）『法教育のめざすもの――その実践に向けて』商事法務，所収.
川本隆史（2012）.「正義とケアへの教育――たえずロールズとノディングズを顧みつつ」，法と教育学会（編）『法と教育』Vol.2，商事法務，所収.
川本隆史（2015）.「"ケア"は猫を殺せても，哲学者の息の根を止められはしない――社会倫理学からのコメント」，竹下賢ほか（編）『法の理論33』成文堂，所収.
こうの史代（2012）.「外側の人へ」，岩波書店編集部（編）『3.11を心に刻んで』岩波書店，所収.
佐藤　学（1995）.「ケアリングとしての教育――学校再生への指標」，『学び　その死と再生』太郎次郎社，所収（初出は『ひと』1995年3月号，太郎次郎社）.
品川哲彦（2007）.『正義と境を接するもの――責任という原理とケアの倫理』ナカニシヤ出版.
篠原睦治（1976）.『「障害児」観再考――「教育＝共育」試論』明治図書.
篠原睦治（1986）.『「障害児の教育権」思想批判――関係の創造か，発達の保障か』現代書館.
鶴見俊輔（1994）.「Unthinkをめぐって――日米比較精神史」，京都精華大学出版会（編）『リベラリズムの苦悶――イマニュエル・ウォーラーステインが語る混沌の未来』阿吽社，所収.
鶴見俊輔（1997）.『期待と回想』上巻，晶文社（下巻との合本は『期待と回想――語り下ろし伝』朝日文庫，朝日新聞社，2008年）.
鶴見俊輔（2010）.『教育再定義への試み』岩波現代文庫，岩波書店（原本は同じ出版社より1999年に刊行されている）.
峯陽一（1999）.「開発研究にセンがもたらしたもの」，『経済セミナー』3月号，日本評論社.
峯陽一（2011）.「人間の安全保障と開発の哲学」，『国際問題』603号，日本国際問題研究所.

Benhabib, S. (1992). *Situating the Self: Gender, Community and Postmodernism in Contemporary Ethics*, Polity.（部分訳＝セイラ・ベンハビブ「一般化された他者と具体的な他者――コールバーグ－ギリガン論争と道徳理論」，マーティン・ジェイ編，竹内真澄監訳『ハーバーマスとアメリカ・フランクフルト学派』，青木書店，1997年，所収）
Gilligan, Carol (1982). *In a Different Voice: Psychological Theory and Women's Develop-

ment, Harvard University Press; reprinted with a new preface by the author, 1993.（キャロル・ギリガン，岩男寿美子監訳『もうひとつの声——男女の道徳観のちがいと女性のアイデンティティ』川島書店，1986 年）

Gordon, S. (1991). "Modern Moralists: Some influential thinkers offer visions of how we might lead good lives in an increasingly complex world", *The Boston Globe Magazine*, December 1.

Noddings, Nell (1984). *Caring: A Feminine Approach to Ethics and Moral Education*, University of California Press.（ネル・ノディングス，立山善康ほか訳『ケアリング：倫理と道徳の教育——女性の観点から』晃洋書房，1997 年）

Noddings, Nell (1992). *The Challenge to Care in Schools: An Alternative Approach to Education*, Teachers College Press; second edition published in 2005.（ネル・ノディングス，佐藤学監訳『学校におけるケアの挑戦——もう一つの教育を求めて』ゆみる出版，2007 年）

Noddings, Nell (2002). *Starting at Home: Caring and Social Policy*, University of California Press.

Rawls, John, (1999). *A Theory of Justice*, revised edition, Harvard University Press.（ジョン・ロールズ，川本隆史・福間聡・神島裕子訳『正義論（改訂版）』紀伊國屋書店，2010 年）

Wallerstein, I. (1991). *Unthinking Social Science: The Limits of Nineteenth Century Paradigms*, Polity Press.（イマニュエル・ウォーラーステイン，本多健吉・高橋章監訳『脱＝社会科学——一九世紀パラダイムの限界』藤原書店，1993 年）

第 14 章
社会における学びと身体性
市民性への問い返し／社会教育の視点から

牧野　篤

1. 自己実現の自由と学校——「問い」を問い返す

社会教育の基本的な特徴

　社会教育は近代産業社会において学校教育の普及とともに公的に組織化され，学校制度との対比によってその発達形態を規定されるものと理解されてきた（宮原，1977；小川・倉内，1964）。そこにはたとえば，学校教育の補足，拡張，代位，移行，以外，さらには「組織化の道程に上りつつある」もの（春山作樹）という表現が与えられてきた。それはまた，初期においては就学督励として，その後は学校教育を補足しつつ，民衆統治すなわち自治民育を進め，民衆を国民へと形成する主要な方途として，小学校区を基本とする行政区画において制度化された。このことは，近代産業社会の発展にともなう社会的な選抜と富の分配による市場の拡大そしてそれらが導く国家的な求心力の強化のために，民衆を動員するとともに，社会問題を解決可能な状態へと組み換えて，社会から排除され，存在を否定されていた人々を常に底辺層から備給して，社会を拡大するための制度として社会教育が構築されてきたことを意味する。

　この過程で，社会教育は，教えるべき内容を持つものとして構成されてきたというよりは，社会的な問題にその都度対処するものとして枠組みが設定され，民衆自身に問題を解決させ，社会の成員へと参入させる形で社会の拡大をもたらすものであった。そのため，社会教育には内容論がないとされる。しかし，それはまた社会教育が，対象を個体主義的に設定するのではなく，社会問題という主に社会の生産関係に規定される課題を前提として，経済発展の必要にもとづく市場の拡大という要請に応えるために，個体を組み込みつつ社会関係を

構成し直して，問題を解決するもの，すなわち社会問題を前提に，それを弥縫して，社会を構成し直し続ける動的なものとして構築されていたことを意味している。

　学校教育が措定した権威主義的な知識を個人に伝達し，それを個人が受容することで，成長・発達が促され，それが国民の育成へと結びつくという個体主義的な筋道とは異なり，社会教育は，個人を社会関係的な存在へと組み換えることで，社会を拡大し，安定させる機能を持つものとして，構成されてきたといってよい（松田，2004；牧野，2012）。それゆえにまた，社会教育は「政治と教育の中間的存在」とも呼ばれてきた（小川・倉内，1964）。これは，教化としてとらえ得る実践においても同様であり，その都度の関係性において実践内容は個別具体的に生成され，組み換えられ，かつ被教育者との間で相互浸透的に決定されていた。社会教育は，このようなダイナミズムを持った「枠組み」として構築されてきたといってよい一面を持っている（小川・倉内，1964；小川，1977）。

　この性格は，今日においても基本的に変わらない。生涯学習の時代に入ってからも，行政論としては，社会教育をいわゆる旧来の教育行政の範疇から逸脱させ，大学・NPO・産業界・民間教育事業者その他との連携や高齢者・青少年福祉，女性行政そしてまちづくりその他の行政領域とも相互に浸透させつつ，概念を拡大し，それを学校教育と家庭教育支援との相互連携の関係に描くことで，生涯学習振興行政を構成しようとする動きが政策的につくられている。しかまた，この行政領域には，目標や内容が設定されることはなく，その都度の社会関係の中にあって，制度が問題を構成する関係性に開かれることで，それぞれのアクターが参入して，事業を展開することが予定されている。

　つまり，社会教育とは，対症療法的で課題主導型の実践でありながら，そこでは課題を解決するための枠組みの構築はなされても，アクターは飽くまで自発的な制度への参画を求められ，しかもその参画は，個体主義的というよりは，関係論的に相互にかかわりあいながら，自らをアクターへと生成し，循環させるという形をとる。そこでは，課題解決のための方途はその都度生み出される関係に規定されるものとなり，事後的にしか構成されることはない。社会教育においては，実践毎に，その実践にかかわる時間と空間のありようは固有性を

持つのであり，社会教育の実践つまり課題解決によって，異質な時間と空間が，その基礎単位である小学校区を基本とした住民の自治コミュニティへと接合されて，社会の変革を促すこととなっているのである。

学校教育の性格

これに対して，学校教育は目的志向的，育成的であり，個体に働きかけて，個体を国民へと育成するという，権威的な知識の分配と所有による自我形成の制度として性格づけられる。そこでは，時間と空間は民衆の日常生活の文脈から切り離されて固有性を失い，均質かつ普遍的なそれとして設計され，子どもたちは，その時間と空間において，身体への働きかけを通して，産業的身体へと形成される。そこではすべての子どもたちは，その日常生活の持つ固有性から切断されて囲い込まれ，彼ら個人の責任に帰することのできない出自などの属性は捨象され，普遍的で権威主義的な知識の体系を受け入れることで，自らの能力を開発することと，その結果のみが重視されることとなる。しかも，各自の能力は努力によって開発され得るというのが学校を支配する科学的な知見である。いわば，平等と画一性のフィクションによって構成されている場が学校という時空なのである。

他方，学校では，限られた社会的な資源の分配と所有をめぐる争いが起こることで社会が混乱するのを避け，かつ社会を発展させるために，民衆の国民への育成は，基本的に（論理的に無尽蔵である）知識の分配と所有による個人の内的な価値の実現として制度的には機能することとなる。そこでは飽くまで，時間と空間の画一化・均質化という身体を通したかかわりによって，各個体を時計時間と均質な空間を生きる，産業的身体を持ち，他者の欲望を欲望する，均質な国民へと育成することが目指されている。しかも，この自己実現は社会進歩・発展と表裏の関係にあり，自己の成長・発達そして内的な価値の実現が，社会の発展と同一視され，国民の統合へと作用しているのである。それはまた，市場を形成することで，市場を通して，相互に「おなじ」国民つまり「われわれ」という信憑を構築して，社会的な統合を強め，相互の信頼を醸成する仕組みでもあった。

このように見てくると，社会教育は関係論的に，民衆を，固有の時間と空間

において，国民化して，国家へと備給する仕組み（民衆を国民という関係性に組み込むことで，欲望を制御し，国民化する制度）として構築されているのに対して，学校教育は個体主義的に，子どもである民衆を，普遍の時間と空間において，経時的に国民へと育成して，国家へと備給する仕組み（子ども一人ひとりを規律訓練を通して国民化する制度）として構築されたといってもよい面がある。この意味では，社会教育と学校教育とは，関係論的か個体論的か，また欲望の制御か規律訓練による育成かという異なるベクトルを持つものとして，相補的に国民教育制度を構成してきたといえる。両者の共通項としては，時間と空間という身体性を媒介としている点を挙げられるが，それも，社会教育は個別具体的な日常生活における時間と空間という身体性を課題化しているのに対して，学校教育は普遍的で人為的・恣意的な時間と空間という身体性を課題化しているものといえる。

自己実現の自由の否定

　この観点からは，本書の「問い」が次のように問い返されることとなる。学校は，単に権威主義的な知識の体系を子どもたちに伝達し，それを受容させることによって，子どもを国民へと育成していたのではなく，むしろ身体性つまり時間と空間の制御を通して，国民形成を行っていたのであり，その意味では，学校におけるメリトクラシーは単なる知識の分配と所有によって機能するものではなく，むしろ時間と空間の制御による身体性を媒介とした知識の分配と所有を反映したものであり，そこには当然ながら，カリキュラム内容としての知識の構造とその受容にとどまらない要因，つまりそれらを受肉化する時間と空間すなわち身体の均質化・画一化が深くかかわっているということになる。
　それはまた，近代産業社会の持つ価値観と通底していた。つまり，コツコツと勤勉にひとつのことをやり遂げるということと知識の分配と所有による自己実現とは表裏の関係にあったのだといえる。学校のメリトクラシーは，その字義通りに知識の分配と所有という単一の尺度による評価と序列化として機能することはなく，家庭の持つさまざまな資本が子どもの学業達成に与える影響を測っていたのである（苅谷，2001；志水，2014；本田，2005；2009；耳塚，2014など）。知識の分配と所有によるメリトクラシーには時間と空間という身体性が貼り付

いており，だからこそ学校は身体を通した規律訓練しかできず，かつ子どもの内的な価値に手を加えることは控えられて，自己実現の競争が学校では学歴競争として組織されたが，その結果，それが社会的なレリバンスの欠如として現象する一面を持っていたのではないだろうか。

　学校は本来的に，社会の要請に応えながらも，個人の内的価値を実現する自己実現の場としての機能を担ってきたのであり，そうだからこそ，学校教育においては常に近代市民社会的価値と現代福祉国家的価値とがせめぎあう構造がつくられざるを得ず（堀尾，1971），それが市民性教育の両義性として課題化されることにもなっていたのだといえる（小玉，2003）。ここで，学校のカリキュラムが，社会的なレリバンスを欠くと批判することは，その意図とは異なり，学校が持つ，日常生活から離れた普遍的な時間と空間において，子どもたちを近代産業社会が求める労働者であり消費者である国民に育成するという，時間軸に沿った規律訓練を行うことおよび内的価値の実現の自由を否定し，むしろ目先の社会的な要請にもとづく人材育成を志向すること，つまり自己実現の自由を否定し，個人の内面的な価値に社会が入り込むことを要請してしまうように思われる。

　なぜなら，社会の近代化過程を終えた今日において，学校が社会的レリバンスを欠くことが課題化されるにあたっては，自己実現の自由を保障する仕組みの基盤である時間と空間という身体性が改めて問われなければならないが，本書の「問い」の枠組みにおいては，それがなされているようには見えないからである。その意味では，この「問い」は，子どもたちの身体性を，個体主義的に描いたまま，さらにその時間と空間を操作可能なもののままにしておいて，社会の職業生活や日常生活と直結させることで，その普遍性を否定し，個別化することを意味してはいないだろうか。そこでは，子どもたちの自己実現は個体主義的なものとならざるを得ないため，市場が構成していたはずの「われわれ」という信憑を解体し，個人を孤立させることへとつながってしまわざるを得ない。それは，社会そのものが変革を自ら放棄することを意味している。

2. 身体性を否定する社会――問い返しの無効化

労働過程の変容と身体性の否定

　しかも，この問い返しの背後には，それを無効化する次のような問題が存在している。私たちの社会過程から時間と空間つまり身体性が排除されるという事態，すなわち労働過程から「生産」が排除されるという事態が起こっているのである。それはまた，学校教育が持つ身体性を否定するものであると同時に，知識の分配と所有という「教育」そのものを問い，生成と循環つまり「学び」への組み換えを要請するものでもある。

　私たちが労働によって商品を生産し，それを市場において流通させるというとき，そこには，労働力の投入による価値の生産がなされ，そうすることでその価値の中に自らを投げ込み，その価値から自らをとらえ返そう，すなわち自己実現しようとする無意識の企図が隠されている。私たちは，存在することですでにこの世界によって，この世界に投げ込まれてしまっているが，それがために，生産によって自らを実現しようとする営みつまり自己実現が可能となる状態にある（ハイデガー，2010など）。ここで自己を実現するとは，自己がすでに世界に投げ込まれていることを理解することであり，それはハイデガーの言葉を借りれば，自己が「世界 - 内 - 存在」であることを理解することである。それは自分が世界へと視点を一旦移行させて，自己を見つめるまなざしを獲得すること，つまり世界にすでに投げ込まれて場所を占めざるを得ない自分が，視点を世界へと移して，自分を見つめることで，自己が世界に場所を占める存在であることを理解すること，すなわちその視点から自己をつくりだし，認識することと同じである。空間と時間つまり場所が，自己という存在をつくりだしているのである（ハイデガー，1994など）。

　しかも，この自己が成立する背景には，価値を生みだす労働力の根拠として私たちが持つ類的な普遍性としての身体が存在している（ネグリ＝ハート，2003；柄谷，1990など）。私たちは，身体というどうしようもなくこの世界に空間と時間を占めてしまう，つまり「ある」ことにならざるを得ない存在を持つことで，商品の背後にある価値の基礎となるべきものを他者と共有し，交換することが

できる。それはまた，身体にもとづく「生産」の市場主義的な基礎であるといってよい。

　しかし，私たちが今日，日本社会で直面しているのは，労働過程から「生産」が排除されるという現実である。この背後には，資本主義が空間的にも時間的にも周縁を失いつつあるという事情がある（水野，2014）。私たちは，生産にともなう対他者性と自己へのまなざしの獲得を否定され，自らの存在の根拠である身体の時間と空間つまり場所を奪われることで，身体性を否定され，さらに身体性に根拠づけられる他者への想像力を否定されることで，他者とともに生きている感覚を失い，自らを「世界 - 内 - 存在」として認識すること，すなわち自己を実現すること，さらには自己の存在を承認することができなくなるのである。

規範権力から環境管理型権力へ（規律訓練から欲望の制御へ）
　このような社会では，権力も規範性を失うことになる。時間と空間に定礎された身体性が失われるところでは，その時間と空間を統治し，人々の身体を管理する超越権力は後景に退く，または成立することをやめてしまう。私たちは常に権力の規範性を他者性として生きることで，その他者へと自らを移行し，規範を自らの超自我へと形成して，共に社会で生きる「われわれ」として存在することができた。しかし今や，この権力の規範性は否定され，私たちは生きる規範を失いながら，自分と他人との比較の中で生きることを余儀なくされている。ここでは，国家のような強大な規範権力は後景に退き，個体間の関係が権力化し，人々を相互に抑制させあうことになる。これを環境管理型権力と呼ぶ。

　このような社会はまた，大衆消費社会と呼ばれる。人々が時間と空間の感覚を共有せず，経時的な達成の価値を見出さず，即時的かつ即自的な価値に重きを置く，事前にわかっている価値や機能を購入するかのようにして生きようとする社会が出現することになる。

　この社会では，人々は，自分を他者との関係で「われわれ」の中の「わたし」として，時間と空間を占める身体を持った存在として，すなわち一貫した「一」なる自我として構築することをやめてしまう。社会的レリバンスそのも

のが無効化するのである。それはまた人々が成長・発達しなくなることを意味する。それはすなわち、ブレークスルーがない社会、つまり達成と自己実現がない社会に生きることでもある。それは「終わらない日常」に支配された社会（宮台，1995）であり，「意味」に囚われとなる社会でもある。

社会の読み替えへ

このような社会では，人々は，意味の強迫から逃れるために，大きな物語のない世界で，対象の小さなディーテールにこだわり，そこに自分にとっての意味や価値を見出すことで「萌える」生き方を見出すことへと移ろっていく。それが過剰な自分語り，つまり他者を想定しない自己表出としての個人のあり方をつくりだす。それはまた，「萌え」の対象を共有し，個人の一方的な自己表出を互いに認めながら，やり過ごすことによって人々が居合わせる，小さなサークルの多様な併存としてこの社会を構成し直すこととなる。サークルが相互に干渉しない島宇宙として併存する社会がつくられるのである。ここで，社会は島宇宙へと分解していくが，この島宇宙においても，人々は互いに他者として認識しあい，自己を他者を通したまなざしから見つめることはせず，自らの「萌え」を過剰に一人語りし続ける，相互にかかわりを持たない存在としてあるに過ぎない（牧野，2011 など）。

この彼らの存在のあり方は「意味」から逸脱する身体としての作法，つまり「まったり」と形容され，個人が個体として，社会から逸脱し続けることが，「意味」の強迫から逃れることだとして，意味づけられもした（宮台，1995; 1997）。

このような社会の構成から，コンサマトリーと呼ばれる新しい存在のあり方が生まれることとなる（古市，2011）。つまり，現状に不満を抱くのではなく，自己を肥大化して他者を蔑むのでもなく，「まったり」とした友人や知人との関係がつくる島宇宙の中で，互いに承認を交わしながら，日々の生活をそれなりに満足して過ごしていく，という存在のしかたを選ぶ若者たちが増えているというのである。

このような彼らの存在のあり方は，「終わらない日常」における「意味」からの逸脱による逃避ではなく，むしろその「意味」を読み替えることで，異なる「意味」を付与し，新たな「意味」を創出することで「日常」を多重に解釈

し，その解釈の中で生きようとするあり方へと展開していく（宇野，2008; 2011）。ここでは，「日常」は，島宇宙が相互不干渉に併存するばらばらな世界ではなく，多重に解釈され，組み換えられる，多重なレイヤーから構成される新しい世界として構造化されることとなる。これを，宇野常寛は〈ここではないどこか〉へのブレークスルーを求めることから，〈いま，ここで〉多重に「日常」を掘り下げることによる新たな世界への解釈と更新だと述べている（宇野，2011）。

3. 身体性の再生へ——分配・所有から生成・表現へ

「Makers 革命」と「生産」の復権へ

このような社会の読み替えは，「Makers 革命」と呼ばれる事態と通じている（アンダーソン，2012）。その主力機器である 3D プリンターは，ネットワーク上の言葉を実体化する道具であるといってよい。それはコンピュータ上の 3DCAD や 3D 画像ソフトで設計された立体物のイメージや画像を幾度も低廉な価格で実体化できる装置だが，イメージや画像そのものはネットワークでつながった人々の言葉によって構成し直され続けるものでもある。言葉は 3D プリンターで実体化されることで，自らの身体を持ち，それが言葉を発する主体の身体によって触れられ，主体の身体との間で対話的関係へと展開するだけでなく，他者がその身体に身体をもって触れ，言葉で解釈し，組み換えることで，実体化された身体が新たな物神として作動しつつ，常にそれを生み出した身体そのものを組み換えて，新たな言葉の表出を誘い，それがまた新たな身体の構成を導くことになる。このことはまた，人々をネットワーク上での言葉の過剰な表出へと誘い，それを他者との間での身体の再解釈と組み換えによる新たなイメージの構成と再構成の不断の循環へと導くとともに，主体である個人そのものを他者との身体的な動的状態として「ある」ものへと組み換え続けることでもある。

しかも，ここで実体化され，身体化された言葉は，他者との関係態としての自己にほかならず，3D プリンターで実体化されたものは，自己と他者との関係が身体化したものであることになる。つまり，新たな自己が，関係態であるモノとして実体化し，自己へと還ってくるのであり，しかもその実体化された

ものは，実体化される端から即座に他者との関係に投げ込まれて，身体によって確かめられ，言葉化されて解体され，新たな関係態へと組み換えられ，再解釈されて，改めて実体化されるものとして扱われることになる。ものの制作過程つまり労働過程から時空が極限まで排除されながらも，自らの身体性は他者との関係の中に担保され，常に即座に言葉によって読み替えられながら，次の身体へと構成し直される自己形成の循環が，まさに自分語りの過剰性として，構築され続けるのである。

常にその場で，自らの言葉を実体化し，身体化することで，他者の身体へと名宛てされ，他者の言葉によって，再解釈され，読み替えられる自分の身体が存在することになる。他者への移行にともなって構成される自我ではなく，より直接的かつ重層的な他者とのいいっ放しのやりとりの中で，自分の身体が他者との関係態として生みだされ続けるのである。

たとえば，筆者の研究室で試みている 3D プリンターを核とした「ものづくりの社会化」プロジェクト・MONO-LAB-JAPAN でも，子どもや市民たちが，ワークショップに集い，またネットワーク上で，自らのイメージを膨らませ，そのイメージを実体化させ，実体化されたものが再び他者との雑談の中に投げ込まれ，即座に新しいイメージへと読み替えられ，組み換えられて，次の実体化へと展開していく姿を見て取ることができる。それは自己と他者との同期または相互の憑依といってもよい状態であり，この同期から，子どもや市民は自分では予期しなかったイメージやアイデアを生み出し，それを言葉で表現し，さらに実体化して，自分の身体を生成し続ける運動に入っているのである。

「Makers 革命」とは，単に製造業がカスタマイズ対応に組み換えられ，個人化するということではなく，労働過程から時空が排除され，人の身体性が否定される社会にあって，人が改めて他者との間で，時空を介さない自己の身体性を獲得し，新たな自我を事後的に形成することを，ものを製造することで実現する新しい社会をもたらすことなのだといえる。人はここで，自己という価値を，ものの製造において，いわば自己を他者へと移行させる疎外論を回避する形で，実現することになるといってよいであろう。

新たな身体性へ

　ものを製造することそのものが自己を生み出し続けることでもあるという関係がつくられるのであり，ここでは，言葉がそうであるように，身体そのものが個人が個体的に所有するものではなく，他者との間で，解釈し直され，組み換えられ続けることでその個人のものである関係論的な身体性として，生成することになる。ここでは，身体性は，言語と身体が他者とともに融合し続ける自己形成の運動として立ち上がる。「わたし」という存在そのものが，他者との言葉による表現態として身体化し続けることで，常に読み替えられ，組み換えられ続ける終わりのないプロセス，つまり運動として生成されるのであって，そこでは，人々を貫く均質の時間や空間は存在しなくなる。それぞれの言葉と身体に固有の時間と空間が，常に相互の関係態としての身体性を構成し続けることになるのである。

　このような社会では，ごく普通の市民が，市場において互いに結びつきながら，既存だが所与ではなく，自ら持つそれぞれに固有の価値と知識と権利を組み換え，生成し，循環させ，変容させ続ける担い手，つまり新たな専門職として立ち上がる。そしてその市場とは，人々が発信者であり，表現者であり，創造者であり，想像者である社会，つまり人々の言葉と身体が存在するコミュニティであることとなる。このコミュニティは，貨幣が媒介する市場ではなく，むしろ人々が，身体性に定礎される想像力によって媒介され，常に関係を組み換えつつ，新しい価値や権利を生み出し続けては，それを読み替えて，新しい言葉と身体をつくりだしていく運動そのものとして「ある」場所となる。この場所それ自体が，人々の運動によって組み換えられ続ける運動態なのである。このコミュニティは，バーチャルなコミュニティであることの可能性を否定しないが，むしろ人々が日常的により直接の関係の中で言葉を交わし，新たな関係態としての身体性を構築する地域コミュニティであったり，ワークショップなどのグループを基本とするコミュニティであることとなる。言葉と身体が関係論的に共有されつつ，読み替えられ続けるような「つながり」が求められるのである。これを「つながり」のコミュニティと呼んでおく。

　この「つながり」のコミュニティは，新しい経済を生みだす基盤でもある。「つながり」のコミュニティにおいては，人々は自らの身体性というリアルワ

ールドを生成し，循環させ続けることとなるが，それはまた，勝手で宛名もなく過剰な自分語りを，自分に宛てられたものとして受け止めて，言葉を返してくれる「誰か」が存在することで生まれる，勝手な贈与と勝手な答礼に始まる，想像力に定礎された贈与の経済として意味づけられるべき関係の生成と循環である。ネットワークやコミュニティにおける勝手で宛名のない過剰な言葉つまり価値の発信は，全方位に拡散され，それを受け止めた「誰か」が自分に宛てられた言葉としてそれを解釈し，さらに誰かに宛てて発信する。これが繰り返されることで，いわば同時多発的にさまざまな言葉の読み替えと再解釈，そしてそれらにもとづく再価値化が進められ，コミュニティが多重に意味づけられながら，多様で多重な価値を構成することになる。このコミュティは，人々が言葉によって，相互に解釈を重ねながら身体を相互性としてつくりだす場所であり，それはリアルな世界としての身体性を他者との関係態として構成しつつ実体化すること，つまり価値あるものとしてつくりだすことで，人々をリアルな世界に生きている実存としての自己実現へと導く場所でもある。

政治的身体性としての市民性

「つながり」のコミュニティで起こっているのは，子どもや市民が偶然居合わせた他者とともに，過剰に自分語りを始め，その過剰な，宛名のない，勝手な自分語りが，他者との間で勝手に受け止められ，他者の自分語りへと展開することで，相互に同期が発生し，思いもよらないイメージや言葉がほとばしり，それがさらに他者との間で勝手な自分語りとして読み替えられ，組み換えられることで，常に次の新たなイメージへと展開し，それが実体化されていくという事態である。それは見知らぬ他者との間で，偶然そこに居合わせたという理由だけで，人は相互に同期し，いわば憑依しあって，自分を新たな関係の中で他者とともにつくりあげながら，自らのイメージを更新し，展開させ，それを実体化しつつ，組み換え，破壊し，改めてイメージ化して，言語化し，実体化するという，自己のつくりかえの作業を延々と続けるということである。

ここに私たちは，新しい自我のあり方を見出すことが求められる。近代産業社会がつくりだした，対他者性を基本とする自己を中心とした自我形成のあり方から，過剰な自分語りによる宛名のない自己表出を，相互に受け入れながら，

贈与と答礼の関係をつくりだし，同期し，憑依することで，予測不可能な自分を生成し，事後的にその過剰性におののきながらも，それを受け入れて，次の過剰性へと駆動されてしまうような，誰がいいだしたのでもない過剰な自分語りに起動されてしまう，受動性を基本とした自我生成への移行である。しかも，この自我生成の運動が，自己実現の実体である商品をつくりだすコミュニティへと社会を展開させるのである。これが，「つながり」のコミュニティの新しい経済の基盤となり，かつこのコミュニティを既存権力とは異なるレイヤーを構成するものとして政治化することとなる。

　この新たな身体性を持ち，他者との間に生成される当事者としての「わたし」という関係性こそが，市民性を体現したものとなり，社会を生成するのである。それはまた，社会的なレリバンスそのものが無効化される既述の社会において，他者との相互性によって新たな身体性を獲得して，社会を生成しつつ，新たに構成していく市民性である。そこでは，社会的レリバンスとは，既存の社会とのかかわりにおける有意味性というよりは，社会を生成し，構成し，変革し続ける政治的な身体性へと組み換えられているといってよい。ここではまた，市民性とは身体性に定礎される他者との関係においてなされる自我生成つまり「学び」の動的な様態であるともいえる。教育の社会的レリバンスを考えるとは，この意味であることが求められるのではないだろうか。

　以上が社会教育的な観点からの問い返しである。

参考文献

アンダーソン，クリス，関美和訳（2012）．『MAKERS——21世紀の産業革命が始まる』NHK出版．
宇野常寛（2008）．『ゼロ年代の想像力』早川書房．
宇野常寛（2011）．『リトル・ピープルの時代』幻冬舎．
小川利夫・倉内史郎編（1964）．『社会教育概論』明治図書．
小川利夫編（1977）．『現代社会教育の理論』（講座・現代社会教育Ⅰ）亜紀書房．
柄谷行人（1990）．『マルクスその可能性の中心』講談社学術文庫．
苅谷剛彦（2001）．『階層化日本と教育危機——不平等再生産から意欲格差社会へ』有信堂高文社．
小玉重夫（2003）．『シティズンシップの教育思想』白澤社．

志水宏吉（2014）．『「つながり格差」が学力格差を生む』亜紀書房．
ネグリ＝ハート（アントニオ・ネグリ，マイケル・ハート），水嶋一憲・酒井隆史ほか訳（2003）．『〈帝国〉――グローバル化の世界秩序とマルチチュードの可能性』以文社．
ハイデガー，マルティン，細谷貞雄訳（1994）．『存在と時間』（上・下）ちくま学芸文庫．
ハイデガー，マルティン，木田元監訳・解説，平田裕之・迫田健一訳（2010）．『現象学の根本問題』作品社．
古市憲寿（2011）．『絶望の国の幸福な若者たち』講談社．
堀尾輝久（1971）．『現代教育の思想と構造――国民の教育権と教育の自由の確立のために』岩波書店．
本田由紀（2005）．『多元化する「能力」と日本社会――ハイパー・メリトクラシー化のなかで』NTT出版．
本田由紀（2009）．『教育の職業的意義――若者・学校・社会をつなぐ』ちくま新書．
牧野篤（2011）．『認められたい欲望と過剰な自分語り――そして居合わせた他者・過去とともにある私へ』東京大学出版会．
牧野篤（2012）．『人が生きる社会と生涯学習――弱くある私たちが結びつくこと』大学教育出版．
松田武雄（2004）．『近代日本社会教育の成立』九州大学出版会．
水野和夫（2014）．『資本主義の終焉と歴史の危機』集英社新書．
耳塚寛明（2014）．『教育格差の社会学』有斐閣．
宮台真司（1995）．『終わりなき日常を生きろ――オウム完全克服マニュアル』筑摩書房．
宮台真司（1997）．『世紀末の作法――終ワリナキ日常ヲ生キル知恵』メディアファクトリー．
宮原誠一（1977）．『宮原誠一教育論集　第2巻　社会教育論』国土社．

● コミュニティへと展開する学校
隠岐島前高校魅力化プロジェクトのとりくみ
牧野 篤

「学び」としてのコミュニティをつくる専門家

　私たちの存在の基礎である身体性が，金融資本主義のグローバル化にともなって労働過程から排除され，私たちは自らの人権と実存の根拠そのものを失いつつある。それはまた，分配論によって構成されていた社会的再生産システムの機能不全と表裏の関係をなしている。このような状況に立ち至って，私たちには自己の身体性を回復しつつ，存在を支える価値そのものを，社会的資源の分配としてではなく，生活の場であるコミュニティを基盤として，他者とともに生成することが求められている。それは，自己のあり方を他者との間で生成し，変化し続けることで持続する関係態へと組み換えることであり，かつ地域コミュニティをそのように構成し直すことである。それは端的には「学び」として生活を，そしてそれが構成する地域コミュニティを生成し続けることと同じである。

　このような個人とコミュニティのあり方を実現するためには，実践論的には，新たな専門職を必要とする。その専門職とは，旧来のような専門知の分配と指導・助言を担う人材ではなく，住民とともに生活し，彼らの言葉にならない感情や思い，日常生活上の課題，そして希望を言語化し，可視化して，彼らに還し，住民自身が他者とのかかわりの中でそれを議論・実践し，日常生活の新たな価値を生成し，かつ組み換え，生活を持続可能なものへとつくりあげていく営みに寄り添い，さらにその実現を行政的な課題へと練り上げていく役割を担うものとしてある。この専門職は，これまでの社会教育主事や公民館主事の新たな形として一考に値するものであり，専門職としての地位と待遇，研修機会を保障され，かついわゆる一般行政からの相対的な自立性が確保されるべきものとして置かれる必要がある。なぜなら，この専門職は，住民が希望を自らの価値として生成し，それを実現することに寄り添う，社会の未来を創造する事業に従事するものだからである。

　このような専門家が寄り添うことで，住民は自らコミュニティ経営の主役となり，分配ではなく生成を基本とする「社会」を構成し，持続させることとなる。この「社会」の駆動因は，個人が他者とともに新たな価値を生成する歓びに定礎された「学び」という，生成・変化し続ける営みである。このとき，コミュニティは「学び」として構成され，その基本的な範囲は小学校区およびそれがネット

ワークされた基礎自治体であることになる。

「学び」へと構成される学校

　それゆえに，このようなコミュニティにおける学校のあり方も，子どもたちを現実生活から隔離し，彼ら固有の身体性を剥奪して，人為的かつ恣意的な時計時間と均質の空間において，普遍的な国民を育成する制度ではなく，それぞれ固有の時間と空間で固有の生を送りながら，他者とともにそれぞれの身体性をともに生きる存在として子どもたちをとらえる場となることが求められる。その上で，子どもたちが，その内的な価値を自己表現へと高め，かつ新たな価値を生成し続けることで，自らの人生を豊かに生きていくことができるような存在，つまりコミュニティにおける現実の主人公として，生成し，変化し続ける存在として自己表現する主体へと自己形成するのに寄り添うことが求められる。このことが，基礎知識の伝達とともに，学校の教師に求められる役割となる。つまり，学校そのものが分配論によって構成されるのではなく，生成論によって構成される，子どもたち自身が新たな価値を実現し，自己表現する場へと構成し直されることが求められるのである。

　このような学校を実現するためには，学校が地域コミュニティに開かれているというだけでなく，むしろ学校が地域コミュニティと地続きになりながら，地域コミュニティが子どもたちの「学び」の場となり，かつコミュニティそのものが学校を取り込んで，子どもとの共生をはかることが必要となる。このとき，子どもの自己形成に寄り添うのは，教師だけでなく，住民とともに生活する社会教育主事などの専門職に代表される，地域コミュニティに暮らす人々であることとなる。つまり，学校において子どもたちに寄り添いつつ，彼らの「願い」「夢」を可視化して，子どもたちが，仲間とともに，自己の価値を実現することを支援するだけでなく，その価値を地域コミュニティへと展開して，子どもたち自身が新たな価値を生成しつつ，それを組み換えて，自分の力で，住民とともに生活を送ることができるように，彼らに寄り添う専門職が必要となるのである。

　しかもこの場合，コミュニティの範囲は小学校区を基本とするが，そこに将来の人生を設計し続けている高校生がかかわりながら，地域コミュニティの一員として小中学生とも協働しつつ，新たな価値を生成し，それを自己表現へと繋げていくことが考えられてよい。地域コミュニティは，多世代のさまざまな人々がともに生きる場として，新たな価値を生み出しては，組み換え，人々の生活を多様かつ多重に生成することになる。子どもたちも例外なく，その場で夢を実現していこうとする，地域コミュニティの担い手なのである。

そしてこのことはすでに，中央教育審議会における「これからの学校教育を担う教職員やチームとしての学校の在り方について」の議論，いわゆる「チーム学校」の検討において，学校と地域社会の連携を担う専門職集団として課題化されている。また，行政組織論としても，生涯学習振興行政のネットワーク型行政への移行として議論されていることと重なるものでもある。ただし，現状では，チーム学校は学校を基本とした学校と地域社会との連携のあり方に焦点が当てられており，学校そのものの機能を社会とシームレスに繋げつつ，生成論にもとづく地域コミュニティにおける子どもの主体形成という議論には展開していない。いまだに分配論にもとづく連携論に終始しているのだといえる。

隠岐島前高校魅力化プロジェクト

現実には，基礎自治体レベルでいくつかの試みがなされ始めている。それはたとえば，高校魅力化プロジェクトと呼ばれる実践であり，その範囲は小学校区のコミュニティとそのネットワークを基本とした基礎自治体である。この先駆的な事例は，島根県隠岐郡海士町の隠岐島前高校魅力化プロジェクトである。

このプロジェクトは，少子化と過疎化で統廃合の対象となった高校を，地元の自治体が維持するために，高校のカリキュラム編成権を利用して，魅力ある学校へと組み換え，生徒増を目指したことを発端とする。その最大の特徴は，高校の魅力化が地元自治体のさらにその基礎となるコミュニティの魅力化と結びついていて，地域コミュニティの永続化を模索するプロジェクトへと展開していることである。

本来，このプロジェクトは，高校の廃校が子育て世代の流出を招き，自治体の存続にかかわると人々に意識されたことで，高校を再生しようとする地元住民の熱意によって始められたものであり，当初は，高校で子どもたちをどう育てるのかが課題化されている。それゆえに，高校の魅力化も子どもたち個人が対象であり，高校時代に育てたい力を構想しつつ，それを実現するために，地域の教育力を動員するという構成をとっていた。

それは基本的には生徒一人ひとりが自分の夢を持つことを支援し，その夢を実現するために，どのような専門性やスキルを身につけ，またどのような経験を積むことが必要なのかが問われ，そのために，学校にできること，地域コミュニティでできることが問い返され，それらが，基礎学力・社会人としての基礎力，そして企業家精神の育成，という形でまとめられ，これらが学校と地域コミュニティにおける多文化協働としてとらえ返されるという文脈を持っている。この一人ひとりの生徒の目標から演繹された教育の構造を，逆向きに帰納的に展開するの

が，高校魅力化プロジェクトであり，地域への愛着・誇り・感謝，貢献意識・当事者意識・進取の気性などを地域コミュニティで養いながら，学校では基礎学力を，そして地域でコミュニケーション能力や対人関係形成力などを育成することが全体の土台として構成される。その上で，一人ひとりの夢つまり未来への意志やキャリア形成・理想・志などを紡ぎ出す支援がなされることになっている。

これらの実践は，高校生たちが課外で学ぶ場所としての隠岐國学習センターという町立の塾で行われる学習指導と「夢ゼミ」と呼ばれる活動によって支えられている。高校のカリキュラムでは，高校生が地域おこしに学びつつかかわる地域創造コースの設置と「夢ゼミ」と連動した「ふるさと教育」の実践が設定されており，生徒たちがまちに出かけて学ぶ仕組みがつくられてきた。「島全体が学校」「地域の人も先生」「地域づくりを通して自分づくりを行う」という考え方にもとづいた実践が進められたのである。その結果，生徒たちもまちの特産品づくりに貢献したり，地域学習で得た知識をもとに島を紹介するビデオをつくったりする活動を繰り広げることとなった。「夢ゼミ」とは，隠岐國学習センターで取り組まれている，個別学習による地域創造コース生の学習とともに生徒の基礎学力の形成・定着と将来設計を支援する実践であり，生徒たちが自分の将来と地域コミュニティでの学習を結びつけつつ，将来の夢を実現する力をつけることが目指されている。

これらを基礎として，高校の魅力化が進められ，さらに島留学という形で，域外からの進学生の受け入れを進めた結果，1学年30名を切っていた高校が生徒増となり，2014年度からは，全学年2クラス化を実現することとなった。

この取り組みを基礎として，2014年度から，高校魅力化プロジェクトは地域の魅力化へと展開し，生徒の人生も地域コミュニティもともに豊かな価値を持つような高校と地域との関係のあり方を模索することとなった。学校をコミュニティスクールとして形成するとともに，地域社会をスクールコミュニティとして位置づけ，学校を基本として，学びを地域コミュニティに広げていくことで，産業を創る人材を輩出し，地域を永続化していく志向性が明確化されることとなったのである。つまり，学校の魅力化が地域における教育の魅力化につながり，そこから教育のブランド化とグローカルな人材の育成を進め，その結果，高校の生徒増に見られるような地域コミュニティにおける子どもの増加，後継者の育成，そして地元への誇りの醸成へと連動して，それが産業創成・地域の魅力化・持続可能性へと結びついていくというイメージである。

高校魅力化プロジェクトの過程で，生徒たちは島と域外とを結ぶ「ヒトツナギ」という活動を展開したり，国際交流を活発化させたりしているが，それを地

域コミュニティへと展開しようとするのである。

高校魅力化コーディネータ

　このようなプロジェクトの展開にとって重要な役割を果たしているのが，高校魅力化コーディネータの存在である。高校と行政とを結ぶコーディネータは，高校魅力化プロジェクトの全体を統括しつつ，子どもたちが地域コミュニティ全体を学びの場として活動できるような条件づくりを精力的に進めている。しかも，このプロジェクトでは，高校魅力化コーディネータと隠岐國学習センター指導員を含めて，島外から多様な人材が集まって，いわば外部からの専門的な人材の集合体が，このプロジェクトを運営し，そこに地元の人々が巻き込まれる形でプロジェクトが展開しているのである。

　このとき，地元で起こっているのは，当初，このプロジェクトに反対であった人々も含めて，子どもたちが増え，地元に定着するのを見，互いに交流することで，徐々にこのプロジェクトの一端を担う教師役・世話役を買って出ようとする変化であり，また消極的な態度をとる人はいても，プロジェクトを否定する人は存在しないという状況の実現であった。このことは，地元の人々が，このプロジェクトが地元コミュニティの永続化に必要であることを，子どもたちとの交流の中で学んでいるという事実とつながってくる。

　ここで見られるのは，高校魅力化コーディネータが，外部の人間であるにもかかわらず，地元に定住し，住民とともに生活することで，高校と地元とを生徒を媒介として結ぶ役割を果たしつつ，地元住民の願いである地域コミュニティの存続を高校のカリキュラムと地域学習のカリキュラムへと組み換えて可視化し，それが子どもたちの夢の実現と結びつけられながら，地域コミュニティへと返されていく循環が形成されているということである。

　このとき，高校魅力化プロジェクトは，すでに高校内部のものではなく，また地域社会そのものを学校化して，子どもたちが学び，さまざまな経験を積み，自らの夢をつくり，それを実現していく試みであることをも超えて，むしろ住民自身が子どもと触れあい，子どもを支援することを通して，自分の願いを感受し，言語化して，地域魅力化プロジェクトを担っていく実践へと展開しているのである。

　地域コミュニティは地元の住民自身が自分の願いや思いを可視化し，実現するための，そして自分自身がその主人公となるための「学び」の場へと展開しているのである。この触媒が，高校魅力化コーディネータという存在である。高校魅力化コーディネータは，既述の新たな専門職としての役割をここでは担っている

といってよいであろう。

　このような学校のあり方が地域コミュニティで展開されるとき，地域コミュニティはスクールコミュニティから「学び」が住民の存在そのものとなり，新たな価値をつくりだし，組み換えながら，「学び」に駆動され，変化し続け，持続する一つの関係態であり経済実体として生成されていく。こういう地域コミュニティが，この社会の基底を構成するとき，社会そのものが「学び」の構成を取りつつ，永続的に生成変化し続ける人々の生活の場として再構成されることとなる。学校の魅力化と地域の魅力化が融合する中で育てられた子どもたちの中からは，大学進学のために地元を離れた後，仕事をつくりに海士町に帰る志向を強めている者がすでに出始めているのである。

　定住し，住民とともに生きながら，住民の願いや希望を可視化し，住民自身の手による地域コミュニティのプロジェクトへと導く専門的な実践家は，たとえば愛知県豊田市の里山プロジェクト（「若者よ田舎をめざそうプロジェクト」）などでも活躍している。彼らがやっているのは，住民の生活を「学び」の循環へと形成し，地域コミュニティを「学び」そのものへと組み換えていくことである。

第15章
職業的意義(レリバンス)のある教育とその効果

本田由紀

1.「職業的意義(レリバンス)」のある授業とは

　本章の目的は,「職業的意義(レリバンス)」のある教育を,普通科高校生を対象とした授業という形で設計・実施し,その有効性について検証した結果を報告することにある。「職業的意義」のある教育とは,仕事の世界の現実を知り,それに対して〈適応〉と〈抵抗〉の両面から対処できる知識とスキルを学習者が身につけることに資する教育のことを意味している。教育の「職業的意義」を構成する二側面のうち,〈適応〉とは,仕事を遂行するために必要な分野別の知識とスキル,経済・社会全体の中での各分野の位置づけや変化に関する俯瞰的・現実的な認識を形成することであり,他方の〈抵抗〉とは,不当な働かせ方や労働条件,非効率的・不合理な仕事の進め方を是正していくための知識とスキルを形成することである(本田, 2009)。

　そのような両面を備えた教育の内容を,具体的な授業レベルでデザインし,実際に普通科高校の教育現場で実施し,授業が学習者に及ぼしたインパクトと持続性を調査によって把握するというプロジェクトの成果を,以下の本章では紹介する。

2. なぜ「職業的意義」のある教育が必要か
　　──労働市場の現状と「キャリア教育」の問題点

　本書全体のテーマは,「社会的意義」という観点からの「カリキュラム・イノベーション」の可能性を探ることにある。多様でありうる教育の「社会的意義」の中で,本章が「職業的意義」に焦点化する理由は,日本社会の現状に照

らして，それが喫緊の課題であると考えるからである（ただしそれは，「職業的意義」以外にも重要な教育の「社会的意義」が存在することを何ら否定していない）。なぜ喫緊の課題なのかと言えば，第一に，日本の労働市場が 1990 年代以降，顕著に劣悪化しており，第二に，日本の教育はそうした労働市場の状況に対してあまりにも対処が遅れているからである。

　第一の点については，正社員比率の減少と，非正社員比率の増加という雇用形態間の量的変化が指摘されることが多い。しかし問題の本質は，「ジョブなきメンバーシップ」（職務の曖昧さと企業組織への所属の強さ）と表現される日本の正社員の働き方が，強固な参入障壁と，職務範囲の不明確さに伴う過重労働・長時間労働，過労鬱・過労死・過労自殺などの諸問題をもたらしていることにある（濱口，2013 など）。むろん，他方の非正社員も，その「メンバーシップなきジョブ（もしくはタスク）」という特徴により，雇用の不安定さと低賃金，教育訓練の手薄さなど，多くの問題を含んでいる。さらに近年は，世界的コスト競争と産業構造の高付加価値化・高度サービス化により利潤獲得が困難になる中で，正社員と非正社員の「悪いところ取り」をするような形で，法律や人権を蹂躙する働かせ方が増大しており，それは「ブラック企業」「ブラックバイト」という表現を与えられて注目を集めている。

　こうした労働市場の劣悪化に対して，日本の教育は，学科やコースの編成というレベルでも，個々の授業というレベルでも，きわめて「職業的意義」が低く，若者を労働市場に向けて備えさせる機能が希薄であったということが第二の点である（本書第 2 章を参照）。こうした状況に対して，特に今世紀に入ってから，対策として推進されてきたのが「キャリア教育」である。「キャリア教育」とは，「一人一人の社会的・職業的自立に向け，必要な基盤となる能力や態度」，その中心となる「基礎的・汎用的能力」を育成するものとされ，「一定又は特定の職業に従事するために必要な知識，技能，能力や態度」を育成するものである「職業教育」とは区別される（中央教育審議会答申「今後の学校におけるキャリア教育・職業教育の在り方について」2011 年 1 月より）[注1]。

　この「キャリア教育」に対してはすでに，劣悪な労働市場に対する一方的な〈適応〉を強要し，かつ精神論的・道徳教育的性質が強いため自己責任論と容易に結びつくといった批判が多数なされている（本田，2009；乾，2012；児美川，

2013 など)。高校段階では,「キャリア教育」の内容として「大学・短大による出前授業」や「自校の OB・OG による講演会」がいずれも約3分の2の高校で実施されているにとどまる (ディスコ, 2012)。特に普通科高校では,「キャリア教育」の実施が全般的に低調であり,学校外との連携も不十分であることが指摘されている (辰巳, 2014；キャリア教育における外部人材活用等に関する調査研究協力者会議, 2011；浜銀総合研究所, 2013)。また,「キャリア教育」において欠落している〈抵抗〉の側面の教育が必要であるという指摘もしばしばなされるようになっている (雇用戦略対話『若者雇用戦略』2012 年6月など)。

　これらの問題点から,現状の「キャリア教育」では,労働市場の劣悪化に対する教育の側からの対処となりえていないといえる。それゆえ本プロジェクトは,「キャリア教育」に代わるものとして「職業的意義」のある教育を別途構想することを試みた。

3.「職業的意義」のある教育の設計

　前節での検討を踏まえるならば,日本の高校の多くを占める普通科でも実施可能な「職業的意義」のある教育が備えるべき条件として,以下の諸点が必要であると考えられる。

　第一に,〈抵抗〉の側面を不可欠の要素としていること,すなわち,職場の問題に遭遇したときに,専門家との連携のもとにきちんとそれを是正してゆけるようになるための知識とスキル,考え方を伝える労働法教育が,教育課程にしっかりと組み込まれていることである。言うまでもなく,違法労働や長時間労働,パワーハラスメントなどの労働市場の諸問題に対しては,教育を経由するのでなく,企業に対して直接に労働関連法規の遵守,雇用契約の厳格化,雇用関連の情報開示を要請してゆくことや,労働関連法規の不備を是正してゆくことが必要である。しかし,そうした運動を広げ,個々の職場での是正の交渉につなげてゆくために,教育という領域が担うことが可能で必要な部分はあると考える。

　第二に,他方の〈適応〉の側面に関して,「キャリア教育」が強調する「勤労観・職業観」や「基礎的・汎用的知識」の指導だけでは,仕事の世界の個別

表15-1　高校1年時・2年時を通じた「職業的意義」ある教育のイメージ

	4月	5月	6月	7月
高校1年生	年間予定の説明	〈適応〉①：ものづくりの仕事	〈適応〉②：金融の仕事	〈抵抗〉①：職場の諸問題
高校2年生	年間予定の説明	〈適応〉Ⅰ：地域課題からビジネスの芽を探す		〈抵抗〉Ⅰ：ブラック企業の見分け方

	8月	9月	10月	11月
高校1年生	（夏休み）	〈適応〉③：国際的な仕事	〈適応〉④：ケアの仕事	〈適応〉⑤：人・モノを運ぶ仕事
高校2年生	（夏休み）	〈適応〉Ⅱ：地域ビジネスの運営管理のために必要なこと		

	12月	1月	2月	3月
高校1年生	〈抵抗〉②：職場の諸問題への対処方法	〈適応〉⑥：情報を届ける仕事	〈適応〉⑦：安全を守る仕事	年間の総括
高校2年生	〈抵抗〉Ⅱ：ブラック企業をどうなくしてゆくか	〈適応〉Ⅲ：高校卒業後の進路に関連する仕事の実状の調査と発表		

具体的な現実を学習者に伝える上では不十分である。それゆえ，「職業的意義」ある教育においては，仕事分野——狭い分野でなく広がりをもった大括りな分野——別の知識やスキルを重視する。しかし同時に，特定の分野だけに焦点化するのでなく，経済・社会全体の中での諸分野の位置づけに関する俯瞰的・現実的な認識や，応用可能性に富む知識・スキルの形成にもつなげてゆくことを最終的な目的とする。そのためには，年間に月1～2回ずつ程度の授業を，〈抵抗〉と〈適応〉のバランス，〈適応〉面では複数の仕事分野のバランスを考慮しながら配置してゆくことが望ましい。たとえば，表15-1のようなイメージである。また，章末の参考資料15-1・2の例のような教材を活用することにより，仕事分野間の関係や仕事の世界の全体像を伝えることも有効であろう。

　第三に，学校外の人材や企業に「丸投げ」になりがちな講演や職場体験ではなく，また学校の教師だけがワークシートなどで指導する現実から遊離しがちな教育でもなく，学校外の専門家や企業人と学校内の教員の間での緊密な連携を実現することに配慮が必要である。そのために望ましい具体的な教育の形態

は，学校内で実施する授業の一部に，学校外の人材からの助力を組み込むという形であると考える。すなわち，単なる体験活動ではなく授業として明確に設計した上で，その中で仕事現場のリアリティを伝えるパートにおいて，外部人材に実際に参加してもらう，もしくは内容面でアドバイスを得るといった協力のあり方が，理想的であると考える。

　第四に，アルバイトなどを除いて就労経験をもたない高校生，しかも専門学科のような職業教育をも経験していない普通科の生徒に対して，仕事現場のリアリティを伝えるためには，様々な意図的な工夫が必要である。たとえば，①ニュース番組の録画やインターネットサイトなどを活用すること，②情報を集約したテキストを使用する場合も，その解説に終始せず，グループディスカッションやその結果の発表，ロールプレイなどを盛り込み，学習者が自ら考え体を動かすアクティブラーニングの手法を活用すること，③細かい知識項目を覚えるよりも基本的な「考え方」を厳選して確実に伝えること，などが有効と考えられる。

　これらの点に配慮しながら，本プロジェクトでは，表15-2に示す実験授業を行い，また各授業の事前と事後に質問紙調査を実施することによって授業の効果を把握した。実験授業の一部では，授業の1年後・2年後にも調査を実施し，授業後の効果の持続性を検討した。

　表15-2において，労働法と金融の授業が各3回ずつを占めているのは，この2つの内容に関して，筆者が協力を得られる専門家に知己が存在したことによる。労働法に詳しいNPO・POSSE，金融教育の専門家である古德佳枝氏のご協力を得て，授業内容に関して打ち合わせとリハーサルを繰り返した上で，実験授業の実施に臨んだ。また，「国際的な仕事」に関する授業については，東京大学教育学部附属中等教育学校教諭の沖濱真治氏が授業内容を設計し，元海外青年協力隊員の松本由利子氏にもご参加いただいて授業を実施した。いずれも2時限続きの授業を，途中で休憩をはさんで実施した。

　附属中等教育学校での実験授業は，1学年3クラスの生徒に希望を取り，この実験授業への参加を希望した約1クラス分の生徒に対して教室で実施した。神奈川県立光陵高校での実験授業は，1学年7クラスを半分に分け，体育館と武道場を使用して，前半と後半で金融と労働法の授業を交代して2セット行っ

表 15-2 実験授業と効果調査

内容	実施時期	対象	授業実施者	事前・事後調査	1年後調査	2年後調査
労働法	2012年3月	東京大学附属中等教育学校4年生約40名	NPO・POSSE	実施	実施	実施
金融の仕事	2012年3月	同上	古徳佳枝氏（金融教育コンサルタント）	実施	実施	実施
労働法	2012年7月	同上	川村遼平氏	実施		
金融の仕事	2012年7月	同上	古徳佳枝氏	実施		
国際的な仕事	2013年7月（2回）	同上	沖濱真治氏（東京大学附属中等教育学校教諭）・松本由利子氏（元海外青年協力隊員）	実施		
労働法	2013年10月	神奈川県立光陵高校1年生約280名	NPO・POSSE	実施		
金融の仕事	2013年10月	同上	古徳佳枝氏	実施		

た。生徒数が多かったため，大学生・大学院生がTAとして各会場に7〜8名ずつ補助に入った。

　これらの実験授業の授業案は，本章末の参考資料15-3を参照されたい。また，実験授業の実施にはいたっていないが，「医療・介護の仕事」（東京大学附属中等教育学校教諭・廣井直美氏作成）および「ものづくりの仕事」（広島大学附属中学・高校教諭・阿部哲久氏作成）についても，それぞれ授業案を参考資料15-3に掲載している。なお，労働法の授業案については，川村・嶋崎・本田（2014）に詳細な解説があり，この資料はインターネットから無料ダウンロードできるため，そちらを参照していただきたい。

　現在のところ，授業案の作成および実施・効果調査は，表15-1のような全体イメージのうちのごく一部について実施できているにとどまるが，本プロジェクトを契機として，授業案の作成とエビデンスに基づいた改良の試みが教育現場に広がってゆくことを期待する。

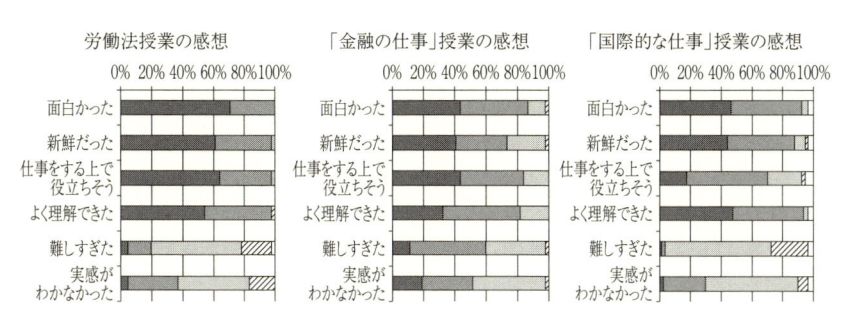

図 15-1　授業後の感想（質問項目への回答）

4. 授業の有効性

　これまでに実施した実験授業に関して，効果調査の結果の一部を以下に紹介する。以下の結果はすべて，東京大学教育学部附属中等教育学校において実施した授業の結果であるが，神奈川県立光陵高校での実験授業と効果調査においてもほぼ同様の結果が出ている。

　図 15-1 は，労働法，「金融の仕事」，「国際的な仕事」の 3 つの授業の感想を 7 項目にわたって質問項目によりたずねた結果であり，表 15-3 は自由回答により印象に残った点と改善を要する点を記載してもらった結果の一部である。図 15-1 より，「面白かった」「新鮮だった」「仕事をする上で役立ちそう」「よく理解できた」については「とてもそう感じた」「まあそう感じた」という回答が非常に多く，これらの授業の内容が生徒に肯定的に受け止められていることがわかる。ただし，「難しすぎた」「実感がわかなかった」という反応も一部に見られることから，よりわかりやすく，よりリアリティを伝える授業へと改善してゆく余地があることがわかる。また，表 15-3 の自由記述からも，生徒が授業内容を真摯に受け止めていることがうかがえる。

　続いて図 15-2・図 15-3 は，実験授業の事前と事後に同じ質問項目を用いて調査をすることにより，授業前後の変化を把握した結果である。図 15-2 は意識項目の中から変化が見られた項目を抜粋して示しており，図 15-3 は全ての知識項目に関して結果を示している。

表15-3　授業後の感想（自由記述）

	労働法		金融の仕事		国際的な仕事	
	印象に残ったこと	改善の提案	印象に残ったこと	改善の提案	印象に残ったこと	改善の提案
	困ったことがあったら相談できるところがあるということが分かった。1人でどうにかしようとせず周囲の人に協力してもらうと良い。	一つ一つの言葉の意味の解説があるとより分かりやすくなると思います。	銀行の業務と証券会社の業務の内容が分かった。	楽しい授業でした。文系の人に金融に行く人が多いのはびっくりした。計算とかが多いから、理数の人が多いかと思った。	南アフリカには、水道、電気がない国があるということに驚きました。電気がないということは、日が暮れたから1日が終わるということなのか疑問に思いました。	特になし。もっと写真の説明が聞きたい。
	何よりもまず相談することが大切！相談すればどうにかなるから！！	十分おもしろかったし、分かりやすかったですⅡ	金利や投資など将来必要になるであろう情報を知ることができた。とても役に立つ。今日知ったことを活用していきたい。	インターネットやわかりやすい冊子を使ってくれたので自分でもう一度見られる。	世界のあちこちで様々な文化、伝統などを学び触れられることはとても素晴らしいことだと思った。でも自分には向かないかもしれない。	黒板に紙とか貼っても見えない。
	自己都合退職というものがあることを初めて知った。サービス残業はあるのか、しかたないことだと思う。まあ、度が過ぎたのはよくないけど…	ビデオ解説があるとおかかりやすくなると思います。	金融のしくみとものになっていくものなのだと思った。これから金融や証券について新しいことを聞けた。	プロジェクターを長い時間見るのはつらい。	囲碁や青年海外協力隊員に大人がいること。	ちょっとしゃべりが多くて伝えたいという気持ちも分かるが長くなっし話に耳がかなくなってしまうため、グループで話し合うことをを多く取り入れてほしかった。
	給料の切り下げや申告があった場合は、拒否することができる。手書きのメモも有効な証拠になる。	教科書をもっとつかったほうがよいのでは？（教科書をメインにする）	金融が3ヶ月しか効かないことにおどろきました。	あまりにもいろいろなことをつめこもうとしすぎていて、上手く伝わっているのか心配できていなくないか。理解できそうにない。金融なんてそんなに簡単なものではないから、もっと時間をかけていろいろ話を聞きたかったです。	養鶏って1万円でできるんだ。	特にナシ。
	不景気だから就職できないと思っていたけど、話し合える場があってよく吟味してから会社を選ぶんだと知ってから実際にしたとを例としてあげてあって、わかりやすかった。	特にないです。自由に話し合える場があってよかったと思います。	金融に直接関係があるわけではないが、時々先生が口にしていた「おいしい話には裏がある」という言葉が印象に残った。	用語がたくさんあって、一度では理解しにくいと思う。	貧しいとはいっても家もあり、農作物もとれるというのが少し浮かんでイメージがつかめなかった。アフリカは家も食物もないと思っていた。	最初のグローバルな仕事、で思い浮かぶイメージを紙に書くもらうページを書きやすい大きさに。読みやすいさらに。

222——第Ⅳ部　社会参加の学習

職場で困ったら相談することが大切だとわかった。	（いいこと）実際のニュースを見せてくれて、分かりやすかった。実際に活動している人に話を聞けてよかった。	よくわからなかった金融についての理解を深めることができました。	もう少し実せん的に学べる時間があってもいいかも、おもしろかったです。	アフリカの国は日本とは文化も結構違うので大変なこともあると思うが、それでも上手にやっていけるのはすごいと思った。青年海外協力隊は現地の人のために様々なことを行っているのだと分かった。また通訳者を「民間の外交官」という風に例えるのもなかなか素晴しいと思った。	特には思い付かないです。お話おもしろかったです。なぜかというと今までわくわくしていました。ありがとうございました。
アルバイト・非正規社員も正社員と同じような措置をとれると。	もう少しposseについて学びたかった。	名言が、心にグッときた。（†投資の神様）	もっと、私たちに意見・考えなどの質問をふってほしい。	結局英語が話せると駄目なのか!?	写真で多く。
弁護士は、これらの「法」を武器に戦うのだと、感動・実感がわいた。	さらに夢へ向かって進もうやる気がわいた。	TVでよく見る経済ニュースかは、今までに全く理解出来なかったけど、株式、投資信託などの説明を理解することができた。DVDが分かりやすかった。	ねむくならないように、活発な授業だったらいいと思う。	どのようなことをしたら良いのかわからない状況でも少しでも思い付けたら試すということが大切だというとが印象的だった。	頭をやわらかくする。もっと意見がうるさくなるだろう。
有名な会社でも、いくつかの労働法違反があると知った。将来、自分1人だけで悩まないで、誰かに相談するようにしたいです。	特にありません。	金融は、ほんとにたくさんの人のたくさんのお金を扱っている。銀行も、すごく多くのことをやっていなくてはならないから難しそう。	よかったと思う。話し合いがあるともっとよいといいと思う。	呪術で病気が回復すると信じて5人に1人がエイズ保菌者。学校に机がない、時間にルーズ（日本人の感覚で）	なかなか面白かったでまい。
労働者って大変そう。	法りつを守るように。	もちろんのことだが、金融におけて法がとてもかかわっていること。自分は弁護士を目指しているため、法にとてもらわせ、資本のやりくりをする「リーガル」なんとかに興味を持った。	スライドを用いた説明で、分かりやすかった。	日本人代表！心をオープンに。	プロジェクターは見づらい。大きいテレビでみたいなのがいい。
自分も将来絶対、職業についての法律のことはとても役に立つ。	なし	金融ってばく然としてでてなんかいっていう。イメージだったけど、なんとなく！分かってむしろ、いろんな人が株をやってたりするんだなって、こんなことをしているんだなって身近に……ではないけどすこし理解できた。	最初の1時間は説明は一方的にきくだけではなくてたくさいていく。2時間目の方は参加しやすかった。	日本の中についても英語などの外国語は必要。何の資格がなくても海外青年協力隊として活動うと思う。国がちがうと話し方もちがうことを知った。また、プライドなんていらないと考えるだろう。私もあと大人になったら人の為になる仕事をしようと思った。	たとえばどのようなことをどのような感じでしたかとか教えてほしかった。

第15章　職業的意義のある教育とその効果——223

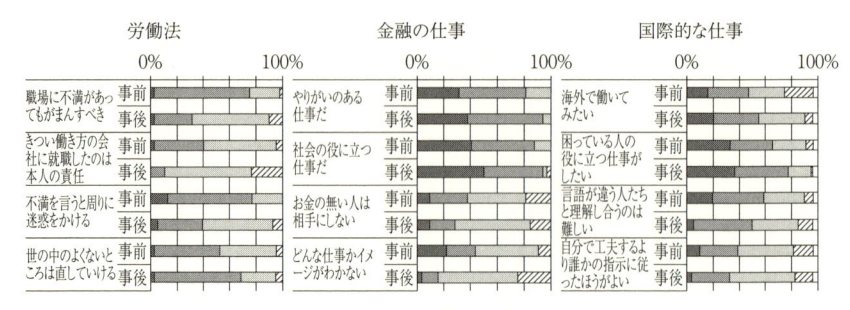

図15-2 実験授業の事前・事後比較（意識項目・抜粋）

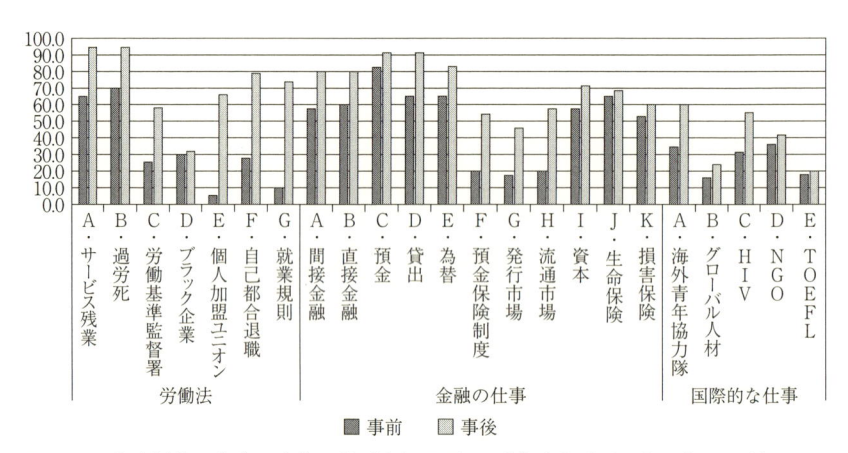

図15-3 実験授業の事前・事後比較（全知識項目、「意味を説明できる」の比率）

　変化の度合いの大きさには授業内容や項目によって差があるが，総じて意識には望ましい方向への変化が観察され，知識は増加していることが確認される。ただし，より大きなインパクトを与えられるように授業の内容・方法を改善することが必要である。

　図15-4・図15-5は，労働法と「金融の仕事」に関する実験授業実施の1年後に，事前・事後調査と同じ項目の調査を実施し，授業の効果が長期的に残存しているかを検討した結果の一部である。図中の「実験群」は実験授業を受けた生徒，「統制群」は同校・同学年で実験授業を受けていない生徒を意味して

224——第Ⅳ部　社会参加の学習

図15-4 1年後調査における効果の残存（労働法・抜粋）

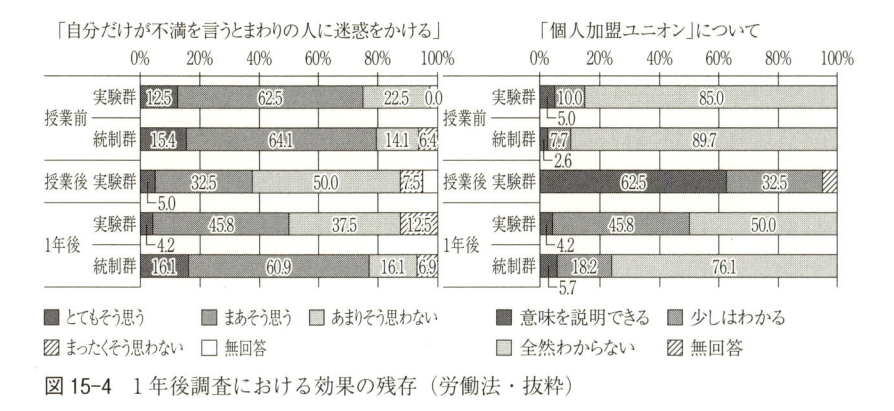

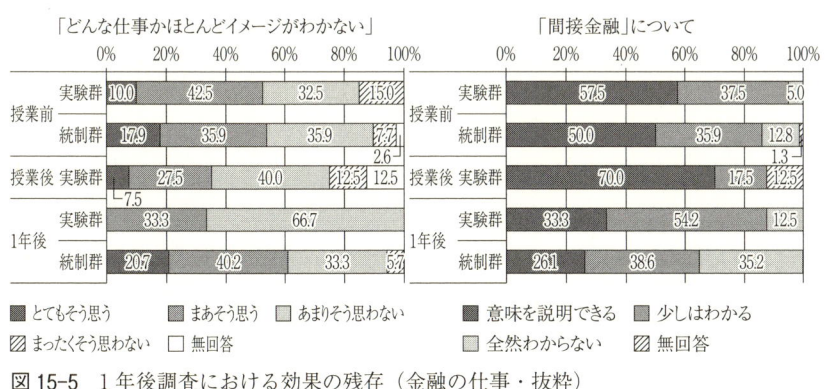

図15-5 1年後調査における効果の残存（金融の仕事・抜粋）

いる。いずれの図についても，授業実施前は実験群と統制群の間で当然ながら回答に差は見られないが，授業実施後に実験群では回答が大きく変化し，その変化は1年後にはやや薄れているが，統制群と比較すると明確に相違が見られ，統計的にも有意差が確認される。それゆえ，実験授業の効果は，少なくとも部分的には，1年後まで残存しているといえる。ただし，調査項目の中には，1年後には実験群・統制群の間で差がなくなっているもののほうがむしろ多数を占めているため，1年後にも残存する効果は限定的である。

さらに，この両授業については実験授業実施の2年後にも同じ対象に同じ項目で調査を行ったが，2年後調査では，実験群と統制群の間の回答の差はほぼ見られなくなっていた。知識項目の中には2年後でも実験群のほうが多くの知

第15章 職業的意義のある教育とその効果——225

識をもっている場合もあったが，統計的に有意な差ではなかった。この結果は，2時限続きの授業を1回実施したことによる効果は，その後に追加的な刺激を与えなければ，2年未満でほとんど消えてしまうということを示唆している。効果の残存可能性を高めるためには，1～2年に1回以上の頻度で，以前の授業の記憶を喚起しさらに発展させるような介入を行うことが有効であると推測される。

5. まとめと今後の課題

以上，本章では，日本社会の労働市場と教育の現状に照らして「職業的意義」のある教育が求められているという問題関心に基づき，具体的に教育課程と授業内容を構想・設計して実施し，効果を測定した結果について報告してきた。

教員が綿密な授業案を作成し，その中の一部を適切な外部人材に担当してもらい，グループディスカッションや発表を通じて学習者が主体的に参加する形の分野別の授業を，年間を通して配置することにより，普通科高校においてさえ，一定の「職業的意義」をもつ教育を実施することは可能であると考える。実際に，2時限続きの授業を1回実施しただけでも，意識・知識両面でかなりのインパクトを生徒に与えることができることが確認された。そのインパクトの一部は，授業実施後1年を経ても残存しているが，2年経過するとほぼ消滅する。「職業的意義」をいっそう高めるためには，個々の授業の内容・方法に関して，難易度や使用する素材などに関してさらに改善を加えるとともに，複数学年にわたって反復や発展を組み込む教育課程設計が必要とされる。

今回のプロジェクトで取り組めている範囲は構想全体の中のごく一部であり，また試行的・実験的なものにすぎない。このプロジェクトに対して共感してもらえる教育現場において，いっそうの広がりと深度をもつ実践が蓄積されてゆくことを期待する。

[注1]「キャリア教育」以外に，「職業的意義」ある教育に関連するカリキュラムとして「産業社会と人間」という科目があげられる。これは，「ア　社会生活や職業生活

に必要な基本的な能力や態度及び望ましい勤労観，職業観の育成　イ　我が国の産業の発展とそれがもたらした社会の変化についての考察　ウ　自己の将来の生き方や進路についての考察及び各教科・科目の履修計画の作成」に重点を置く学校設定科目である（文部科学省『高等学校学習指導要録解説　総則編』2009年7月）。しかし，その開設は総合学科など一部の高校に限られ，内容も明確に規定されていないため，学校によってばらつきが大きいとみられる。

参考文献

乾彰夫（2012）.「キャリア教育は何をもたらしたか」『現代思想』2012年4月号.
川村遼平・嶋崎量・本田由紀（2014）.『今すぐ使える！労働法教育ハンドブック』ブラック企業対策プロジェクト（http://bktp.org/news/1244）.
キャリア教育における外部人材活用等に関する調査研究協力者会議（2011）.『学校が社会と協働して一日も早くすべての児童生徒に充実したキャリア教育を行うために』平成23年12月9日（http://www.mext.go.jp/b_menu/houdou/23/12/__icsFiles/afieldfile/2011/12/09/1313996_01.pdf）
児美川孝一郎（2013）.『キャリア教育のウソ』ちくまプリマー新書.
辰巳哲子（2014）.「普通科高校におけるキャリア教育施策の動向――「進路指導・キャリア教育に関する調査」から」Works Review vol. 9.
ディスコ（2012）.「高等学校におけるキャリア教育に関するアンケート　集計結果レポート」（http://www.disc.co.jp/uploads/2012/09/88ec516e259c73afc602dcd3c204ccc71.pdf）
浜銀総合研究所（2013）.『経済産業省委託事業　平成24年度総合調査研究　キャリア教育の内容の充実と普及に関する調査　報告書』平成25年3月（http://www.meti.go.jp/policy/economy/jinzai/career- education/pdf/h24survey_honbun.pdf）
濱口桂一郎（2013）.『若者と労働』中公新書ラクレ.
本田由紀（2009）.『教育の職業的意義――若者，学校，社会をつなぐ』ちくま新書.

参考資料 15-1

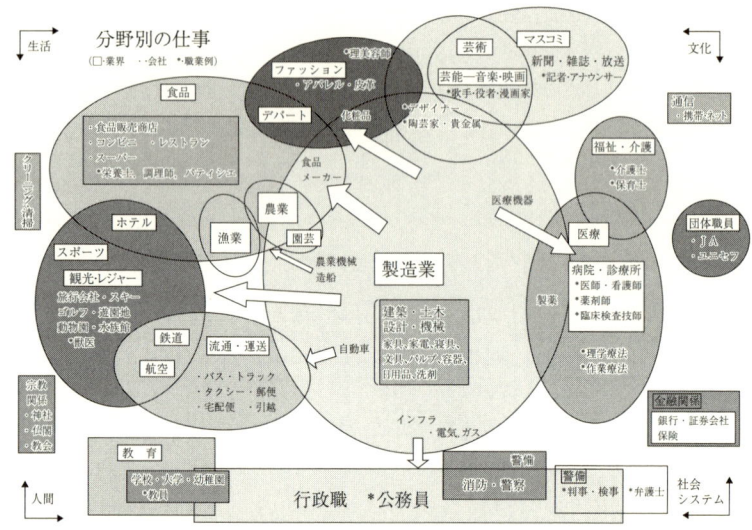

分野別の仕事

東京大学附属中等教育学校教諭　廣井直美氏作成

参考資料 15-2

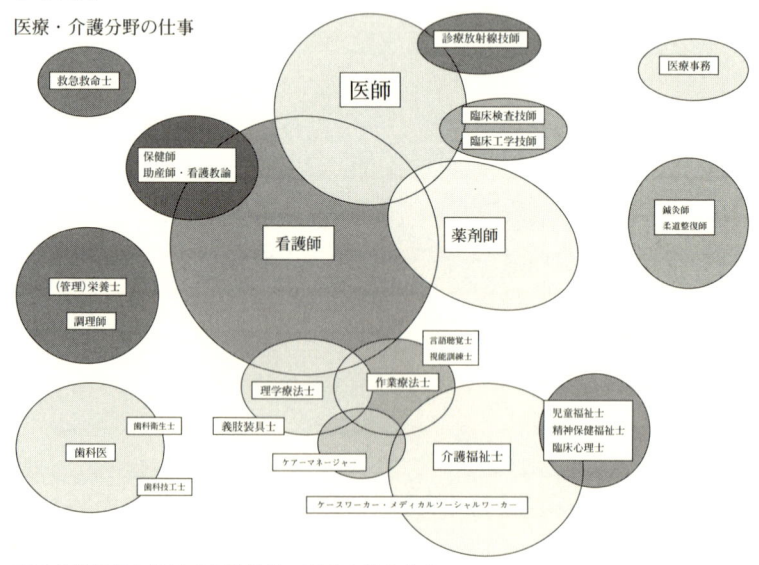

医療・介護分野の仕事

東京大学附属中等教育学校教諭　廣井直美氏作成

参考資料 15-3

■金融の仕事

概要	時間	活動	TA の皆様
自己紹介とあわせ，今日のテーマ「金融」について簡単な紹介	5分		
投資とは何か インベスターZの紹介	5分	レジュメ P1 冒頭の説明 PPT か動画で映す	
【グループでの話し合い】 任天堂とバンダイナムコ，過去5年でどちらの株価が上がったと思うか？（説明5分，相談5分，挙手・結果の説明5分）	15分	参考資料を使って2社を紹介。どちらに将来性が期待できるか，チームで相談し，挙手	各チームのサポートをお願いします。
ファンドとファンドマネージャーについて	5分	レジュメ P2 の前半	
お金を必要としている事業の例を紹介	10分	PPT で「漁師ファンド」「音楽バンド」などの例を説明	
ファンドマネージャーはどうやって投資する会社を選んでいるのか？	5分	レジュメ P2 の後半説明後，PPT でバフェットの被災地訪問，名言紹介	
投資運用会社の仕事	3分 DVD 7分	レジュメ P3 簡単に説明後，仕事風景の DVD 視聴	
【グループワーク】 投資信託の商品企画にチャレンジ！ 説明3分，相談時間15分程度，発表7分	25分	PPT で「ぶなの森」「世界にエール」「トキ子育て応援ファンド」を説明，この例を参考にして「ファンド名」「コンセプト」「訴求ポイント」「ビジュアル」を考えてもらう。	各チームへのサポートと発表チーム1つ選択をお願いします。
まとめ	5分	金融の社会的役割など説明	

■国際的な仕事

20分	1 「国際的な仕事」で思い浮かぶ仕事をグループでカードに記入してもらう 　　（カードの記入内容：仕事名，主な活動場所，誰のために働くか／必要な知識やスキル） 　　ポイント：国際的な仕事の多様性に気づく（カードを並べながら） 　例）日本企業の外国駐在員／旅行会社の社員／行政職員，販売員，駅員，医療従事者等々

10分 休憩5分？	2	NHK10minボックス職業ガイダンス「国際的な仕事」（ガイド通訳）視聴 ＊見ながら「国際的な仕事」に関するキーワード2～3個を書いてもらう ポイント：「民間大使」としての通訳ガイドという意識に注目させる
20分	3	松本由利子さん（元青年海外協力隊員・元JICA研究員）からの話 ポイント：「民間大使」の一人の松本さん 国際的な仕事に必要な資質とは何かを感じさせる（実際の体験をお聞きし考える） ＊やる気／多様なスキル／ネットワーク
20分	4	国際人として自分ならどのように開発援助に関わるかを考えるワークショップ（疑似体験）①与えられた議題についてグループで考え、考えた方法を小ホワイトボードに記入し黒板に貼ってもらう ②松本さんからの辛口診断「喝！」 （詳細）不登校の問題／子どもの活動／栄養の偏り
5分	5	松本さんに何でも聞いてみよう！（質問タイム）
残り時間	6	ふりかえり・今日のまとめ 数人に質問「国際的な仕事に関して最初のイメージと変わったことはありますか？」 コメント：実は身近になりつつある国際的な仕事 　　　　　外国語だけが資格ではないのでは？ e.g. コミュニケーション力，困難を切り抜ける力

用意：プロジェクター，パソコン，生徒用レジメ
「国際的な仕事」記入カード（1クラス35枚位），開発援助種類シート（4種類×2～3枚）
DVDプレーヤー，事後調査用紙（1クラス40枚），マグネット多数，
小ホワイトボード・専用ペン（10）

■医療・看護の仕事

過程	指導の目的	学習活動	備考：教材
導入 5分	1．医療・福祉の仕事と関連産業を知る	・「分野別の仕事の図」の中で医療・福祉分野はどのような部分を占めるか確認する。	・分野別の仕事の図
展開 40分	2．医療・福祉の仕事のスタッフと仕事内容を知る	・「医療・福祉分野の仕事の図」でどのような医療・福祉の仕事があるかを知る。 ・医療・福祉の仕事のイメージと，仕事をしていて大変なのではないかと思うことを想像してプリントに記入する。 ・医療関係者へのインタビュー票から各業種の実態を知る。 例）＊大変な所○人の命を預かって責任重大 　　　　　　　○免許を取るまでの勉強が大変	・医療・福祉分野の仕事の図 ・職業インタビュー票

		○3K：きつい，汚い，危険と言う人もいる	
		・仕事をしていて良かったことを知る。	
		＊仕事をしていて良かったところ，やりがいを知る。	
		○患者さんから感謝される	
		○社会に役立っているという満足感がある	
		・ビデオ「NHKオンデマンド　医療系の仕事」	・ビデオ：
		2011年度　第7回　医療や福祉にかかわる仕事（小児科医）	医療・福祉
		2012年度　第20回　医療や福祉にかかわる仕事（産婦人科）	の仕事を知
			ろう
まとめ 5分	3．まとめ	・医療・福祉関係の仕事の大変さとやりがいを学んだのちに，業種の社会的意義も確認	

過程	指導の目的	学習活動	備考：教材
導入 5分	1．主に医療の仕事の実態を知る	・本日のテーマを確認	
展開 20分	2．学校医から医師の仕事の実際を聞く	・医師の仕事についてのクイズの解答を考えて記入する。 ・医師から答えと説明を受ける。 ・医師は，患者の命を救うため，長時間の手術を行なったり，睡眠が少なくなったりする中で奮闘している仕事であることを理解する。	・医療分野クイズ
20分	3．医師・看護師の患者さんへの思い	・プリントに従い，ロールプレイで患者さんの思いに答えようとする医師と看護師の気持ちになってみる。 〔患者の退院か入院続行かについて，グループ4人で患者と家族，医師，看護師役になりそれぞれの意見をかわす〕 ・患者の退院と入院続行に決まった班それぞれで決定要因を発表 ・学校医から講評をいただく	・ロールプレイプリント
まとめ 5分	4．まとめ	医学は日々進歩しているため医師・看護師は，免許を取得してからも研究を続け，知識や技術の向上のため学び続けている。また，患者の傷病の治療に際しては心のケアや家族の思い，闘病の環境など様々なことを考慮して仕事を行っている。	

■ものづくりの仕事

	働きかけ・発問	資料・教材	予想される反応・生徒の活動
導入	当該分野の全体と現状をできるだけ見渡し、その重要性や狭い固定観念を取り払うパート（1）		
	○ものづくりの仕事ってどんな仕事？		・日本のお家芸、加工貿易、3K、町工場の技術？ 空洞化など？
	○スマホで有名なメーカーのPC工場の映像である。どこの国だろう。わかったら発言して良い。	①MacPro製造工程動画（2分）	・中国 ・アメリカ （動画の最後にアメリカ組み立ての文字が刻印されるカットがある）
	○数年前に大統領はこの会社の元社長にアメリカに工場を作るよう働きかけた。	②オバマとジョブズの会談の記事	・その時は断られたが今回工場をつくった。
	○大統領はなぜ製造業の国内回帰にこだわったのか		・輸出で稼ぎたい？
	○日本、アメリカの従業者に占める割合はどれくらいか		・先進国ではどこも2割程度である
	○2割なのになぜ工業なのか	③波及効果グラフ	・雇用への波及効果が大きいため、アメリカ政府は国内の製造業を重視している ・日本でも重要性は同じはずである ※貿易が黒字であることは重要ではないことを押さえる
展開1	当該分野の典型的な仕事を取り上げ、ビデオやインターネットなどを使ってできるだけリアルに伝えるパート		
	○原点に返って考えよう。ものづくりとは何だろうか		・「設計情報」を「媒体」に埋め込む
	○スプーンはどうやってできるのか？		・金属＋すくう機能
	○金属の一番最初はどんな形だろう	①動画を再度見る	・金属塊である
	○動画のPCも最初はアルミの塊だった。もう一度動画を見てみよう。どんな加工がされているだろう。		・プレス、削りだし、穴開け、磨き、塗装、部品の取り付け（動画を見ながら解説）
	○ICチップなどの部品もシリコンの塊が加工されてできていくのは同様である		※ものづくりは非常に幅の広い仕事であることを押さえる
	○動画に映っていた工場で仕事をしている人たちはどんな仕事をしているのだろう		・映っていたのは「製造」の仕事である。製造にも機械を動かしたり、プログラムしたりする仕事や、直接加工する仕事まで様々である。
	○他にはどんな人が働いているのだろう、スプーンを例に、具体的にどんな仕事が必要か考えてみよう。	④工場の様々な仕事の図	・工場には他に「購買」「販売」をはじめ、開発・設計や財務、経営、人事などの仕事がある。 ※図を元に、具体的な仕事をイメージさせながら考えさせる

	○ネット上には様々な工場の動画があるので調べてみよう	⑤YouTube動画	※工場の仕事にも，直接ものを作るだけでは無く，様々な仕事があることを押さえる ・様々な工場の動画を見る ※10minBOXを入れるのも可
展開2	生徒が実際に頭や体を動かして当該分野の仕事を疑似体験するパート		
	○今日はちょっとだけ体験してみよう。アクセサリーの製造をしてもらいます。班ごとにより良いものを作ってください。 ○溶けた金属を型に入れる加工を鋳造と言います。実際の工場はどんな感じだろうか。	⑤低融点合金の教材 ⑥鋳物工場の写真	・教材を使用して製作する ※本体のデザインはあらかじめ型紙を作っておく ※危険を伴う部分は教員が行う ※各写真について説明する ・高温の溶けた鉄を扱うので現場では危険を避ける意識も大切 ・発泡スチロールなどで作った型を砂にうめて鋳型を作る。その際，パイプを組み合わせて溶けた鉄が流れ込む道（湯口）を作るのだが，その形で仕上がりに差が出る。質の高いものを作るため現場で協力して工夫しながらやっている。 ・10t以上の自動車のプレス型から身近なマンホールのふたまで様々なものが鋳造でつくられている
	○作ってもらうデザインは同じです。金属の入り口と空気抜きの形で仕上がりは変わります。よく考えてみましょう。		※デザインの向きやどの場所に湯口をつけるか，何カ所にするか，空気抜きの場所はどこにするかなどで工夫できることを示す ・工夫したポイントをカードに書く ※班で相談して考えさせる
	○デザインは同じですが，仕上がりによって，どの班のものがほしいか，匿名で投票してみましょう。 ○優勝の班にどんな工夫をしたか発表してもらいましょう。		・できあがりを見比べて投票する，判断したポイントをカードに書く ・発表する ※教員が講評する
集結	○ものづくりに必要なことは何だろう ○これまでとイメージがかわったことはあるだろうか ○私たちが使っているものは「全て」ものづくりを経て届いている。元はどんな形だったのか，どうやってこうなっているのか考えてみてはどうだろ		・工夫，協力，丁寧さ，ニーズをくむこと等？ ・感想を記入する

う。 〇他にはどんなものづくりがあるか，ネット動画などで調べて見本のような工程イラストを書いてみよう。	⑥工場のイラスト	※可能であれば宿題を出す

第 16 章
バリアフリー教育とは何か

白石さや

1. はじめに

　オスカーという名の盲導犬がフォークのような凶器で刺され，しかし抵抗することも吠えることもせずに平常どおりにユーザーを職場に案内したというニュースが注目を集めている。心が痛むニュースである。盲導犬のユーザーは，その場にいっしょにいたのに何が起こっているのか気づかず，パートナーである犬を守ることができなかった。その辛さはいかばかりであったろうか。神奈川県視覚障害者福祉協会も声明文で「ユーザーが見えないことをよいことに，気づかないでいるのを楽しんでいるということは，障害者虐待とも言える」(神奈川県視覚障害者福祉協会，2014) と指摘している。全日本盲導犬使用者の会も「十分に身を守る術を持たぬ障害者と，そのパートナーを襲う卑劣な加害者の姿」(全日本盲導犬使用者の会，2014) であると指摘している。61歳のユーザーは恐怖心と怒りとで体重が5キロ減ったという。「オスカーは私の体の一部。私を刺すのと同じことで許せない。また狙われるかと思うと外出が怖い」という言葉は重い。
　不思議なのは，その盲導犬が傷つけられた現場には犯人の他に目の見える一般の人々がいたはずである。その人々のだれも異常な出来事が起こっていることに気づかなかったのだろうか。ユーザーは見えない犯人に対する怒りと同時に，そのときに無言で何もしなかった周囲の人々への恐怖も覚えたのではなかろうか。もちろん彼らのだれも事態に気がつかなかった可能性もある。それはそれで，社会のメンバー同士のそうした無関心さは，やはり恐怖を感じさせる。社会の衰弱とでもいう現象なのだろうか。

人間の社会は決して善意の人々だけで成り立っているのではない。こうした悪意が潜んでいる。そういう危険性をもつ社会の中で，弱者とされる障害者も，子どもも，女性も，高齢者も，生きていかなければならない。もう子どもではなく，未だ高齢者ではない成人男性であっても，病気をするし，怪我もする。だれでも日常的にさまざまの心身の課題を抱えて生活しており，高齢化社会が足音を立てて進行している現在，遅かれ早かれ何らかの障害をもつようになる。「健常者」とは「今のところは障害者ではない（not-yet-disabled）」ということを意味するだけである。学校教育における「社会的レリバンス」を見据えたカリキュラム・イノベーションの可能性を探求するにあたり，まず，こうした人間や社会のあり方への基本的な認識が必要であろう。

　私たちの生活する社会は決して理想的な善きものでもなければ，自立し完成したものでもない。幾多の課題を抱え，内外の出来事に影響されて，社会とその文化とは，常に変化してきた。近代において「子ども」を発見し，幼い人々を家庭と学校において養護養育すべきであるという概念が確立したことは歴史的な前進であった（近代化がもたらした多大な問題点に関しては本章では触れない）。さらに21世紀において「障害をもつ人々」へのケアの概念が急速に進行していることは，「子ども」の発見に次ぐ人類社会史の成熟を示すものであると考えられよう。おりしも社会における高齢者比率の増加に加えて，グローバル化により異なる言語文化をもつ人々との共生が模索されている。時代に応じた社会の新しいモデルの探求が開始されねばならない。この大きな変化を遂げつつある社会へ，学校を卒業した若者達が参加するとき，それはもはや従来のように「所与の固定的な構造をもつ社会に新人として適応し，溶け込んでいく」というイメージは許されないだろう。彼らは経験の浅い新しいメンバーであるからこそ可能な，既成の社会のあり方や文化に捉われることなく，新しい価値や行動規範をもたらすイニシエーターの役割を果たすという姿勢が求められよう。現実に災害地のボランティア活動や地域おこし，各種のNPOなどの活動を通して，そういう若者達の活躍がすでに始まっている。それでは，今日の学校教育においては，そういう未来に向けて子ども達に何を学んでほしいのか，子ども達のために何を準備することができるのだろうか。それともう一点，小学校や中学校や高校は将来の大学入学準備のためだけにあるのではない。小

学校や中学校や高校は，子ども達にとっての大切な，日々成長する，そういう時間が流れる空間であり，そこは独自の重要な出会いや経験や学びに満ちていることを確認しておきたい。

2. 特別支援教育とバリアフリー教育

本章では「バリアフリー教育とは何か？」というテーマが与えられている。バリアフリー教育は，一般には「特別支援教育」として，すでに多くの人々の熱意ある試みや実践の積み重ねによって，処々の学校現場でこの短期間に目覚ましい展開を遂げている領域に大きく重なる。特別支援教育は「障害のある幼児児童生徒の自立や社会参加に向けた主体的な取組を支援する」という視点に立って，この子ども達の「一人ひとりの教育的ニーズを把握し，その持てる力を高め，生活や学習上の困難を改善又は克服するため，適切な指導及び必要な支援を行う」（文部科学省，2014）ことであると定義されている。キーワードは「自立」と「社会参加」である。その教育の主要な対象は特別の支援を必要とする，さまざまの障害をもつ子ども達であり，それぞれの障害に応じて「一人ひとりのニーズ」に注意が向けられ，すでに視覚障害や聴覚障害，肢体不自由，知的障害，学習障害等々のカテゴリー分類がなされて，自立のための手厚い教育と訓練のカリキュラムが創られ実施に移されてきている。社会的にも，近年のIT革命に随伴する目覚ましい技術革新によって，ユニバーサル・デザインによる，「できるだけ多くの人が利用可能である」施設や諸製品や情報が提供されるようになってきた。パラリンピックの出場者をみるまでもなく，すでに義足で走り，登り，踊る人々が現れている。

「バリアフリー教育」は，こうした「特別支援教育」と同じものなのか，違うのか。ここで結論を先取りして，あえて単純化を恐れずに述べるならば，バリアフリー教育とは未来の「バリアフリー社会」の創造に向かう過程であり，バリアフリー社会の実現への道筋を準備する教育プログラムである。主要には，①「障害」児だけではなく，障害児ともども将来のバリアフリー社会の成員となる「健常」な級友たちをも対象とする。バリアフリー社会は未だ現前していない未来社会であり，それはこの子ども達が相互に主体的に関わることで創造

されていくものであるから，学校現場においても，②子ども達を一方的な受け身的存在と規定するのではなく，教育プログラムの企画実施の各局面に参加することを求める，そういう総合的なカリキュラム設計を意図するものである。ここでのキーワードは，これから述べるようにまずは「コミュニケーション」であり，そして新しい社会文化の創出のための「創造性（creativity）」と「共同性（communality）」になるだろう。そしてそれを発進させ，予想されるさまざまの困難に立ち向かって推進していく動力となるのは「熱意ある関与（commitment）」であることは言うまでもない。

　もちろんバリアフリー教育において，個々人のニーズに応じた自立や社会参加のための指導や支援は引き続き重要な構成要素でありつづける。それを踏まえたうえで，さらに教室の内外において，障害児と級友たちとがインタラクティヴに交流交歓する日常的関係の構築を目指すものである。冒頭に例示したオスカーとそのユーザーが，街中で孤立し，悪意にさらされた，そうした砂漠のような社会のあり方そのものを変革していくための過程として，バリアフリー教育は構想される。あのような痛ましい出来事が起こることのない，弱者への悪意の発露をその場で防ぐことのできる社会，そういう社会を準備していこうとする野心的な教育カリキュラムである。

　バリアフリー教育とは，いわゆる障害児と健常児とが，日常的に交わり，経験を共有し，理解し合うことを目指し，彼らの協働によってバリアフリー社会の創出を準備する過程である。既成の厳然としてそこにあるものとしての社会に障害者がおずおずと参加をするというよりは，級友たちと手を携えて，だれにとっても住みやすい新しい社会を構想し，提案し，自ら創り出そうとするものである。この時，障害児と健常児とは共に「さまざまの身体特性を持つ子ども達」という単一のカテゴリーで括られよう。バリアフリー社会はまだ存在せず，したがってバリアフリー教育にとってはまだ目的地としての山頂の姿は見えない。バリアフリー教育が行おうとするのは，方向を示すこと，方向標識を立てることである。バリアフリー教育は未だ名詞ではなく，目下のところは動詞である。一歩一歩進めていくことで，進んだ分だけ山容が姿を現す。これは決して教師にとって既知であることを子ども達に教える計画カレンダーのようなプログラムではない。バリアの存在を予見し，子ども達といっしょにそれを

自分達自身の日常生活の中に発見し，それがどういうバリアであるのか議論をして，そのバリアから解放される方途を探求する，その過程そのものを中心的な教育実践として企画し実行する。「教師と子ども」だけではなく，むしろ「子どもと子ども」がいっしょに，共に将来に向けて「バリアからフリーな社会の創造を目指す活動」であり，これはいわば共生社会に到達する前に通過する「過程」である。この過程を歩むことで，子ども達自身が考え，発信し，交流し，発見し，学び，人間の多様性を経験し，理解して成長していく。

3. バリア研究とバリアフリー教育

東京大学大学院教育学研究科は，2009年に附属バリアフリー教育開発研究センターを発足させた。「一人ひとりの違いが，その人が生活をする上での障がいをもたらすことのない世界」を創り出すために，バリアフリー教育に関する教育研究に貢献する拠点形成を目指したものである。研究の当面の目的は，人々の所属する諸社会が歴史的に内包してきた，日常生活の各局面に存在する多様な文化的社会的物理的心理的バリアを探求し，解明して，その成果を教育の現場に活かし，ひいてはバリアフリー社会の創造に寄与しようとする試みである。

バリア研究はその前提として，人類社会はそれぞれの社会文化が内包するバリアのもたらす結果として社会の成員間に「マジョリティ／健常者」と「マイノリティ／障害者」という区別を創り出してきた，と考えることから出発する。ある人が「マイノリティ（ないし障害者）」であるということは，個々人のある種の「違い」や「特性」というものが，その社会文化において「欠陥」として意味構築をされてきたことの結果だと考える。したがって，個々人が「障害をもつ」と考えるよりは，彼らの生活環境そのものに，歴史的に処処のバリアが埋め込まれてきた，つまり社会文化の方が「障害を設けている」という視点に立つ。こうして「マイノリティ／障害者」という存在が，文化的社会的に構築されてきたのであれば，そうした差別を生み出してきたバリアを抽出し，記述し，そうした知識を集積することで，バリアを顕在化させる。そうすることで，さまざまの専門領域の人々が力を合わせて，そうしたバリアを乗り越える

第16章　バリアフリー教育とは何か——239

ための解決策を生み出すことが可能になる，という考えに基礎をもつ。

　社会文化に内在的なバリアを研究対象とするとき，個々人のもつ特性や多様性そのものは所与の前提となる。その特性の中には社会によって「障害」と認識されているものもあれば，「才能」とか「個性」と受け取られるものも含まれる。そうした多様性のうちの一部に対して，建築物や，街の構造や，交通機関や，社会組織や，文化というものが十分に対応できておらず，その結果として，特定の人々にとっての物理的，社会的，文化的なバリア（障壁）が構築されてしまっていると考える。これは一般的に「社会や文化のあり方を所与の前提として，個々人のもつ障害を議論する」という方向を反転させて，「社会や文化がどのようなバリア（障害・障壁）を創りあげてしまっているのか」に注目する。バリア研究とはそうしたバリアの存在に気づき，言語化し，可視化するという目的をもつ。

　バリアが可視化されることで，初めて，どうやってバリアから解放されるのかを議論することが可能となり，バリアフリー社会への道筋が見えてくる。したがって「バリアフリー教育」とは，この教育プログラムに参与する人々が，教員も，補助員も，障害者とされている児童生徒も，その家族も，彼らの周りにいる健常者とされている児童生徒も，行政諸機関の担当者も，看護や介護に携わる人々も，共に，人々の多様な特性を受入れ，その多様性に応じきれていない社会的・文化的・物理的な諸課題に気づき，そのあり方に疑問を持つ，そこから新たな対応策が生まれてくる，その過程そのものである。人々が持っている柔軟性と創造性は日常性のうちに埋もれていることが多いが，一たび「気づいた」とき，それは驚くほどの可能性を開花させる。バリアフリー教育は人々のそういう潜在的な力を開放する過程でもある。

　「バリアフリー教育」においては「障害児」に限らず，その「健常な級友たち」も等しく重要な参加メンバーである。このことを具体的には次のようにイメージしてみよう。例えば視覚障害児やその他の肢体不自由児が，学校の廊下や階段で歩行訓練を受けている場面を想像してみよう。健常者とされる級友たちは，あるものは心温かく気遣いつつ，またあるものは全く無関心に，しかしいずれの場合にしろ，彼らは歩行訓練の邪魔にならないように身を引き，歩を進める障害児の周囲には一定の空っぽの空間が生じる。この空間が時には障害

児と健常児との間の社会的かつ心理的な距離になる。障害児と健常児のカテゴリー分類が体感的に実体化されていく。

　これは馴染みのある図ではないだろうか。この空間は，温かい思いやりに満ちた空間であるのか，無関心の冷淡な突き放す空間なのか，もちろん一概には言えない。その両方であるだろう。この空間，つまり両者を隔てる距離をなくすことはできないだろうか。級友たちの中にはできることなら手を差し伸べていっしょに歩きたいと思っている生徒もいるだろう。しかし，多くの場合に，この子ども達は，いつ，どこで，どのように手を差し伸べたら効果的で喜ばれることなのか，一方では時と場合によってはむしろ危険を招いてしまうのか，そういう知識も，経験ももっていない。離れたところから距離をおいて見守るしかない。そしてそうした空間は学校から社会の街角へも引き継がれてしまう。バリアフリー教育プログラムは，この空間と，この空間の両側にいる子ども達を丸抱えで対象とする。障害者も健常者も日常的に出会い交流し合う，そういう連続空間を学校内に築きあげることで，将来，同じ社会のメンバー同士として街の通りや駅のホームでごく普通に接触することのできる空間を創出する。この連続空間においては「多様な特性をもつ個々人」という単一のカテゴリーのもとに，相互にどういう接触が可能であるのか，相手が補助を必要としているか否かをどうやって判断できるのか，いつ，なんと言って声をかければよいのか，どういう場合に手を差し出すことが望ましいのか，それを子ども達が相互に体得する。教師は多くの場面においては黒子として，しかし重要なプロデューサーとしてこの場を準備し，状況に応じて必要があればディレクターとして関与することになる。

　オスカー事件の後で全日本盲導犬使用者の会は「私たち盲導犬ユーザーを始めとしたこども・高齢者・障害者などの社会的弱者が犯罪被害や街の中に潜む危険から守られるためには，周囲の方々の温かな見守りの目が最も重要になると思います」という声明を発表した。（全日本盲導犬使用者の会，2014）

　これまでの一般的な教育制度においては，全員が同じカリキュラムに従って，基礎から積み上げて高等教育にいたる，大学教育は小学校に始まる，そういう1本のレールのような構造が普遍化されてきた。このレール上を進む限りでは，往々にして異質なもの，特異な特性をもつ級友たちの存在，そういう級友と交

流する時間は，学習の進捗を阻害する邪魔なものとなってしまう。これからもそうあらねばならないのだろうか？

　1975年にマイクロソフト社を設立したビル・ゲイツは当時まだ20歳であった。1976年には21歳のスティーブ・ジョブズがアップル・コンピューター社を設立した。マーク・ザッカーバーグがフェイスブックを全米の学生向けサービスとして開始したのは2004年で20歳だった。彼らは大学教育そのものを修了してはいないが，大学における出会いを十全に活用している。そして彼らに続く世界中の多数の若者達によって，今日の我々のコミュニケーションの手段や，組織の作り方，活動の仕方，知識の創出や伝達，どういう知識が価値をもつのかという基準そのものが，たかだかこの40年の間に激変した。

　来年度に小学校1年生になる子どものために準備される教育レールが，15年後にも不動の価値を維持しているという保証はもうどこにもない。現に「生きる力」が教育目標になる時代が到来している。学校がこれからも間違いなく価値をもちつづける領域は，子ども達にとり学校が多様な特性をもつ友人達との出会いの場であり，教師からだけではなく，級友を通して様々の活きた情報に接する場であり，フェイス・トゥ・フェイスの関係の日常的継続を通して，自分自身を含めた人間性の多彩さそのものを体験し，理解する場であることだ。子ども達が共に成長期の輝く時間を共有する途次において，どのように相互間の関係を築き，維持するのかを学ぶ場である。この空間と時間とにおいて，子ども達は人間の多様性を受入れ，級友の喜怒哀楽を身近に追体験する。バリアフリー教育はその子ども達に社会文化のもつ課題に批判的な目を向け，自分の生き方を考えるきっかけを提供する。このようなバリアフリー教育は，主要科目の陰に押しやられるやっかいでマイナーな科目としてではなく，21世紀のグローバル化の時代のバリアフリー社会の構築を目指す教科としてメジャーな扱いを受けてもよいのではないだろうか。

4. 障害と社会

　個々人のもつ「障害」に目を向けるとき，自ずと人間とは何なのか，生きるとはどういうことなのか，幸福とは何なのか等の，実にさまざまの問いが生じ

てくる。そしてその先に「何の役にも立たない人間は生きていてはいけないのでしょうか？」という問いが生まれてくる。バリアフリーセンター長として参加したあるシンポジウムの場で，学生の一人からこの発言があった。パネリストの一人が「障害とは人間同士の間での多様性のことであり，多様性は人間社会にとっての財産である」と述べ，そうした多様性がいかに貴重であるかの例として「（米国で差別されてきた）アフリカ系アメリカ人の中に，他の人々（つまりは白人）が持っていないマラリアへの耐性遺伝子を持つ人々がいることが報告されている」と語った。つまり彼らアフリカ系アメリカ人が固有にもつ遺伝子が，人類にとっての価値ある財産となることを指摘した。そのときに「そうした遺伝子をもっているわけでもない，単に障害者であるだけの，何の役にも立つことのできない人間は生きていてはいけないのでしょうか？」という問いが発せられた。

なるほど一般的に理解されている意味での「適者生存，自然淘汰」等々の，今日の市場経済社会における競争原理を正当化する概念からは，障害者は不適者であり，競争により淘汰されるはずの者と把握されかねない。こうした淘汰されるべき障害者のために資源を投入することは，善意に基づく，必然性の根拠をもたない，慈善活動であることになる。先述の盲導犬オスカーおよびそのユーザーに対する悪意は，そうした慈善／偽善感覚に基づく反発であったかもしれない。

これは障害者本人にとり，その家族にとり，周りを取り巻く社会の人々の眼ざしが事あるごとに問うているように感じられることであろう。障害者のための自立訓練は，生活上の自立性を確立する上で必須の教科であるが，それだけではなく，今日の市場経済社会において現金収入を得ることができるよう，職場における諸活動や社会適応能力の向上を図る訓練をも含む。手先で細かな細工をする，製品を一定の分量に分けて袋詰めをするなど，多くは単調で単純な，根気の要る繰り返しを特徴とする，かっての手内職的な職業訓練である。ここでの「自立」とは自己の生活のマネジメントに加えて，経済的な収入を得ることを指す。しかし社会文化の仕掛けた罠にはまり，マイノリティ／障害者として囚われてしまい，一般に収入を得るような活動が困難であるから「障害者」と分類されている当の人々にとっては，至難の生き方であるだろう。

個々人を見つめる眼差しを社会文化の設けた「バリア」に向けるとき，異なった問いが生じる。いったい文化や社会とは人間にとって何であるのか，人が社会の中で生きていくということはどういう意味をもつのか，文化はどういう役割機能をもつものなのかという問いである。そしてわたしたちは，社会も文化も人間のために，人間を生かすためにあるのだという原点を思い出す。

　バリアフリー教育は名詞であるよりは，バリアフリー社会を創造していこうという動詞である。社会と文化が未熟であるために未だ果たしていないプログラムをさらに一歩推し進めようとする運動である。バリアフリー教育のカリキュラムを考えるということは，誰にとっても住みやすいバリアフリーの社会の創造を目指して，多様な個性（いわゆる障害もふくむ）をもつ人々が，その道筋を開拓していくために共有するプログラムをデザインするということである。人々がそれぞれの個性を認識しつつ，それを矯正することを強いられることなく，それぞれの個性が遭遇している社会的文化的物理的なバリアを抽出し，可視化していくこと。その過程で当然に立ち現れるであろうバリアフリーコンフリクト（ある人々のバリアを除くことが，他のある人々にとっては新しいバリアを生み出してしまうこと）は，これを事例に沿って点検評価し，バランスの所在を算出し，コーディネートすること。その運動に加わるのはさまざまの個性や才能や障害をもつすべての人々であって，決して「障害者」だけではない。健常者とされる人々もこの未来社会のメンバーであり，そうでなくとも，彼らも（だれもが）病気や怪我をする可能性は常にあり，必ず高齢者という非健常者になる。そしてこの多様な個性をもつ人々が日常的にコミュニケーションを密にし，理解を深めあう場として学校ほどに優れた空間が他にあるだろうか。

5. 熱意ある関与(コミットメント)・コミュニケーション・創造性(クリエイティビティ)・共同性(コミュニティ)

　福島智は「盲ろうになって，一番の苦痛は〈見えない，聞こえない〉ことそのものではなく，〈人とコミュニケーションができないこと〉だった」（生井, 2009: 2）という言葉を記している。あまりに有名なヘレン・ケラーの『奇跡の人』においても，野獣のようであった少女が「言葉」と出会い，言葉によるコミュニケーションを会得し，言葉によって学び，言葉によって自己を表現でき

るようになったことが決定的な分岐点として描かれている。コミュニケーションの成立はバリアフリー教育の主要な方法論であり，目的である。

　コミュニケーションが「社会生活を営む人間が，言語・文字・身振りなどを媒介としてお互いに意思や感情，思考を伝達し合うこと」であってみれば，コミュニケーションの成立がなくては社会は立ち現れてこない。バリアフリー教育はまだ始まって間がない新しい教育の空間である。新しいということは，まず第一に「当事者の声を聞く」ことから始まり，それも日々，その都度都度に発信してもらうことから始まる。そういう仕組みを構築しなければならない。第二には，現場のメンバーでいっしょに「議論しながら進める」しかなく，柔軟で，創造的な思考が必要である。各領域の専門家にもカリキュラム構築において参加してもらうことが望ましく，ここでもコミュニケーションは必須である。

　これまでの議論から，コミュニケーションの確立がバリアフリー教育における中核になることは明白である。障害者と健常者との間に存在した距離空間を超えて，その両側に分かれていた両者の間でコミュニケーションが推進されること，これが基本的な設計図である。障害児が教室空間でクラスメート達の中で学び，相互間の自発的な交流が日常化することが重要なカリキュラム項目となる。バリアフリー社会は障害者だけで構成する社会ではなく，さまざまな個性を持つ人々が相互の個性を認知しあい，尊重しあって生活する社会だからである。バリアフリー社会は障害者だけで創造するのではなく，いわゆる健常者と共に想像／創造する社会である。「だれにとっても住みやすい社会」の創造に向けて，様々な特性をもつ人々が協働するときに，まずそれぞれの個性とニーズとが表現され，伝えられ，理解され，共有されることが求められる。特別支援学校の場合でも，普通校との間の定期的な交流の場が用意されることで，コミュニケーションが始まる。文化祭や運動会のようなイベントの共同開催も考えられる。子ども達だけでなく，教師同士の日常的な情報や意見交換も望まれる。これは自立や社会参加からさらに野心的な一歩を進めて，バリアの一つひとつを解決して，バリアからフリーな新しい社会を創造していこうとする意義深い過程であり，そのコミュニケーション自身が目的でもある。障害児が一方的に学び，努力し，訓練を重ね，障害を克服して健常児に近づこうとし，そ

れを健常児が少し離れたところから見ている，そういうプログラムではなく，両者間で常に対話が行われ，相互間に理解が進化し，双方からの歩み寄りが進行し，そこから新しい価値に基づく社会の姿が現れてくる。コミュニケーションはそういう空間を創出する基本である。そしてそのことはすでに平成16年6月に一部改正された障害者基本法の基本的理念として「障害のある児童生徒と障害のない児童生徒との交流及び共同学習の積極的推進による相互理解の促進」について規定が設けられている。

　21世紀になり，日本をはじめとする先進諸国，中国や韓国という東アジアの諸国でも，猛烈な勢いで高齢化が進んでいる。人類史にかってなかった局面に立ち向かおうとしている。育児，保育，看護，介護の各方面でこれから多大なケアが必要とされていくだろう。そのすべてを家族に任せることはもはや不可能であり，一方で公的機関でまかなうにはどれほどの人的，経済的，物質的な資源の投入が求められるか，まだ根拠のある試算は確立されていない。いずれにしろ，公的機関の隙間を埋め，家族単位を越えた，新たなコミュニティ的社会環境の登場が希求されている。近隣共同体の再構築が叫ばれる所以である。育児や教育においても，介護においても，地域社会との連携の重要性が指摘され，努力が重ねられている。少子化，共稼ぎ化，単身化，都市化，老齢化の進行する社会において，もはや家族だけであらゆるケアに対応することはできない。小学校の校区に基づく地域コミュニティは，現時点までは最も期待されるものであったが，少子化と学校の統廃合が進行する状況においてはいつまでその有効性を持続できるものであるか定かではない。新たな活力あるコミュニティ構築の契機はどこにあるだろうか。もはや一定の空間において時間の経過を経ることで醸し出される地縁共同体の再編は困難である。これまでとは異なるコミュニティの設計図を引かなければならない。それには創造性を思う存分に開放し，開花させることが必要である。

　学校教育において何ができるだろうか。学校空間での経験を通して，子ども達に，いつ，どこでも，その場で必要な人間と人間の間の共同体的な相互支援の手を自然に差し伸べることができる，そういう行動パターンを内在化させることはできるのではないだろうか。日々の教室における活動から，多様で異質なものに対して開かれた心を育て，多様な個性特性をもつ級友たちとの豊かな

コミュニケーションを体験することで,街角で出会った人に対しても,声をかけ,対話をし,必要な援助の手を差し伸べることを厭わない,そういう社会人の育成ができないだろうか。それは村落共同体的な,運命的で重いものではなく,義務でもなく,むしろ都会的な,いい意味でその場限りの,カジュアルで,軽やかで,その時に発露されるだけの何らの見返りも求めない,そうした街かどでの「ちょっとした共同性」と「コミュニケーション」が社会の全体図を大きく変えるだろう。

おわりに

　心痛むニュースで書きはじめた本章を,心温まるニュースで終えたいと思う。2013年4月のボストンマラソン爆弾テロ事件を覚えている方も多いだろう。あの被害者の一人に,左足首から先の切断を余儀なくされた若い女性がいた。ダンサーであった彼女は,生きるということは踊るということであり,もう一度踊れるようになりたいと強く希望した。それを知ったマサチューセッツ工科大学のヒュー・ハー（Hugh Herr）准教授が,多彩な領域の専門家と共同で,200日の努力を重ねて,ダンスという複雑極まりない動きを可能とする義足を創ることに成功した。彼らのチームは社会に潜む悪意による暴力に抗して,その暴力が彼女から奪ったものを取り返した。社会が奪ったものは,社会によって取り返すことができる。さらに社会や文化はバリアを仕込み人々を苦しめるだけでなく,もう一歩を進めて,人々が失くしたものを取戻し,再生し,全く新たな可能性を生み出す能力をも有している。

参考文献
神奈川県視覚障害者福祉協会ホームページ（http://www.npo-kanagawa.org/iken.html）（2014. 8. 29アクセス）
全日本盲導犬使用者の会ホームページ http://guidedog-jp.net/（2014. 8. 30アクセス）
文部科学省ホームページ「特別支援教育について」http://www.mext.go.jp/a_menu/shotou/tokubetu/main.htm（2014. 8. 30アクセス）
生井久美子（2009）.『ゆびさきの宇宙――福島智・盲ろうを生きて』岩波書店.

第 17 章
バリアフリー教育を授業に取り入れる

星加良司

1. バリアフリー教育が直面する課題

　「バリアフリー教育」の目的は自明であるように思われるかもしれない。それは，障害者や高齢者といったバリアに直面している人々の困難を解消・緩和する（バリアフリーを進める）ために必要な理解を促進することである，と。
　この理解は必ずしも誤りではない。ただし，少なくともやや言葉足らずではある。というのは，「バリアを経験している人のためのバリアフリー教育」というパラダイムが，もはや時代遅れになりかけていると考えるからだ。結論を先取りすれば，バリアフリー教育は「バリアを経験している人」のためのものから「バリアと関わりながら生きる私たち」のためのものへと転換する必要がある。まずは，こうした理解の背景にある社会認識を説明しておこう。
　たしかに，様々な社会的マイノリティが経験する困難に光を当て，その解消を目指そうとする考え方は，1つの社会的潮流を形作っている。20世紀は，様々なマイノリティを社会の正統なメンバーとしてシティズンシップの適用範囲に含めていく「包摂の歴史」として見ることが可能であり，無産者，女性，有色人種，子どもといった社会的マイノリティが，次々に——少なくとも公的には——社会のメインストリームの中に包摂されてきた。2006年に国連で採択された「障害者権利条約」や，それを受けて国内で整備された「障害者差別解消法」といった障害関連法制も，こうした流れの一部に位置づく。人権思想に裏打ちされたこうした流れを，「公」の領域における形式的な包摂と呼んでおこう。
　他方，それと同時に——あるいはそれにもかかわらず——，人々の意識にお

いてマイノリティを他者化し，排除する傾向が顕在化するようにもなってきている。社会の流動性・不確実性・不安定性が表面化し，人々の間に漠然とした社会不安や危機意識が高まる状況の中で，社会システムに適合的でその維持に貢献するような「良き市民」であることを要求する力が働くとともに，そうした「良き市民」から逸脱する人々に否定的なラベルを貼り，彼ら／彼女らと自らを差別化しようとする力が顕在化するようになった。その中で，社会の内部にある下位集団間の利害対立や，それに基づく不満や敵意が助長され，マイノリティを社会の周縁部に留め置こうとする傾向が現れている（Young, 2007＝2008）。こうした傾向のことを，「社会」の領域における実質的な排除と呼ぶことにする。

　さて，上記の認識がそれなりに妥当であるとすれば，バリアフリー教育は，「公」の領域における形式的な包摂の流れに沿った働きかけのみならず，「社会」の領域における実質的な排除を抑制するための働きかけをも志向する必要があるといえる[注1]。冒頭でバリアフリー教育の目的について，「バリアを経験している人」のためのものから「バリアと関わりながら生きる私たち」のためのものへと転換する必要があると書いたのは，このことと関わっている。バリアを経験しているマイノリティのための社会変革という理念は，「公」の領域では異論を差し挟む余地なく受け入れられるかもしれない。しかし，それがマイノリティに固有の——したがってマジョリティの側にとっては自らと直接関係のない——問題として扱われるかぎり，マイノリティを他者として区別する認識は，促進されこそすれ低減することはない。そして，その傍らで実際にマイノリティが自らの生活圏に「侵入」してくるというリアリティが高まったとき，「社会」の領域における様々なレベルの排斥が生じる恐れもまた高まるのである。

　たとえば，障害者の権利保障を進めるための様々な法整備によって，障害者が企業や学校，その他の日常生活場面により主体的・積極的に参加する時代が到来しようとしている（松井・川島編, 2010；川島ほか, 2015）。しかし，これをただ道徳的に正しいこととして受け入れよ，というメッセージを発するだけでは十分ではない。実際に障害者の社会参加が進展すれば，そこには様々なコンフリクトの種が生まれる。障害者が競争相手になることによって雇用や進学の

機会が狭まる人が出てくるかもしれないし,障害者のためのバリアフリーや権利保障施策を「不公平な優遇」と感じる人がいるかもしれない(中邑・福島編,2012)。そうした事態から生まれる様々な心理的葛藤を,「あるべきでない反応」として抑圧・隠蔽するのではなく,そうした反応を緩和するための働きかけを行うとともに,葛藤を抱えつつ共に生きる社会を目指していくために必要な準備性を高めること。こうしたことが,バリアフリー教育に求められているのではないだろうか。

2. 既存の「障害理解」の限界と新たな理念

 以上を踏まえた上で,ここでは障害分野を対象とした教育実践を取り上げて,既存のバリアフリー関連教育のあり方を概観し,問題点を整理する。その上で,新しいバリアフリー教育の観点と方法を提示することにしよう。
 まず,現在でも最もポピュラーな障害理解教育の手法は,障害者の生を直接的・間接的な仕方で体験的に理解しようとするアプローチである。ここでいう「直接的体験」とは,主に「疑似体験(simulation)」と呼ばれる手法で,障害者の心身の機能に類似した状態を体感し,その体験の意味について考えるきっかけを与えようとするものである。もちろんそれは文字通りの意味で「直接的」に障害者の生を追体験することにはならないが,障害の機能的側面を擬似的に再現した状態を作り出し,それに身を置く体験をすることを通じて,自己の経験とのアナロジーで他者の経験の「理解」につなげようとするアプローチであるといえる。一方,「間接的体験」とは,講演や映像作品(映画やドキュメンタリー番組)などを通じて,障害者のリアルな経験世界を見聞きすることにより,障害者の生のリアリティを共感的に理解しようとするアプローチである。
 しかし,こうした障害理解教育の手法については,以前から様々な問題点が指摘されてきた。疑似体験に関しては,障害者が人生全般にわたる期間を通じて累積的に経験する社会的・心理的困難に焦点を当てることができないことが批判された(French, 1996)。具体的には,障害の多様な状態を再現することが技術的に困難であること,短時間の体験と固定した状態との間には質的な差異

があること，障害の可変性（症状の不安定性や進行）を体験することが困難であることなどが指摘されている（福島，1997）。また，講演等を通じた障害理解については，障害者に対する偏ったイメージの強化・再生産につながりがちであることが問題とされた。こうした教育の場面で好まれるのは，障害に苦悩しつつもそれを克服し，本人の努力と周囲の協力の結果社会的な成功を収める，といったタイプのストーリーであり，そうした障害者像に適合的な人物が選択的に取り上げられる。そうしたストーリーの聴衆の多くは，障害そのものに対する否定的なイメージは温存させたまま，登場人物である障害者が個人として「ヒーロー／ヒロイン化」されるに留まってしまうのである（松波，2003）。

　こうした問題点を踏まえて，近年の障害理解教育には一定の変化が見られる。たとえば，イギリスの障害当事者団体を中心に，個人の心身機能やパーソナリティに焦点を当てる従来の「障害啓発研修（DAT: Disability Awareness Training）」を批判して，障害者の困難経験の背後にある差別的な社会構造の理解に主眼を置く「障害平等研修（DET: Disability Equality Training）」を普及させようという動きがある（Walker, 2004）。障害平等研修においては，障害を生み出す社会障壁の存在を意識化し，実際に障害者と関わる際の関係性の変容を図るためのアクションプランを持つことが目指され，障害当事者の研修者を中心に，ケーススタディ，ロールプレイ，ゲーム等の参加型グループワークを組み合わせたプログラムが提供されている（Gillespie-Sells & Campbell, 1991＝2005；Harris & Enfield, 2003）。また，学校における障害理解教育においても，肯定的な障害観への転換やステレオタイプ化された障害イメージの解消，障害問題と社会との関わりについての考察の重要性が強調され，様々な授業実践が展開されるようになってきている（徳田・水野編，2005；冨永編，2011）。

　これらの新しい障害理解教育の実践には，多くの学ぶべき知見が含まれている。ただし，第1節で確認した問題を踏まえたとき，そこには相対的に欠けている観点がある。それは，「他者の問題」を「自己の問題」と重ね合わせ，「マイノリティの問題」を「私たちの問題」として再定義するための仕掛けである。他者の問題を他者の問題として理解しようとするかぎり，それは結局，マイノリティを自らとは異なる外集団として位置づけた上で，そのようにカテゴリー化された集団に関する「正しい」知識を増加させようとしているにすぎない。

もちろんそのことに意味がないわけではないが，それは「社会」の領域における実質的排除に抵抗する力とはなりえないのである。
　我々はこうした認識を出発点として，新しい理念と方法に基づくバリアフリー教育の授業内容開発を試みた[注2]。そこで重視したのは，マイノリティが経験している困難は，マイノリティ集団が持っている「特別」な特性に由来するものであるというよりも，むしろ自分たちが生きているこの社会のあり方がもたらしている結果──したがって自分たちもまた共通に経験している問題の一部──なのだ，という理解を，体験的な手法を通じてはぐくむことである。
　こうした理解に到達するための鍵となるのが，マイノリティを他者化することなく問題の理解を進めることがいかにして可能になるのか，という点である。そのための工夫として，我々は2つの観点を導入した。ひとつは，「私たち」の中にある他者性に対するセンシティビティを高めることで「内／外」を分ける線引きを相対化する，という視点である。「内／外」を分かつカテゴリー化作用を弱める手法を探究してきた従来の理論では，自分とは異なると思っていた人々の中に自分と共通する部分を見出したり，自分も相手もより大きな集団の一部であることに気づいていく，といったように，外集団を内集団化しようとするアプローチが主流であった（浅井，2012）。しかし，「内／外」を相対化する道筋はそれだけではない。それは，内集団の中に含まれている異質性・多様性を意識化することを通じて，内集団の同質性という前提を攪乱し，「内／外」の線引きの妥当性に揺らぎを与えることである。
　もうひとつは，具体的な問題の理解の前に抽象化された構造の把握を先行させる，という視点である。先にも見たように，既存のバリアフリー教育においては，マイノリティの生のありようをより具体的・個別的に理解することが重視されてきた。しかし，マイノリティの経験についてより具に知れば知るほど，それはある意味で，自分との差異をより確かなものとして意識化することにもつながる。つまり，他者に対する詳細な理解が，かえって他者を遠ざける理解を助長する側面もあるということだ。この点を踏まえ，まずマイノリティの経験の背後にある問題の構造そのものを直感的に理解し，その後にそれが具体的に現れている問題場面へと思考を展開するようなプロセスをたどることで，問題を他者化することなく，「私たち」が共通に経験する問題として捉える理解

を促そうとするのである。

　この2つの観点に基づいて，中等教育を対象としたバリアフリー教育のプログラム開発を行った。その際留意したのは，再現性と汎用性である。いくら優れた効果のある授業が実践できたとしても，それが特別な知識や経験を持つ一部の専門家によってしか展開できないのであれば，広く学校教育にそうしたプログラムを導入することは期待できなくなる。我々は，可能なかぎり構造化されたプログラムの構築を進め，教員の俗人的なスキルに依存せずに一定の効果が得られるような授業内容を開発するとともに，汎用的に使用できる教材と指導マニュアルの作成を行った。

　次節からは，開発されたプログラムを使って，東京大学教育学部附属中等教育学校の5年生を対象として行われた特別授業（100分程度の授業を2コマ）[注3]の内容を紹介し，そこから得られた知見をまとめてみよう。

3．「共生社会を生きる力」をはぐくむ授業実践 I
　　──「ザ・ジャッジ！──迷惑なのは誰？」

　1コマ目に実施したのは，グループワークを通じて，多様な生を顧慮する態度の醸成をめざすプログラムである。その内容を紹介しよう。

　まず，生徒は5名程度を1組としてグループを作り，グループごとに分かれて着席する。このグループを単位として，生徒は提示されたエピソードの登場人物に関して「迷惑度判定」を行っていく。このグループワークを行いながら，ステレオタイプ化された他者理解のあり方に気づき，そうした理解が他者に対する態度に与える影響について考えるのが，この授業の狙いである。

　提示するエピソードは，電車内の優先席をめぐってトラブルが生じている場面である。エピソードの概要は次のようなものである。込み合った電車内に，優先席に座っているAさんとBさん，立っているCさんがいる。そこにDさんが乗り込んでくる。AさんはDさんに気づいて席を立つが，Bさんは迷った末結局座り続けている。そこでDさんはAさんが譲ってくれた席へと歩いていくが，先にCさんが座ってしまう。それを見たAさんは，「私はあんたに譲ったわけじゃない」とCさんを注意する。この間，Bさんは「我関せず」と寝たふりを決めこんでいる。

このエピソードを，スライドとナレーションで提示した後，「皆さんがこの状況に居合わせたものとして，「迷惑だ」と感じる順番を決めてください」という教示を行う。その際，Ａさん〜Ｄさんの４名について，性別および年齢の情報だけは伝えておく。その上で，グループで相談して「迷惑度」の順位を付け，発表してもらう。これが第一次判定である。

　この第一次判定を受けて，次に先ほどのエピソードの登場人物について，まだ伝えていなかった情報（cf.「Ｃさんは重い腰痛という内部障害を持っている」等）があったことを伝え，その内容を明らかにする。その上で，その情報を踏まえた「迷惑度」の再判定を行い，結果をグループごとに発表してもらう（第二次判定）。

　このとき，第一次判定と第二次判定との間に生じた変化に着目し，その理由について考えるのが，この授業のポイントである。エピソードに関して新しい情報が付加されることで判定が変化したということは，第一次判定の段階ではその情報とは食い違う先入観が存在したことを示している。たとえば，Ｃさんに障害があるという情報の提示によってＣさんへの評価が変化したとすれば，当初Ｃさんは障害がない（健常者である）ことが暗黙裡に想定されていたことを意味している。このように，エピソードに関する不可視の情報を段階的に明らかにして，その都度改めて「迷惑度」判定を行い（第二次・第三次・第四次判定），判定が変化した理由を考えることを通じて，情報が明示される以前の無自覚的な先入観の内容を意識化していく。

　具体的には，次のような手順で授業を進めた。

〈イントロダクション〉
●概要説明
〈ステップⅠ〉
●エピソードの提示（スライド映写＆ナレーション）
●「迷惑度」の第一次判定
・「迷惑度」の順位を決めるように教示。
・グループで相談の上，表に記入して提示。
・判定の理由を尋ねる。
〈ステップⅡ〉

> ●エピソード内の隠れていた情報を明示
> ●情報を付加してエピソードを再提示（スライド映写＆ナレーション）
> ●「迷惑度」の第二次判定
> ・「迷惑度」の順位を決めるように教示。
> ・グループで相談の上，表に記入して提示。
> ・前回の判定から順位が変更されたグループに，その変化の理由を尋ねる。
> ・ステップⅠの段階で存在していた先入観への気づきを促す。
> ※「隠れていた情報の付加→エピソードの再提示→『迷惑度』の再判定」というプロセスを繰り返す。
> 〈まとめ〉
> ・参照する情報の違い（多様性への気づき）によって，行為の是非に関わる判断が容易に変わりうるということ。
> ・現実社会では隠れた条件が見えないままの形で存在していること。
> ・他者が多様な条件・背景を持っているかもしれないという想定が重要であること。

　このプログラムでは，当初伝えていなかった登場人物に関する情報を段階的に明らかにしていくことで，エピソードに対する印象や人物評価が二転三転する，という現象そのものが，考察の焦点となる。それは，私たちが普段いかに多くの予見をもって他者を眺めているのかを如実に示すとともに，そうした暗黙裡の想定が他者に対する態度に大きな影響を与えていることを明らかにする。また，情報を小出しに追加していくことによって，「内」に位置づけていた人物の中に「外」的な要素が見出されたり，さらにその人物が再度「内」に属するものとして立ち現れてくる，といったように，カテゴリーが相対的に動揺する様を実感することができる仕掛けにもなっているのである。

4.「共生社会を生きる力」をはぐくむ授業実践Ⅱ
　　　——「クイズ＆ギャンブルゲーム」

　2コマ目に実施したのは，ゲームの構造を利用して，生の条件の差異についての体験的な理解を図ろうとするプログラムである。具体的には，不平等な条件を潜在させたグループ対抗ゲームを行った後，条件が不平等であったことを知らせることで，ゲームについての感じ方がどのように変化したかについてデ

ィスカッションし，現実社会に存在する様々な不平等について考える機会を提供するものである。以下，授業の概要を示す。

　まず，生徒は 1 日目と同様にグループを作って着席する。これを単位として，グループ対抗ゲームと，ゲームの振り返りを行う。

　実施するゲームは，ギャンブルの要素を組み込んだクイズ大会である。ゲームを始めるに当たって，予め各グループの持ち点を決定し，各グループはその持ち点を元手にクイズ大会に参加する。出題するクイズは，社会的マイノリティや社会的不平等に関わる知識を問う内容となっている。クイズの形式としては，グループごとに配布した資料の内容を記憶してもらい，資料を回収した後，内容に関連する出題を行う。クイズに回答する際，持ち点の中から任意の点数を掛けてもらい，正解の場合は指定の倍率に応じて点数が加算され，不正解の場合は掛け点が失われる。このクイズを数問繰り返して，最終的に最も多くの点を獲得したグループが優勝となる。

　ただし，このゲームには，生徒には伝えていない 2 つの仕掛けが施されている。第 1 は，持ち点の決定の仕方である。持ち点の決め方は，各グループの代表に数字の書かれたカードの束を配布し，その中から数字を見ずに任意の枚数（たとえば 5 枚）のカードを選んでもらう。その数字の合計が，各グループの持ち点となる。そのため，持ち点の多寡はカード選択の運によって規定されているように，表面的には見えている。ところが，実は初めに配布されるカードの束は，大きい数字のカードばかりの組と小さい数字のカードばかりの組，といったように予め差をつけて調整されており，カードの束が配布された時点でおおよその運命は決まっている。このようにして，ゲーム開始時の資源の保有量に潜在的な格差を設けておく。

　第 2 は，クイズの際に用いる資料の内容である。クイズの出題の前に，各グループに 1 枚ずつ関連資料を配布する。その際，机の配置に従って機械的に資料を配っているように装うが，実はグループによって，クイズの正解が書かれた資料を配布するところと，クイズの内容に関係はしているが正解そのものは書かれていない資料を配布するところを，恣意的に区別する。このように，配布資料の情報の質をグループごとに変えることによって，ゲームの運用条件に関わる潜在的な不平等を仕組んでおく。

第 17 章　バリアフリー教育を授業に取り入れる——257

これらの初期条件の格差を潜在させたクイズ大会を行い，最終結果が確定した後，各グループには勝因・敗因の分析をし，その内容を発表してもらう[注4]。次に，それまで言及していなかった第1，第2の条件を明らかにし，改めて各グループでゲームの感想を整理し，発表してもらう。その上で，このプロセスを通じて得られた気づきについて話し合い，現実社会にある諸問題との架橋を行う。

　実際の授業の流れは，次のようなものである。

〈イントロダクション〉
●ゲームのルール説明
●持ち点の決定
・各グループの代表にカードの束を選択してもらう。
・グループに持ち帰ったカードから，任意の3枚を引いてもらい，その合計を発表してもらう。
〈クイズ実施〉
●資料配布→記憶タイム→資料回収（※メモはしないように注意）
●出題と倍率の発表
●グループ内で回答と賭け点を相談→ホワイトボードに記入
●一斉に回答を提示
●正解発表
●点数計算の時間を利用して，クイズの内容に関する豆知識の提供
※このクイズを数問繰り返す。
　　↓
●最終順位の決定
●表彰
〈ディスカッション〉
●勝因／敗因分析についてグループ内で話し合い
●その結果の発表とディスカッション
●隠していた条件をオープンにした上で，改めてディスカッション
〈まとめ〉
・「勝ち組」から見える世界と「負け組」から見える世界とは大きく異なっていること。

・潜在化していて，ゲームの当事者には気づかれにくい条件の違いによって，現実社会での勝敗も左右されているということ（具体的な社会問題にも言及）。

　このプログラムは，社会構造についてのある種の疑似体験であるといえる。その点では，障害平等研修や貿易ゲーム（the Trading Game）[注5]と共通のモチーフを持っている。ただし，プログラム内で体験される社会構造を，現実の具体的な問題——たとえば「障害」や「南北格差」など——とのアナロジーで構成していない点が，特徴的である。具体的な問題を経由せずに，社会構造に含まれる不平等性について直感的な理解を得るための手段が，クイズ大会に仕組まれた不平等な条件という，それ自体は姑息にも感じられる仕掛けなのである。

5. 授業の効果とこれからの課題

　以上で紹介した授業が，実際に生徒にとってどのように経験され，どのような影響をもたらしたのかについての分析は別稿を要するが，ここではその一部に簡単に触れておこう。
　まず，我々が作成した心理尺度である「不平等認知指数」および「認知の状況拘束への感受性指数」（いずれも $4 \leqq x \leqq 20$）[注6]を用いて，授業の前後に実施した質問紙調査をもとに生徒の意識の変化を分析したところ，いずれも全体の平均スコアは微増しているが（不平等認知指数：13.05→13.53，認知の状況拘束への感受性指数：12.70→12.93），統計的な有意差は確認できなかった。ただし，事前のスコアが平均点未満であった層に限ってみると，比較的顕著な変化が見られ，とりわけ「不平等認知指数」については統計的に有意な変化が確認された（t 検定による有意水準5％）。このことは，もともと多様性に関する感受性の高い生徒は別として，そうではない生徒に対しては，この授業が一定の効果を持つ可能性を示唆している。
　また，授業の後に生徒に書いてもらった自由記述の感想からは，以下のような反応が確認された。

- 「優先席」に関する考察の深化
- 「迷惑」についての相対的な見方
- 外見による判断についての反省的な思考
- 普段の行動を見つめなおすきっかけ
- 意見の多様性への気づき
- 努力への動機付け
- 潜在的な「不平等」への気づき
- 「平等」への志向性
- 立場による「見える世界」の違いの意識化
- 「見えていない世界」への感受性
- 肯定的な障害（者）観への変化

　もちろん，以上からこの授業が当初の狙いどおりの効果を生み出したと即断することはできない。そのことを踏まえた上で，さらに効果的な授業内容開発に関わる研究は継続中である。また，より多くの学校現場でこの授業が実践され，そこからさらなる新しい知見が生まれてくることを期待しつつ，ここで紹介したプログラムの教材や指導マニュアルを近く公表する予定でもある。

　そうした継続的な実践の中から，社会科や国語科，家庭科といった既存の教科教育のカリキュラムの中に，こうしたバリアフリー教育の視点と方法を導入する手法を探究することが，今後必要になる。バリアフリー教育が「バリアに関わりながら生きる私たち」すべてにとって必要なものであるという観点に立つとき，このことは必然的な要請であるように思われる。

[注1] もちろん，「公」の領域における形式的包摂の進展によって「社会」の領域における実質的排除が緩和されるという効果が，全く期待できないわけではない。法に表現されている「マジョリティもマイノリティも共に生きる社会を作るべきだ」というメッセージが，差別的な思考を持っていた人々の価値観を変えることがあるかもしれないし，法制度に沿った行動をしているうちに，それが慣習化され，その行動に合致する意識や態度が醸成されるということもありうるからだ。ただし，そうした望ましい変化だけでなく，「公」において「政治的に正しい（politically correct）」言説が流布すればするほど，「本音」と「建前」とが分裂し，「本音」の領域における排除が深刻化する，という側面も無視することはできない。

[注2] このプロジェクトは，本書の基盤となっている科学研究費補助金・基盤研究（A）

「社会に生きる学力形成をめざしたカリキュラム・イノベーションの理論的・実践的研究」（研究代表者：小玉重夫）の分担研究，および，東京大学大学院教育学研究科附属バリアフリー教育開発研究センターの研究活動として，東京大学教育学部附属中等教育学校の教諭4名の協力を得て実施された。

［注3］この特別授業は，2012年度（2013年3月12日・13日）と2013年度（2013年7月4日・5日）に行われた。2012年度の実践では，筆者をはじめとする大学側の研究グループを中心にプログラムを展開したが，2013年度については附属学校の教諭を中心に授業を実施した。なお，第5節で触れる質問紙調査の結果や生徒の感想は，2013年度の附属学校教諭による実施時のものである。

［注4］この潜在的な格差を，ゲームの途中で生徒に気づかせないようにすることが，ひとつのポイントである。そのために，ゲームの戦略や勝敗の行方に意識を集中させる工夫が必要になる。実は，クイズの内容を社会的マイノリティや社会的不平等にまつわるものにしているのは，この授業の狙いがそうした知識そのものを伝える点にあるようにカムフラージュする仕掛けにもなっている。

［注5］貿易ゲームは，イギリスのNGOであるChristian Aidが開発したオリジナル教材を元に，神奈川県国際交流協会が日本語版を作成し，国際理解教育・開発教育の分野で広く普及している。その内容は，様々な状況の変化を織り込んだ貿易の疑似体験を行うことを通じて，世界経済に関わる諸問題について考えるプログラムである。

［注6］「不平等認知指数」は下記の1〜4の4項目，「認知の状況拘束への感受性指数」は同じく5〜8の4項目について，5段階評定スコアを合算したものである。
1.「先進国で生まれた人は有利だ」と思いますか。
2.「金持ちの家に生まれた子は将来金持ちになる」と思いますか。
3.「就職できない人は努力が足りない」と思いますか。（反転項目）
4.「勉強ができない人が損をしても仕方がない」と思いますか。（反転項目）
5.「日本に女性の政治家が少ないことは問題だ」と思いますか。
6.「誰もが他人に対する偏見を持っている」と思いますか。
7.「一度始めたことは最後までやり通すべきだ」と思いますか。
8.「生活保護の制度は，生活保護を受けている人の声をよく聞いて内容を決めるべきだ」と思いますか。

参考文献

浅井暢子（2012）．「偏見低減のための理論と可能性」加賀美常美代ほか編『多文化社会の偏見・差別——形成のメカニズムと低減のための教育』明石書店，pp. 100-124.

川島聡・飯野由里子・西倉実季・星加良司（2015）．『合理的配慮』有斐閣（近刊）

徳田克己・水野智美編（2005）.『障害理解——心のバリアフリーの理論と実践』誠信書房.

冨永光昭編（2011）.『小学校・中学校・高等学校における新しい障がい理解教育の創造』福村出版.

中邑賢龍・福島智編（2012）.『バリアフリー・コンフリクト——争われる身体と共生の行方』東京大学出版会.

福島智（1997）.『盲ろう者とノーマライゼーション』明石書店.

松井亮輔・川島聡編（2010）.『概説障害者権利条約』法律文化社.

松波めぐみ（2003）.「『障害者問題を扱う人権啓発』再考——『個人—社会モデル』『障害者役割』を手がかりとして」『部落解放研究』151.

French, S. (1996). Simulation exercises in disability awareness training, in Hales, G. (ed.) *Beyond disability: Towards an enabling society*, London: SAGE.

Gillespie-Sells, K., & Campbell, J. (1991). *Disability equality training trainers guide*, London: Central Council for Education and Training in Social Work.（久野研二訳（2005）.『障害者自身が指導する権利・平等と差別を学ぶ研修ガイド——障害平等研修とは何か』明石書店.）

Harris, A., & Enfield, S. (2003). *Disability, equality, and human rights: A training manual for development and humanitarian organisations*, Oxford: OXFAM.

Walker, S. (2004). Disability equality training: Constructing a collaborative model, *Disability & Society*, 19(7), 704-19.

Young, J. C. (2007). *The vertigo of late modernity*, London: Sage Publication.（木下ちがや他訳（2008）.『後期近代の眩暈——排除から過剰包摂へ』青土社.）

第Ⅴ部　カリキュラムのガバナンス

第18章
地方発のカリキュラム改革の可能性と課題

大桃敏行

1. 地方発のカリキュラム改革への着目

集権的課題解決の手法への疑義

　日本は集権的システムを通じて「普遍的で共通の教育」の保障に努めてきた。国の定めた学習指導要領は法的拘束力を有するものとされ、この学習指導要領に基づいて教科書が作成され、多少の例外はあるが、文部（科学）大臣の検定を経た教科書か文部（科学）省（以下、文科省）が著作の名義を有する教科書の使用が義務づけられてきた。学習指導要領の改訂はほぼ10年ごとに行われ、その時々の課題に対応して教える内容や授業時数の増減などが図られてきた。学校を新たな世界への旅立ちの窓とする物語が多くの人々に共有される時代にあっては、北に住もうと南に住もうと、都市にいようと田舎にいようと「普遍的で共通の教育」を保障するという理念は魅力をもちえた。しかし、この物語が色褪せ、自らの文脈から切り離された学びに意欲をもてない子どもたちが多くなっているとすれば、システム全体の点検が必要になる（大桃，2005）。

　この課題への対応の一つがナショナル・カリキュラムの内容を変えていくことである。本書のもとになっている共同研究は、学習指導要領の次期改訂を視野に入れたカリキュラム・イノベーションの可能性と条件を探ろうとするものであった。本書の他の章ではカリキュラム・イノベーションの原理の究明と、学習指導要領の改訂に向けて具体的な提案が示されている。もう一つは、教育の現場から、つまり子どもたちの学びや教師の教育実践により近い自治体や学校での改革の可能性を探ることである。地方分権改革が進められた時期に、「学習指導要領さえ変えれば問題は解決に向かう」という考えは「とても危険」

とし，集権的な課題解決の手法を批判する意見が出された。「学力と同時に学習意欲が低下している現在では，いくら授業時間数を増やしても再び授業についていけない子供たちを増大させるだけでしょう」とされたのである。求められたのは，教育の現場，つまり学校やその設置維持にあたる自治体レベルでの改革であった（穂坂，2005, p. 6）。

地方発のカリキュラム改革への着目

　私たちは地方発のカリキュラム改革に着目し，教育課程特例校（以下，特例校）制度を対象に研究を進めることとした[注1]。特例校制度は構造改革特別区域研究開発学校事業を引き継いだもので，「学校教育法施行規則第55条の2等に基づき，学校又は地域の特色を生かし，学習指導要領等によらない特別の教育課程を編成し実施することができる学校」（文科省「教育課程特例校の指定等に係る申請手続等について」2014年7月10日）と説明されている。学校教育法施行規則は第50条から第52条で小学校の教育課程の編成や授業時数，教育課程の基準について定めている。同施行規則第55条の2はこれらの規定（第50条第2項を除く）によらない小学校における教育課程の編成と教育の実施について定めており，中学校などに準用規定がある。

　特例校の指定の要件として次の事項が示されている。「学習指導要領等において全ての児童又は生徒に履修させる内容として定められている内容事項が，特別の教育課程において適切に取り扱われていること」「総授業時数が確保されていること」「児童又は生徒の発達の段階並びに各教科等の特性に応じた内容の系統性及び体系性に配慮がなされていること」「保護者への経済的負担への配慮その他の義務教育における機会均等の観点から適切な配慮がなされていること」「児童又は生徒の転出入に対する配慮等の教育上必要な配慮がなされていること」である（文科省，2014）。教育課程の特例といってもナショナル・カリキュラムの縛りは強く打ち出されており，あわせて児童生徒の発達段階や保護者の経済的負担などとともに児童生徒の転出入への配慮が示されている。

　本章はこの特例校制度を取り上げ，地方発のカリキュラム改革の可能性と課題を検討する。

2. 教育課程特例校の指定状況と事例

教育課程特例校の指定状況

　まず，特例校の指定状況と事例についてみておきたい。特例校は2014年4月1日現在で指定件数が249件，指定学校数が2775校であり，2012年の同時期（指定件数206件，指定学校数2591件）と比べると指定件数も指定学校数も増えている（文科省，2014）。

　特例校の内容は多岐にわたっている。文科省によれば，最も多いのが小学校低・中学年からの英語教育の実施であり，金沢市がその例となる。金沢市は2004年に「『世界都市金沢』小中一貫英語教育特区」に認定され，小学校3～6年で「英語科」の授業が行われてきた。言語系では英語以外の特例校もあり，たとえば東京都世田谷区の教科「日本語」がそうで，2004年に「世田谷『日本語』教育特区」として認定された。ただし，世田谷区の「日本語」科は小学校低学年から漢詩が入るなど通常の国語とは異なるだけでなく，小学校で衣食住や舞台芸術に関する学習も行われ，中学校では「哲学」「表現」「日本文化」の学習になるなど，「語学系」の枠に収まらない内容になっている（讃井，2014）。

　学校や地域の特性をいかした独自の教科を新設しているものも多い。漆器や銅器などの伝統工芸やデザイン産業などをいかした富山県高岡市の「ものづくり・デザイン科」，次に事例として取り上げる長野県諏訪市の「相手意識に立つものづくり科」や熊本県産山村の「うぶやま学」などがそうである。また，市民性や道徳に関わるものに青森県三戸町の「立志科」や東京都品川区の「市民科」がある。このように内容は多岐にわたるが，特例校制度による独自教科の実施をやめたところもある。神奈川県南足柄市がそうであり，独自教科の「きらり」を2012年度をもって終了し，その内容を単元として行うことになった。一定の成果がみられたとする認識とともに教員の間に負担感があったことが要因としてあげられている（木場，2014）。

諏訪市の「相手意識に立つものづくり科」

　諏訪市は2007年11月に「相手意識に立つものづくり教育特区」の認定を受

け，2008年度から「相手意識に立つものづくり科」をスタートさせた。2009年度から特例校制度による実施になっている。諏訪市においてものづくり教育への取り組みの契機となったとされているのが，地元の企業経営者の寄付であった。諏訪市は精密機械工業で有名であるが，後継者不足を危惧した経営者が100万円の寄付を行い，これにより「地域密着型ものづくり講座」が2003年に始まる。翌年には他の地元企業から5000万円の寄付があり，「ものづくり教育推進協議会」が設置されて諏訪のものづくり教育の理念や目的の検討が行われた。その後，経済産業省のプロジェクトのもとでの「ユーザー視点のものづくり」事業を経て，特区申請に至っている（諏訪市，2007；武井，2014）。

　以上の取り組みにおいて，諏訪市は高岡市の視察を行っている。高岡市の「ものづくり・デザイン科」は前述の伝統工芸やデザイン産業との結びつきが強い内容になっている。諏訪市の「相手意識に立つものづくり科」でも地元企業の協力があるが，「相手意識に立つ」あるいは「使い手の立場に立つ」が諏訪のものづくりの精神として強調され，学校での実際の取り組み内容は広範なものになっている。同科は小学校1年生から中学校3年生まで年間25時間ずつ実施されており，生活科，図画工作科・美術科，技術家庭科，総合的な学習の時間を削減して，その時間を捻出している（武井，2014）。

　市は「指導の手引き」と「実施計画書」を作成し指導指針として示しているが，教材や題材は各学校に任されている。作品は箸やブックエンドなど様々で，腕時計作り体験実習なども行われている。小学校では学級担任が，中学校では技術家庭科の教員が中心となって年間の指導計画を立案して実施されている。「指導の手引き」では，「使う人を決め，使う人の要望を知る」ことから始め，「いろいろ工夫し案をまとめ」，それにそって「製作，改善」を進めていくことが示されている。製作において様々な技術や知識をもった人たちがサポーターやボランティアとして支援にあたっている。子どもたちが製作した作品は毎年12月に開催される「チャレンジショップ」で商品として販売されるが，価格の決定から販売まで子どもたちが担う（諏訪市教育委員会，2012；武井，2014）。

　以上のように，諏訪市の「相手意識に立つものづくり科」は子どもたちが主体的に製作から販売まで取り組むとともに，そのプロセスで教員―生徒間関係にとどまらない多様な他者とふれあう構成になっている。

産山村の「ヒゴタイイングリッシュ」「うぶやま学」

　産山村は2006年11月に「産山村小中一貫教育特区」の認定を受け，2007年度から特区制度の下で小中一貫教育に取り組み，「ヒゴタイイングリッシュ」や「うぶやま学」など独自の実践を行ってきた（産山村，2006）。諏訪市の「相手意識に立つものづくり科」と同じように，2009年からは特例校制度の適用を受けている。

　産山村は1988年から同村の中学校とタイ国の中学校との間で交流生相互派遣による「ヒゴタイ交流」を実施してきた。「ヒゴタイ」とは村花の「ヒゴタイ」と「肥後」と「タイ」を掛けた名称である。「ヒゴタイイングリッシュ」はこの交流実績に基づくもので，「英語を通した会話や外国文化に対する理解を深めるとともに，人のふれあいを大切にしながら積極的にコミュニケーションを図ろうとする態度の育成をねらい」とし，9年間を見通した「英会話科」と中学校の英語を6年生から先取りした「英語科」からなる。また，産山村は学社融合事業や地域ボランティア活用事業などを行ってきた。「うぶやま学」はこれらの事業や総合的な学習の時間で行ってきた活動を「キャリア教育の視点で体系化」しようとするものであり，地域との連携や地域人材などの活用による体験を重視した学習が行われている（産山小学校・同中学校，2008；仲田，2013）。

　「ヒゴタイイングリッシュ」の「英会話科」は小1～小2が各20時間，小3～中3が各35時間，小6の「英語」は35時間，「うぶやま学」は小1が34時間，小2～小4が各35時間，小5～中1が各40時間，中2～中3が各85時間で，生活科や総合的な学習の時間，選択教科などから時数が捻出されていた。しかし，2008年の学習指導要領の改訂に伴う総合的な学習の時間の時数の削減や中学校における選択科目の標準授業時数の枠外の位置づけなどにより，中学校の「うぶやま学」を総合的な学習の時間の枠で行い特例の扱いから外すなどの修正を行った（仲田，2013）。改革を進めてきた前教育長の市原正文によれば，「ヒゴタイイングリッシュ」を始めたのは民間の英語教育施設などがない「産山の学習環境の不備に対応するため」であり，「うぶやま学」については産山村においても体験学習の機会が減少してきていることによる（市原，2014）。諏訪市の場合と同じように，産山村の実践も地域課題を背景とするとともに，子

どもたちの主体的な活動や体験が重視され，学習のプロセスが多様な他者との交わりに開かれている。

このような類似性があるが，産山村の取り組みの大きな特色となっているのが村の教育研究会の稼働である。校長，教頭，指導主事からなる研究企画部が置かれ，そのもとに「二学期制（評価）・小中一貫教育デザイン評価部会」「小中一貫教育・教育課程編制部会」「小中一貫教育・指導方法開発部会」の3つの部会が設けられ，村内の全教職員の参加のもとでカリキュラムの作成や指導方法の開発などが行われた（仲田，2013）。産山村は特区申請当時は小学校2校（現在は統合により1校），中学校1校であり，まさに小規模性をいかした教育委員会事務局と学校が一体となった研究開発であった。

3. 地方発のカリキュラム改革の可能性

特例カリキュラムの実施による子どもたちへの影響

それでは，教育課程の特例による取り組みは子どもたちにどのような影響を与えていると考えられているのか。表18-1は教師への質問紙調査の結果をまとめたものである[注2]。「とてもあてはまる」と「ある程度あてはまる」をあわせた数値の高いものをみると，「子どもの表現力が高まったと感じる場面があった」(80.8%)，「子どもの個性が伸びたと感じる場面があった」(74.8%)，「以前は活躍できなかった子に活躍の場ができた」(74.8%) となっており，「友達と協力しあえるようになった」(68.9%) や「既存の教科にはない学習成果がみられた」(65.0%) もかなり高い値になっている。自治体独自のカリキュラムには子どもの表現力や個性の伸長につながるものが多く，また体験活動や作業などにおいて他の子どもと協力する機会も多くなっているのであろう。新たな活躍の場や既存の教科にない学習の成果は独自カリキュラムの直接的な成果としてとらえることができよう。一方，「既存の教科の学力が低下した」(6.6%) や「子どもの負担が増した」(28.1%) といった負の影響はそれほど感じられていない。もっとも，規範意識の高まり (42.6%) や他の教科への波及効果 (34.0%) など評価があまり高くないものもある。

表18-1 特例校カリキュラムの実施による子どもへの影響（%）

	A	B	C	D	E
子どもの個性が伸びたと感じる場面があった	16.5	58.3	21.6	1.8	1.8
子どもの規範意識が高まったと感じる場面があった	6.3	36.3	48.5	7.1	1.8
子どもの思考力が高まったと感じる場面があった	7.1	52.0	36.6	2.5	1.8
子どもの判断力が高まったと感じる場面があった	4.4	44.2	45.6	4.0	1.8
子どもの表現力が高まったと感じる場面があった	21.7	59.1	15.8	1.6	1.7
子どもの集中力が高まったと感じる場面があった	9.6	46.9	38.1	3.5	1.9
子どもが地域や社会のことを考えるようになった	9.5	39.8	42.0	6.8	1.9
子どもが他教科の授業にも積極的に取り組むようになった	2.5	31.5	55.7	8.2	2.1
子どもが友達と協力しあえるようになった	11.6	57.3	25.7	3.5	1.9
既存の教科にはない学習成果がみられた	13.8	51.2	29.6	3.3	2.1
既存の教科の学力が低下した	0.9	5.7	48.6	42.3	2.5
以前は活躍できなかった子に活躍の場ができた	15.7	59.1	21.2	2.1	1.9
子どもの負担が増した	4.0	24.1	53.7	16.2	2.0

（A:「とてもあてはまる」，B:「ある程度あてはまる」，C:「あまりあてはまらない」，D:「全くあてはまらない」，E:無回答。次の表18-2も同じ。）

特例カリキュラムの実施による教員への影響

　次に，教員への影響を教員自身はどのように認識しているのか。表18-2は同じように教員への質問紙調査の結果を示している。まずは，「日々の仕事が忙しくなった」について「あてはまる」の回答が高くなっているのが目をひく。「とても」と「ある程度」をあわせると73.8％になる。子どもの負担増に関する認識は前述のように3割弱であったが，教員自身にとっては特例カリキュラムの実施のための種々の会合や研修，授業の準備などがこれまでの活動に加わり，多忙感を増しているものと理解できよう。その一方で，「子どもを多様な視点で見るようになった」の質問項目も「あてはまる」の回答が74.7％と高く，「教員の創意工夫をいかす機会が増えた」（63.6％）や「自校の先生と協力する機会が増えた」（59.7％）も6割ほどの値になっている。

　教員に対する調査と一緒に実施した校長への質問紙調査では，特例カリキュラムについて「指導方法は各教員の裁量に委ねられている」に関して「とても

表18-2 特例校カリキュラムの実施による教員への影響（％）

	A	B	C	D	E
授業の力量があがった	4.2	43.4	45.6	5.1	1.8
教員の創意工夫をいかす機会が増えた	11.0	52.6	30.6	4.1	1.7
日々の仕事が忙しくなった	27.4	46.4	22.1	2.4	1.8
子どもを多様な視点で見るようになった	10.9	63.8	22.0	1.6	1.8
教員の役割に対する考え方が変わった	4.1	30.1	56.8	7.1	2.0
自校の先生と協力する機会が増えた	12.2	47.5	33.2	5.4	1.7
他校の先生と相談する機会が増えた	5.1	20.8	45.7	26.7	1.7

あてはまる」（11.3％）と「ある程度あてはまる」（48.6％）をあわせた回答は60％ほどで（梅澤ほか，2013），「教員の創意工夫をいかす機会が増えた」に関する教員の意識と類似の傾向がとらえられる。指導方法などが教員の裁量に委ねられれば，教員が創意工夫をいかす機会が増え，その過程で他の教員と協力する機会も増えていくことにもなろう。特例校制度の適用により，ある程度このような機会が生み出されていると考えられるが，「教員の裁量」と「創意工夫」の両質問項目の肯定的な回答が6割程度であることから，このような機会の創出につながっていない場合もかなりの割合であることが想定される。

　以上のように，特例校制度の下で多様な取り組みがなされ，教員の意識調査の結果という限られたデータからであるが，その取り組みは子どもたちの表現力や個性の伸長，他者と協力する力の増進，そして新たな活躍の場や既存の教科にない学習成果の創出において，一定の成果を上げていることが窺える。標準化されたカリキュラムの下での学ぶことへの意欲の低下，自分の文脈から切り離された抽象的な学びからの逃走がいわれるなかで，地方発のカリキュラム改革はその課題の解決に向けて一定の可能性を有するものといえよう。また，教員への影響において「子どもを多様な視点で見るようになった」とする回答が75％近くになっているのも，多様な課題やニーズを抱える子どもたちと向きあう教師にとって重要な結果といえよう。ただし，この地方発のカリキュラム改革は多くの課題を内包していることも確かである。

4. 地方発のカリキュラム改革の課題

地方の自律性と平等保障

　まず，第一に，地方の自律性と平等保障の問題である。地方分権改革の推進における検討課題の一つが，財政力や活用できる人材などから生じる自治体間の格差や不平等の問題であった。世田谷区は教科「日本語」の立ち上げにあたって，小学校で低・中・高学年用の『日本語』の3冊と，中学校で『哲学』『表現』『日本文化』の3冊の教科書を作成し，児童生徒に無償で配布している。教科書の作成にあたっては部会が設けられ，大学教授などの有識者が部会長を務めた（讃井，2014）。世田谷区は人口が約87万人で人口規模の小さい県や政令指定都市に匹敵し，区内や近郊の地域に多くの大学がある。

　三戸町のような小規模自治体にあっても独自の教科書を編集しているところもあるが，一般的にみれば財政力や人材に恵まれた自治体が有利なことは確かであろう。もっとも，産山村のように小規模性をいかした独自の体制を組んでいるところもあり，諏訪市のように地元の企業の寄付や人的協力をえて独自の改革を進めていくこともできよう。しかし，このような自治体の能動的取り組みがまた，そのような取り組みを行わない自治体との間に差異を生み出していくことになる。子どもは居住する自治体を選んで生まれてこないし，その自治体の改革の意思決定に関わることもほとんどない。とすれば，どの自治体に居住するかで教育の機会が大きく制限されてはならない。特例校の指定の要件にナショナル・カリキュラムの縛りが依然として強く示されていたが，このような教育の平等保障への配慮によるものであろう。

　しかし，それはまた地方での独自の展開を制約していくことになる。2008年の学習指導要領の改訂が産山村の実践に修正をもたらしていたのは先述のとおりである。自治体独自の取り組みが子どもに新たな活躍の場を提供し，これまで必ずしも意欲をもって学びに取り組めなかった子どもたちの学習への意欲を高めることになれば，それはそのような子どもたちにとって重要な教育機会の提供となる。自治体独自のカリキュラム開発は，このような教育機会の提供と「普遍的で共通の教育」の保障との競合ともいえるものを内包しており，そ

の調整が課題となるのである。

「規格化」と多様性

　第二に，「規格化」の問題である。地方でのカリキュラム改革は地方や学校の課題に即した多様な実践につながるとは限らない。青木（2011）は特区の計画書には「規格化」ともいうべき同じような内容が並んでおり，特例校制度にあっても小学校低・中学年からの英語活動に取り組む自治体が増えていることを指摘している。前述のように小学校低・中学年からの英語教育が特例校では最も多く，2014年の指定件数が184件で全体の74％ほどになっている（文科省，2014）。

　しかし，以上みてきたように「規格化」には収まらない多様な実践があり，さらに同じカテゴリーに分類されるとしても，金沢市のように独自の副読本を編集しそこに地域の素材を取り入れている場合もある[注3]。この点と関わって注目したいのが相互参照と独自開発による改革の進行である。諏訪市は前述のように高岡市の視察を，三戸町は「立志科」の開発にあたって品川区の「市民科」の視察を行っているが，単なる「模倣」や「引き写し」ではなくそれぞれの自治体の課題をふまえた独自色の強い教科の開発が行われた。国が施策を策定し地方や学校におろすトップダウン型の改革でも，国が研究開発校などの実践を取り上げ（ボトムアップ），それを国の全体の施策として地方や学校におろす改革とも異なる，自治体レベルでの相互参照と独自開発による改革の広まりである。「規格化」を越えて地方段階でのこのような改革を進めるためには，それぞれの自治体の努力とともに，各自治体が利用できる事例に関する情報の蓄積と改革に向けた課題の提示が必要となってこよう（大桃，2014）。

改革の場の再構成と学びの質の吟味

　第三に，改革の場の再構成と学びの質の吟味の問題である。地方での改革といっても教育委員会事務局で新しい教科の内容が細部まで決められ，それが学校におろされ，それにしたがった実施が求められれば，学校や教員にとって国からのトップダウン型の改革とあまり変わらないものとなろう。前述の教員への質問紙調査によれば，特例カリキュラムの導入で「学校独自の実践が生まれ

た」は「あてはまる」とする回答は50％ほど，「自校の特色が明確になった」は40％ほどである（梅澤ほか，2013）。先に示したように，学校において「指導方法は各教員の裁量に委ねられている」も「教員の創意工夫をいかす機会が増えた」も「あてはまる」の回答は60％程度であった。産山村の事例にみられるように独自カリキュラムの開発にいかに学校や教員を引き込み，実施でその裁量に委ねていくかが課題となる。

　それとともに課題となるのが，第一の課題と関わってこのような改革が学びの質を実際にどう変えていくのかの吟味である。小玉（2013）は日本における教育システムと選抜システムの融合とその区分けについて論じているが，地域課題や体験学習などと結びついた取り組みは，選抜システムと結びつけにくい市民や生活者としての資質の育成に通じる側面を有しているようにも思える。諏訪市においても産山村においても子どもの主体的な取り組みや体験活動が重視され，そのプロセスが子どもたちの生活に近い多様な関係性に開かれていた。定式化された知識の獲得とは異なる，このような学びの質の吟味が，ナショナル・カリキュラムの「普遍的で共通の教育」の保障の意義の再検討とともに課題となる。

［注1］本章の研究は東京大学大学院教育学研究科学校開発政策コース出身の押田貴久（宮崎大学），仲田康一（浜松大学），武井哲郎（びわこ成蹊スポーツ大学），同コースの大学院生の村上純一，梅澤希恵，木場裕紀，讃井康智，町支大祐と大桃で進められた。本共同研究の結果は『東京大学大学院教育学研究科教育行政学論叢』第33号（2013年）の〈特集2：自治体におけるカリキュラム開発〉195-294頁，及び参考文献欄の大桃・押田編著（2014）などに示した。本稿はこの共同研究に基づくものである。
［注2］本質問紙調査の概要及び調査結果は参考文献欄の梅澤ほか（2013）を参照されたい。
［注3］小学校副読本 *Sounds Good*。金沢市は中学生用に *This is KANAZAWA: Past, Present, & Future* も編集している。

参考文献

青木純一（2011）．「構造改革特区，教育分野の『規格化』とその背景——自治体の自発性や地域の特性に着目して」『日本教育政策学会年報』18, 40-52.
市原正文（2014）．「本村の実態に応じた特色ある教育を推進するに当たって」大桃敏

行・押田貴久編著『教育現場に革新をもたらす自治体発カリキュラム改革』学事出版，124-125.
産山村（2006）.「構造改革特別区域計画」.
産山村立産山小学校・同中学校（2008）.『研究紀要　We have a dream 産山村教育改革』.
梅澤希恵・町支大祐・木場裕紀・讚井康智・仲田康一（2013）.「自治体独自カリキュラムの実施に対する校長・教員の認識——教育課程特例校への質問紙調査から」『東京大学大学院教育学研究科教育行政学論叢』33, 215-234.
大桃敏行（2005）.「地方分権改革と義務教育——危機と多様性保障の前提」『教育学研究』72(4), 444-454.
大桃敏行（2014）.「公教育システムの改革と自治体発のカリキュラム改革」大桃・押田編著，前掲，8-16.
大桃敏行・押田貴久編著（2014）.『教育現場に革新をもたらす自治体発カリキュラム改革』学事出版.
小玉重夫（2013）.『学力幻想』筑摩書房.
木場裕紀（2014）.「神奈川県南足柄市におけるカリキュラム改革への取り組み——教科『きらり』」大桃・押田編著，前掲，137-146.
讚井康智（2014）.「東京都世田谷区におけるカリキュラム改革への取り組み——教科『日本語』」大桃・押田編著，同前，68-78.
諏訪市（2007）.「構造改革特別区域計画」
諏訪市教育委員会（2012）.「ものづくり教育視察資料」（平成24年2月20日）.
武井哲郎（2014）.「長野県諏訪市におけるカリキュラム改革への取り組み——『相手意識に立つものづくり科』」大桃・押田編著，前掲，101-110.
仲田康一（2013）.「教育委員会と学校の連携による小中一貫カリキュラムの開発——熊本県産山村における教育改革の展開から」『東京大学大学院教育学研究科教育行政学論叢』33, 247-256.
穂坂邦夫（2005）.『教育委員会廃止論』弘文堂.
文部科学省（2014）.「教育課程特例校について」（http://www.mext.go.jp/a_menu/shotou/tokureikou/1284969.htm）（2014年8月28日アクセス）.

第 19 章
附属学校と大学の協働は何をもたらしたか

小玉重夫・福島昌子・今井康雄・楢府暢子・村石幸正

　本書の探究する，カリキュラム・イノベーションにおいて，東京大学教育学部附属中等教育学校（以下，東大附属）と東京大学大学院教育学研究科（以下，教育学部とも）との協働は不可欠の構成要素をなしている。それは単に一般的にいわれる附属学校と大学の共同研究という意味にとどまらず，むしろ，本書が提案するカリキュラム・イノベーションが，従来の中等教育と高等教育の関係を根本から組み替える視野を持っていることに由来する。すなわち，序章で示したように，私たちは高等教育から中等教育へと下降するカリキュラムの構造を，中等教育と高等教育の間の相互往還的関係の構造へと転換させることをねらっていることによるものである。

　これまで本書の各章でも，附属学校と大学が協働することによって，中等教育と高等教育の間の相互往還的なカリキュラム・イノベーションの方向性を明らかにすることができた。本章ではこの点を附属学校と大学の協働に焦点化して述べていきたい。第1節では東大附属の教育全般を概観し，第2節と第3節ではカリキュラム・イノベーションにおける附属学校と大学の協働の実態を述べる。そして第4節と第5節では，それによって附属学校にとって，またさらに広い文脈で，何がもたらされたかを検討していく（第2節と第5節はそれぞれ『東大附属論集』の第55号と第58号の「はじめに」として書かれた文章を改稿したものである）。(小玉重夫)

1. 東大附属の教育——歴史とその特色

　東大附属は，多くの国立大学法人附属学校と異なり，幅広い学力の生徒たちが集う6か年一貫校として教育が行われている。以前は中学校と高等学校が併

設される形態で教育が行われていたが，2000年4月から前期課程（中学校期），後期課程（高等学校期）から編成される中等教育学校へと移行した。国立の附属中等教育学校としては，一番最初にスタートを切った学校である。最近では，全国的に公立・私立の中高一貫教育の学校が相次いで設立されているが，東大附属は中高一貫教育については歴史を有し，一歩先んじているモデル的な役割を果たしている学校といえる。

東大附属の歴史と教育学部

　東大附属は，官立の7年制高等学校である旧制東京高等学校として1921（大正10）年に発足したのち，独特の教育制度のもと数々の傑出した人物を輩出してきた。戦後の学制改革に伴い1950年に廃校となったが，その2年前，1948年に同校の3年生と新たに募集する1，2年生をあわせ東京大学のもとで新制中学校を編成した。これが東大附属の実質的発足である。

　1949年度の募集から男女共学が始まり，入学者を公開抽選により決めるという方式が採用された。またこの年，新制高等学校が発足し，1949年には東京大学文学部から教育学部が独立し，新たな学部となった。これに伴い東大附属は東京大学教育学部附属中学校および高等学校となり，1953年度から双生児の募集を始め学級数が増え，現在のような1学年3学級となった。その後，入学選抜方式の変更や通学区域が設定されたり，またそれが拡大されたりと，いくつかの変更はあったものの東大附属の基本的な枠組みはこの頃にほぼ完成した。その後2000年に中等教育学校という学校種に移行はされたが，教育研究と教育実践の研究の場として，また，教育学部教員と附属学校教員の共同研究拠点として重要な役割を担ってきた。なかでも，双生児研究，「6年一貫教育」の研究，「総合学習」の実践，「協働学習」の実践などは，多くの教育関係者から注目された。

　東大附属の教育目標は，中等教育学校に移行した際，「未来にひらく自己の確立」とされ，その具体的項目に「豊かな人間性」「自主的な思考と判断力」「のびやかな表現力」という3つの柱を立てた。そして，この教育目標を実現するためにそれぞれの教科学習と「総合学習」で，「ことばの力」「論理の力」「情報の力」「関係の力」「身体・表現の力」という「5つの力」を育て，その

力を社会に生きる力に繋げていくことをねらいとした。

東大附属の教育の特色

　東大附属は，1学年120人（男子60人，女子60人），前期課程360人，後期課程360人と小規模の学校であり，各学年に10組前後の双生児が在籍している。双生児の募集にあたっては，創設以来，一般児枠とともに双生児枠を入学選抜時に設け，2002年度には三つ子枠も設け募集をしてきた（2014年度には双生児在籍累計935組——双生児933組，三つ子2組の在籍）。
　中等教育学校にはさまざまな特色ある学校が存在するが，東大附属では「じっくり，ゆっくり学ぶ学校」と位置づけ，中等教育学校としてのカリキュラムを作り，国立大学附属のモデル校（研究開発校）として，文科省委託事業や双生児研究，教員一人一人の教育実践研究を行ってきた（成果物として，文科事業報告書[注1]や東大附属として出版した書籍[注2]がある）。なかでも双生児の研究は世界的にも類を見ない研究といえる。東大附属では入学後に双生児の保護者，生徒に協力を得て双生児特別検査（卵性診断を含む）を実施し，その卵性診断結果をもとに双生児研究委員会の教員や授業・ＨＲ（ホームルーム）担任である教員が，一般児と何ら変わらない学校生活，学習環境のもとで，双生児の二人の関係について観察する質的研究（ケーススタディ）を行ってきた。この手法は双生児そのものを研究対象とするものではなく，双生児の「遺伝と環境」要因から，一般教育全般に広く役立てようというものである。

2-2-2制のカリキュラムと「総合学習」

　東大附属では，成長が最も著しいこの時期に，前期（中学校相当）課程と後期（高等学校相当）課程の6年間を，1，2年を基礎期，3，4年を充実期，5，6年を発展期として位置づけ，2年ごとにクラスと担任を変える2-2-2制をとってきた。ある教科では，4年生の授業を前倒しして3年生で行うなど，この区分と中等教育学校の特色を生かし，各教科で特徴のあるカリキュラムを組んでいる。
　また，その一方で教科学習と同様に力を入れてきたのが「総合学習」である。「総合的な学習の時間」などを利用するその授業内容は，基礎期に「総合学習

入門」，充実期に「課題別学習」，発展期に「卒業研究」とし，それぞれの発達段階の課題に即した探究的な学習を中心に据えている。生徒たちに学び方の方法や技術を身につけさせるのが「総合学習入門」，特定の主題を中心とする学習が「課題別学習」，各自の選んだ主題を研究しまとめるのが「卒業研究」である。

1年生の「総合学習入門」では，東京大学の本郷および田無キャンパス内でのフィールドワーク「東京大学探検」などを実施し，知識や情報の収集，インプットからアウトプットへの基礎を身につけ，学び方を学ぶ。また2014年度から学年宿泊行事と連動させた「日本のルーツを探る」をテーマに，主体的，自主的な活動に結び付ける学習活動へと発展させている。そして，2年生では東大附属の校舎を中心に「半径2キロメートル研究」，表現活動として「演劇」「新体操」「太鼓」「踊り」に取り組み，教育目標の一つである「のびやかな表現力」を育む内容としてきた。

3，4年で取り組む「課題別学習」は，1966年に2-2-2制の実施とともに開始された東大附属の「総合学習」の原点ともいえる。この課題別学習は，「自然・環境」「人間・社会」「化学・産業」「創作・表現」の4領域からなり，それぞれの領域の中に複数の講座が設けられている。授業の特徴としては，教師自身の専門性を生かした教科授業の枠を超えたテーマ（12～15講座）から生徒が自分の興味・関心にあった講座を選択し，少人数で学年をこえて学ぶというものである。この学年の垣根を越えた講座コースの設定と，興味関心に基づく選択コースの設定が，他の通常に行われている授業にはない異なった質の深い学びがあるといわれる。

6年間の学習の集大成として，最終学年5，6年に学校設定科目の「卒業研究」を置いている。この卒業研究は，自分で設定した研究テーマを個人で追究し，これまで培ってきた手法を用いて，生徒自身の個性や特徴を生かしながら自分の力で論文や作品を完成させるという学習である。この卒業研究に提出された作品には優れたものも数多くあり，全国学芸科学コンクールで内閣総理大臣賞，文部科学大臣賞，金賞を受賞するなど高い評価を得ている。このように東大附属の6年間では一貫して「総合学習」が追求され，東大附属の教育の特色の一つとなっている。

東大附属の教育研究

これまで東大附属の教科の授業は，それぞれの教員が独自に開発した教材による創造的な授業が試みられてきた。その中で教師の授業改革と授業力アップや質の高い授業を生徒たちに保障することを念頭に，2005年度から全校で授業研究である「学びの共同体」に取り組んだ。この「学びの共同体」については教育学部から佐藤学（当時）の，2010年度から取り組んだ「教えて考える授業」では市川伸一の，2012年度から行われた「協働学習のあり方」の研究組織体制づくりでは秋田喜代美の，それぞれ大学スタッフの助言を受けた。そして，それを機に数多くの教育学部のスタッフに関わってもらいながら授業研究を行ってきた。

東大附属がこの協働学習を始めた当初の目的は，一斉授業で一方的に効率良く知識を伝達し，暗記させる教え込み授業を，授業研究を通して変えていくということと，教科書，ノートの学びから，仲間と共に探究し合う問題解決的な学び（探究的な学習）に変えていくということにあった。この授業研究は日常の授業の中に位置付けることを前提として，学部のスタッフの助言のもと，附属全教員の参加による教科の枠を越えた授業検討会，教科別の授業検討会，また学年の担任団で生徒たちを見て支えていく学年授業検討会の3つで構成された。授業改革の成果の発信の場として各年度末に公開研究会を開催し，学校全体で設定した協働学習についての統一研究主題に沿って，附属の教員一人一人が独自の協働の考えに基づいたオリジナルの授業を公開した。この統一研究主題を設定することになった2010年度より，全教科の分科会・協議会について大学・教育学部のスタッフにコメンテーターを依頼し，大学スタッフと附属の教員とで授業研究としての協働学習のあり方について議論した。

現在，このような連携研究を教育学部さらにその他の東京大学スタッフと行うようになったのは，教育学部の武藤芳照学部長（2009年〜2011年），市川伸一学部長（2011年〜2013年），南風原朝和学部長（2013年〜2015年）のもと，授業研究，カリキュラム評価，大学教員による特別授業，学校図書館の改革，双生児データベースの構築など，さまざまな領域で連携研究体制がより一層進んでつくられるようになったためといえる。また2009年から2015年または2014年度まで濱田純一総長により，東京大学全体の将来像を描く行動シナ

リオが示され，東大附属も東京大学の部局のひとつとして，以下の3つの項目からなる行動シナリオを挙げている。

 1　「大学・社会での学び」につながる中等教育のモデルの提示
 2　双生児研究の拠点づくり
 3　教育研究のフィールドとしての整備拡充

　このうち第一の「大学・社会での学び」につながる中等教育のモデルの提示については，東大附属が重視してきた，受験学力に偏らない「確かな学力」の育成と，主体的・実践的に学ぶ力を育てる「総合学習」を基本に，「大学・社会での学び」への接続を見すえたカリキュラムの見直し・充実を図り，中等教育の新たなモデルとして全国に提示・発信していくことをいう。そして，この視点に立ったとき，これまで東大附属が進めてきた「協働学習」による学校づくりの成果や反省点をしっかりと見きわめ，さらに多様な授業のあり方に視野を広げ，実証的に，そして理論的にも納得のいく方法で，「確かな学力」を育てていくということが掲げられているのである。

　つまり国立大学附属としての使命と役割を考え，日本の教育のあり方を意識し，附属学校としての「教育実践研究」および「これからの学びのスタイル」「授業のスタイル」等の授業改革をさらに進めるということが最も大きな役割になるといえる。したがって，今後，最先端の教育学研究を行う学部と，教育研究の実践の場としての附属学校がともに共同・連携研究を行い，「社会に生きる学力」の獲得を目指した教育をしていくことが，これからの東大附属の使命であり，役割といえる。（福島昌子，2009～2011年度，東大附属研究部長）

2. 附属学校と大学との双方向型の連携に向けて

　2011年度，東大附属には研究面で大きな変化があった。小玉重夫・学校教育高度化センター長（当時）を研究代表者とする大規模な共同研究が，東大附属を主なフィールドとして開始されたのである。研究題目は「社会に生きる学力形成を目指したカリキュラム・イノベーションの理論的・実践的研究」。基盤研究（A）の科学研究費補助金を受けた3年計画のプロジェクトである。本書の各章のもととなったこの略称「イノベーション研」には，教育学部の教

員20人が研究分担者として参加した。これらのスタッフをリーダーとする12の研究プロジェクトが，東大附属をフィールドとして行われた。各プロジェクトには4人〜10人程度の附属の教員が関わり，さらに13番目のプロジェクトとして附属教員が主体となった研究も行われた。こうして附属の全教員がこのイノベーション研に参加する態勢が整うことになった。夏休み前から打ち合わせの会議や研究会が頻繁に開かれ，教育学部と附属の間のコミュニケーションも，これまでの「点」や「線」から「面」へと確実に広がっていった。

　これまでも東大附属は大学・教育学部と連携して研究面に力を入れてきた。開校以来60年以上の蓄積を持つ双生児研究については，近年大学からの資金援助を得て膨大な資料をデータベース化する作業が進んだ。教育の実践的研究に関しても，2005年度に佐藤学の提唱する「学びの共同体」を導入して授業改革を推進したのを皮切りに，2009年度には市川伸一が提唱する「教えて考えさせる授業」を導入，さらに2010年度からは秋田喜代美に授業研究のあり方についての助言を依頼している。2011年度には，この3人の教授をそれぞれ2度ずつ指導者として招き，年間計6回の授業研究会を行う研究環境を実現した。こうした連携は東大附属における研究活動の柱として今後も継続・発展が期待される。

　しかし，2011年度からのイノベーション研への参加は，附属の教員が研究科の研究活動に積極的に関わることになるという意味で，これまでの連携とは次元を大きく異にしている。　大学と附属との，双方向型の連携が視野に入ってきたのである。これは偶然ではなく，イノベーション研がカリキュラムの見直しをテーマとしていることが大きい。イノベーション研は，次期指導要領改訂に向けて具体的な提言を行うことを目指している。その際の基本的な視点として打ち出されたのが「社会に生きる学力形成」である。この「社会に生きる」というフレーズの眼目は，アカデミックな学問領域から学校の教科区分に下降するという従来のカリキュラム構成原理——とくに中等教育ではこれが支配的だっただろう——をいったんカッコに入れ，「社会的レリバンス」という視点からカリキュラムを組み立て直すことにある。従来の教科の枠組み自体が問い直しの対象になっているわけである。　早くから「総合学習」に力を入れ，教科を超えて教科を俯瞰する視点を培ってきた東大附属は，こうした研究を実

践的に支える場としてまさにうってつけであろう。附属をフィールドとする計13のプロジェクトでも,「文法学習」「メタ学習」「シティズンシップ教育」「心理教育」「ライフキャリア教育」「探究型学習」「共生の作法」「数理能力の育成」「総合学習」等々,従来の教科の枠組みにはおさまらないキーワードが並んでいる。

　従来型のカリキュラムの場合,学校で何を教えるかは学校教育以前に学校の外であらかじめ決められている。これに対して,「社会に生きる学力形成」を目指すイノベーション研のカリキュラム構想は対照的な帰結をもたらす。アカデミズムからの下降運動をいったん解除することで,「何を教えるべきか」「教えるべき知とは何か」を問い直す場として学校が浮上することになるのである。ここに,大学と附属学校の連携が双方向型になる必然性があると言えるだろう。

　歴史を遡れば,「知とは何か」という問いは「人を教えるとは何か」という問いと実は不可分の関係にあった（今井, 2010）。プラトンの描くソクラテスは,社会で役立ち社会的成功を約束するものとして当時盛んにもてはやされていた知,つまり弁論術を,知の名に値しない「迎合」の術だと批判する。弁論術は,正と不正について人を「教えて理解させる」のではなく,単に人をその気にさせ「信じ込ませる」にすぎないからである。ここでは,「知とは何か」という哲学的であると同時に社会や政治に深く関わる問いが,「教えるとは何か」という教育的な問いとして,教育という場面に即して問い直されているのである。近代以降,哲学的な問いと教育的な問いとの間の緊密な関係は次第に失われ,教育は「（既成の）知をいかに伝えるか」という技法的な問題に還元されていった。その過程は,皮肉なことに教育が制度的にも学問的にも自立していった過程と並行している。

　しかし現在,教育は,その自立性が揺らぐのと言わば引き換えに,再び「知とは何か」が問い直されるような場になりつつある。ニーチェ,デューイ,ウィトゲンシュタイン,フーコーといった人々の議論を想起してほしい。教育は,単に「既成の知をいかに伝えるか」が問われる場ではもはやない。教えるという場面に即して,知とは何か,何が「知」「道徳」「教養」等々の名に値するのかが,問い直されているのである。

　学校もまた,既成の知を問い直し鍛え直す場としての自覚が求められている

のではなかろうか。実験学校たる大学附属の学校であればこれはなおさらである。イノベーション研によって実現しつつある大学と附属との双方向型の連携が，こうした知の問い直し・鍛え直しの場としての学校の再認識へとつながっていけばと思う。教科を超える視点を培ってきた東大附属という学校はそのための大きなポテンシャルを秘めている。(今井康雄，2010 年度～2011 年度，東大附属校長)

3. 附属教員からみたイノベーション研との協働

連携研究委員会の設置

東京大学教育学部より東大附属をフィールドとした大がかりな研究が行われる可能性があるという話は，2010 年度からなされていたが，多くの附属教員にとっては実感のわかないものであった。以前から，教育実習や研究授業などある程度の関わりはあったものの，学部から提案されたカリキュラムを実践する機会はほとんどなかった。

そのため，附属学校と学部を橋渡しする役目が必要となり，校内で連携研究委員会が設置された。この委員会が，イノベーション研究会の総括ユニットと連携し，学部側の理論・思想と附属での実践・授業分析をつなぎ，全体の進行を計画し，内容を整理するプラットフォームのような役割を担った。

参加グループの決定

まず，附属教員にプロジェクト全体を理解し，今後の方向性について議論するため，2011 年 7 月 27 日に学部教員と附属教員による全体会を実施した。研究概要の説明のほか，本校をフィールドとする研究を計画している 13 グループすべてが 5 分程度のプレゼンテーションを行った。附属教員はその説明を聞き，自分に興味があるグループにエントリーをした。複数のプロジェクトを希望する教員も多かったため，参加希望の傾向を連携研究委員会で調べ，5 つの系列に分けた。同一系列の中からは 1 つのみ選択してもらうこととし，再度希望調査を行った。こうして，学部側から提示された 13 のプロジェクト (2012 年以降 12 に統合) に附属独自のプロジェクトを加えた 14 のプロジェクトが実

表19-1　附属学校でのプロジェクト一覧

区分	大学教員	タイトル
A	1. 高橋美保	ライフキャリア教育の可能性の検討——社会的レジリエンスを高めるために
	2. 星加良司・白石さや・中邑賢龍・飯野由里子・近藤武夫	共生の作法と技法を育てる学習プログラムの開発（仮）
	3. 本田由紀	教育の職業的意義
B	4. 両角亜希子	中等教育と高等教育の接続
C	5. 秋田喜代美・斎藤兆史・藤江康彦	中等教育段階における文法指導に関するカリキュラムと指導法に関する調査研究
	6. 川本隆史・小玉重夫・片山勝茂・金森修	シティズンシップ教育のカリキュラム開発
	7. 藤村宣之	数理能力の育成プロジェクト
D	8. 市川伸一・植阪友理	メタ学習プロジェクト①：総合的な学習の時間を活用した学び方の学習と支援
	9. 植阪友理・市川伸一	メタ学習プロジェクト②：教科教育における協同を活用した学び方の学習と支援
	10. 下山晴彦	学校現場における予防的心理教育授業に関する研究
	11. 根本彰・白石さや	効果的な探究型学習の進め方と学校図書館の関係についての研究
E	12. 大桃敏行	中等教育学校における総合的な学習のあり方

施されることとなった。系列の分類は（表19-1）のとおりである。

　Aグループは，すでに開発の進んでいるプログラムがありその実施，改善が主のもの，Bグループは，アンケートが中心のもの，Cグループは教科との関連が強いもの，Dグループは，新しい授業を開発したり，実践するもの，Eグループは附属独自の総合的な学習に関するものである。

　グループ分けが決まったところで次の問題は，研究を行うための日程調整である。附属学校では年間計画に基づき，授業や行事が組まれている。そのため，定期考査の午後など附属学校で打ち合わせが可能な日時を連絡，総括ユニットで各グループとの調整を行ってもらい，実施日を確定した。こうしてカリキュラム・イノベーションの附属と大学の協働研究が開始された。

授業実施にあたっての手続き上の課題

各グループの打ち合わせが一通り終わった段階で，連携研究委員会では，全体の活動一覧をまとめた。これにより，実施希望学年の分布や実施時期の見通しを立てることができた。一方で，いくつかの課題もでてきた。
　まず，アンケートについてである。このような研究では，事前，事後のアンケートが不可欠である。これまで附属でアンケートを実施する場合，研究部の審査や職員会議での承認が必要であったが，その方法を一部簡略化した。
　また，生徒のノートやプリントの研究目的での利用もルール作りを行った。

実践の経過
　第1回目の打ち合わせ後，連携研究委員会と連絡をとりながら，様々な試みが実施されていった。
　Aグループは，すでに開発されているプログラムがあり，それらを学校のカリキュラムにどう取り込めるかが研究の中心であった。キャリア教育や生涯教育につながる内容も含まれ，教科の枠にとらわれないものであった。そのため，授業時間を使っての実施は難しいと判断し，特別時間割期間に集中的に実施することにした。また，効果検証のために統制群なども考える必要があったので，生徒には，3つのプログラムから希望するものを1つ選択し，受講してもらった。対象は4年生（高校1年）であったが，4年生で実施する妥当性やレベルを検討したり，クラス規模で実施するための改良を毎年行った。また，この研究の一つの目標である「現場の教員が使えるカリキュラムの提案」という主旨に基づき，3年目にはこれらを附属教員が実施し，教育現場での利用の可能性を検討した。
　Cグループの5は，国語・英語の授業に，6は社会に，7は数学・理科の教科と関連する部分が大きい内容であったので，該当教科の教員の多くがそれを選択していた。実践は，通常の授業時間に教科担当者が授業を行い，その様子を録画して，授業終了後に授業検討会を行うパターンが多かった。授業や検討会はオープンとし，グループ外の大学関係者や附属教員も自由に参加していた。
　Dグループでは，グループの主旨に沿った授業を検討，外部講師や学部教員，附属教員が状況に応じて，実践を行った。
　8，9グループは，学年と連携をとりながら，道徳やLHR（ロング・ホーム

ルーム）の時間を活用して実施した。

11グループは図書館という場が研究対象であったので，附属で行っている卒業研究のテーマ決めとリンクさせて実施した。テーマ決定で悩んでいる生徒に図書館情報の専門家や大学院生がアドバイザーとして相談にのった。その際，図書館にある資料やインターネットによる情報を活用し，卒業研究が探究学習として深まるような方向性を示唆した。

Eグループは，上記のような学部からのものではなく，附属教員から出された「総合的な学習のあり方」についての研究であった。校長をグループのリーダーとしているが，基本的には附属教員の自主的な集まりである。1年目は総合的な学習の時間に特色のある学校を訪問し，その後は全国規模でアンケートを行い，その結果をまとめた。

協働の3年間を振り返って

附属学校と学部，お互いに，どこまで，どのような連携が可能かも含め，手探り状態で始めた研究ではあったが，3年間様々な実践が行われた。これまで，同じ東京大学という場で教育に携わっているにもかかわらず両者が広く長期に交流する場はなかった。そういう意味で，お互いの状況を理解し，大学との関係が深まったことは，今後，様々な連携をする上の大きな基盤作りとして成果があったと思う。

また，附属教員が，学校という現場を支える各分野の専門的知識や研究状況を知ることができたことも大きな成果である。大学側にとっても，様々な側面から現実の学校を知るよい機会になっていたと思う。

一方，現在の学校カリキュラムは，教科という縦枠で捉えがちであるが，今回提案されたカリキュラムは，そのような枠組みを指定したものは一つもなかった。最初のプレゼンを聞いた附属教員も各自が，日々の授業，学年，学校行事などと結びつけて，研究グループを決めた。その結果，理科の授業とシティズンシップが結びついたり，国語と英語が文法というワードで一緒になったりといった教科を超えた結びつきができた。また，キャリア教育や共生に関わる授業は，家庭科の学習内容と深く関わっているなど逆の発見もあった。これは，附属と大学の間だけでなく，附属教員自身が他教科への理解を深めたり，自分

の認識や発想を広げたりすることにも役だった。

　視野を広げるという点では，学会や外部の研究会への参加や学校訪問ができたこともよかった。自分からは飛び込まない世界の優れた方々と直接話をすることができたのは貴重な経験であった。

　さらに，研究には当たり前の効果検証も，日頃，授業の準備と実施に追われ，振り返る機会の少ない現場教員にとっては，よい研修の場となった。その時間の学習内容の理解状況などの把握はもちろんであるが，さらに先の本来の教育目的などを見越した教育研究者からのアドバイスは，今後の授業に役立つものであった。また，アンケートや生徒の提出物・作品の分析から，事前事後の生徒の変容が形として示された。自身ではなかなかできないフィードバックは，有り難かった。

　これまでの振り返りで，様々なメリットについて述べてきたが，デメリットはなかったのかということにも触れておきたい。結論から述べれば，「デメリットとして残るものはなかった」と言ってよいと思う。研究中，打ち合わせの時間を捻出するために各自が苦労をしたことも，慣れないアンケートのチェックや実施に神経を使ったことも事実である。しかし，大学とのこうした直接交流は，それらを超えた意味があったと思う。それは研究内容にとどまらず，人としてのつながりも含んでいる。

　今後の課題は，この3年間の研究の成果をどう学校として活用していくかであろう。(楢府暢子，2011年度〜　東大附属連携研究委員会委員長)

4. 協働が附属学校にもたらしたもの，そしてそれから

大学・教育学部と附属学校の協働の歴史

　今回のカリキュラム・イノベーション研究は，教育学部と附属学校の新たな関係の第一歩となるものである。まずこのことを理解していただくために，第1節と若干重複するところもあるが，これまでの学部と附属学校との関係を研究という視点から，簡単に振り返るところから始める。

　東大附属は，1921年に設立された官立の7年制高等学校（尋常科：4年，高

等科：3年）である東京高等学校の跡地に，同校の尋常科を前身として1948年に新たに東京大学附属中学校・高等学校として設立された学校である。翌1949年に教育学部が創設されたことを受け，教育学部附属学校となった。

設立当初から，教育に関しての遺伝からの影響と環境からの影響を見積もることを目的とした研究を行うため双生児募集枠を設けて双生児を積極的に入学させてきており，最も多かったときは1学年（男女各60名，計120名）に22組（44名）の双生児が在籍していた。

このような，教育研究校としての性格を強く持って発足した附属学校では，教員養成を目的としているのではなく教育学の研究者養成を主目的とするいわゆる教育学系の教育学部の附属学校として，当初から教育学部と連携・協力して精力的に双生児研究が行われてきた。

たとえば教育学部紀要第1巻，当時の宗像誠也教育学部長による「発刊のことば」は，「東京大学教育学部紀要第1集を公刊する。それは双生児の発育に関する研究をまとめたものである。学部の附属中学校，高等学校では教育研究に資する目的で，相当数の双生児を入れている。それは医学の側面からの研究にも資料を提供しているが，この教育学，心理学の側面からの研究においては，学部の教授と附属学校の教官との協力がおこなわれ，そこにも一つの意義を認めることができると思う」という書き出しで始まっている。

具体的には例えば，旧制東京高校が所有していた野尻湖寮で行っていた夏期林間学校に多くの教育学部の教員と学生が同行して双生児の行動が丹念に記録され，それらの成果の一つとして岩波映画『双生児学級』（監督：羽仁進）が製作されたりした。

また，学部が研究補佐員として雇用していたスタッフを，週に一度附属学校の研究室に配置してくれたことで，生徒の学校生活でのさまざまなデータを研究室に保存することができていた（現在は附属学校の教育後援会が雇用）。

このように，教育学部とは設立当初から，世界に類を見ない「ふたごの学校」として双生児研究の面での連携・協力をした教育実践研究が行われてきた。

本章の第2節，3節でも触れられたように，この基本的な体制の上に，当時教育学部長であった佐藤学教授が提唱する「学びの共同体」を2005年に導入したことがきっかけとなって，日常の授業研究に学部の多くのスタッフに助言

を受けるようになり，附属学校独自で実施していた公開研究会にも講演会の講師・各教科の分科会でのコメンテーターという形で多くの方々が関わるようになってきていた。

　それに加えて，毎年12月の教育学部の教授会は附属学校で開かれ，終了後に学部の先生方と事務の方たち，附属学校の教員と事務の方たち全員での懇親会が開かれるようになった。数ある国立大学の中で，教育実習・研究とは異なる次元でこのような関係性を持っている大学・学部と附属学校はおそらく他にないであろう。

　近年のこのような関係性が築き上げられてきたところに，まるで満を持していたかのように始まったのが，このイノベーション科研の研究であった。

連携の計画

　附属学校をもつ国立大学の教育学系の学部はほとんどないなか，イノベーション科研の研究は，附属学校をもつ教育学部という特徴を活かし，附属学校との連携を中軸に据えて具体的な実践のあり方を探求する，という特色を持たせた研究として計画された。

　このため，科研費応募に際して附属学校の副校長も応募打ち合わせに参加するなど，附属学校とともに取り組む姿勢を強く打ち出した。さらに，できるだけ多くの附属の教員に協力してもらいたいとは思うが無理のないような形で，という基本姿勢が当初から貫かれていた。また大桃敏行校長（2012年度～2013年度）も，附属の教員には自由意志での参加という形としたいと繰り返し強調した。

　そもそも，旧国立学校設置法施行規則では，附属学校は学部の研究に協力し，学生の教育実習の実施に当たるものとされていた。したがって，このイノベーション科研のような科研費研究は，附属学校の任務として学部の研究に協力する，という形が本来のあり方であった。しかし，前述のような学部と附属学校の関係性が築かれてきた状況であったこと，研究会への附属学校の協力依頼のあり方（学部の附属学校への配慮・思い），校長の基本姿勢，などの状況に鑑み，附属学校運営会議として，附属学校の教員に対しては，「本研究へは附属学校の業務としてではなく，各教員の自由意志で参加・協力するものとする」

こと,「できるだけ多くの教員に本研究に参加してほしいと呼びかける」こと,とした。

このような経緯を経て研究会がスタートし,附属学校の教員に研究への参加を呼びかけたとき,みな事情を理解して積極的に対応し,結局42名の全教員が附属をフィールドとして行われる12の研究プロジェクトのいずれかに参加し,さらに多くの教員は複数の研究プロジェクトに参加するという形となった(延べ77名)。

このように,研究会は学部の教員と附属学校の教員双方がそれまでの学部と附属学校の関係を踏まえてそれぞれの思いを持って取り組んだものであり,それは,上述の宗像学部長の「学部の教授と附属学校の教官との協力がおこなわれ,そこにも一つの意義を認めることができると思う」ということばが改めて思い起こされる,学部と附属学校の関係の新たなステージの始まりでもあった。

学部のスタッフからの視点

現在,大学・学部と附属学校は,これまで蓄積してきた生徒データの電子化・データベース化という非常に大きく有意義な事業に共同で取り組んでいるが,これは学部・附属学校という組織としての共同の取り組みであり,前述したように,研究会が始まる前までは学部の教員と附属学校の教員は,「双生児研究」「公開研究会」「授業検討会」という切り口での連携・協力という形が主であった。

このような状況の中で始められたこの研究会は,学部の先生方に,附属学校は研究フィールドの一つであることを改めて認識してもらえることに繋がったのではないかと思われる。

そもそもこの研究会は,学部のスタッフが次の学習指導要領およびその後を視野に入れたカリキュラム・イノベーションの可能性と条件を探ることを目的として行ったものであり,行われた各研究はそれぞれ学部のスタッフ自身の研究である。こうして今回の各プロジェクト研究の実践を通して,学部のスタッフには「附属学校は研究フィールドの一つである」「附属学校は学部の研究を協力的に受け入れる」という実感を持ってもらえたと思われる。

附属学校教員の感想

では，そもそもこの研究会の目的，「次の学習指導要領およびその後を視野に入れたカリキュラム・イノベーション（革新）の可能性と条件を探る」という研究を終えて，附属学校の教員たちはどのような感想を持ったのであろうか。

全教員に対して，自分が参加した研究プロジェクトについて，記名式で，いくつかのアンケートをお願いしてみた。皆が真正面から正直に回答してくれたが，ここではその結果の一部を紹介してみたい。

1．研究プロジェクトの成果を学習指導要領に取り入れることは可能と思いますか

思う：22　思わない：1　その他：19
〈追加の自由記述〉
・置き換えるのではなく，組み入れることで可能になる
・可能かもしれない
・可能なものもある
・学習項目ではなく，事例としては可能
・教科を越えていくものであるため，直接的には難しい
・普遍的なところまで整理するためには，もう少し時間が必要
・方法を変えれば可能。現在のままでは不可能。
・教科の枠が残っていると難しい

2．どのような内容と置き換えることができると思いますか

・置き換えというよりは，領域への追加
・社会や道徳の一部と置き換えることができる
・置き換えではなく，延長上にある
・職業体験や進路学習
・指導要領や解説の書かれ方を変えていく
・学校設定教科として
・現状の教科にそのままいれても負担はほとんどない
・家庭科，総合的な学習，HR（特別活動）などで
・教科書の練習問題に取り入れる

この自由記述の内容をそのまま受けとめると，てんでんばらばらなことを言っているように見えるかもしれないが，実はそれだけ多岐にわたる内容の研究プロジェクトが行われていたことを如実に示しているのである。本書をここまで読み進めてこられた読者の皆さんには，再度この研究会では附属学校でどのような研究が行われてきたのかを見返していただいたうえで，この教員たちの感想を見なおしてほしい。

3．置き換えによってどのようなイノベーションがもたらされると思いますか
- 広い視野から学習を考えられる学習者が生まれる
- 豊富な概念的知識を獲得し活用しなければならないという点
- 共生社会についての理解がより進む
- 論争的な課題について生徒自身が考え，意見を交流することを軸に置きながら知識を習得していく，という授業のあり方への変化
- 生徒主体の学びがさらに広がる
- 普通教育に職業教育を取り入れる
- 教科の再編の可能性
- 「多様な生き方」という考え方の提示
- 学習や特別活動への動機づけ
- 教科内容の見直し，期待する能力の育成の問い直し，学校教育のあり方の見直し
- 司書の地位の向上
- How to do から How to be, What to be に
- 学校内でのより広い連携

　この自由記述からは，本校の教員集団が，今回の研究に参加して自分のこれまでの教育者としての来し方を振り返ることができたことをうかがわせてくれる。

4．今回の実践で，生徒はどのように変わりましたか
- まだよくわからない（多数）
- 教員の視点が変わっていけば，生徒の活動にも反映される
- 物事を，少し新しいイメージで見られるようになった
- 英語や日本語を言語としてとらえる必要性を感じつつある
- 非言語的なテキストを意識的に分析しつつ受容する態度が身についた
- 適切な準備があれば，「課題とすべきこと」に気づくことができる
- 学校図書館を利用するようになった
- 多角的な視点から事象を捉えられるようになった
- 職業観，雇用者・被雇用者の関係の理解が深まった
- 生徒が変化した印象はないが，数値での変化は得られているので，「種」は植えられてたと思う
- 教訓を引き出すコツを見つけることで，ノートの取り方が変わった
- 自身の心のあり様を客観的に見つめることができるようになった

　多数を占める最初の回答に，本校の教員がきちんと回答してくれていることが理解できると思う。その上で，ここでもてんでんばらばら，多種多様な記述となっている。本校の教員それぞれがいかに多くのことを得たか，の証しである。

5. あなた（先生）は，どのようなところがどのように変りましたか
- 学校外での活動を知ることができた
- 生徒の誤答の理由が見えて来るようになりつつある
- 教材づくりに幅がでてきた
- 教材作りの新たな着想を得ることができた
- 心の健康についての知見が深まった
- 研究をする視点について，垣間見ることができた
- 授業の新たな切り口を気づかせてもらった
- 探究型の学習の進め方と図書館との関わりについて考えることができた
- これまで感覚的に良いだろうと思っていたことについて，自信を持てた
- 職業人として，社会システムの再考の機会となった
- 学校教育に何が足りないか，不要なのかを問いなおす機会が得られた
- 普段の指導を振り返り，その意義を見直すことができた
- さまざまな面で，新たな視点を得ることができた
- 自分の中に，これまでの指導に＋αの要素ができた
- 中・高の教員とは異なる視点で，本校の教育を見直すことができた
- 守備範囲を意識的に広げるようになった
- 面談等で成績についての話題をする際，勉強法について掘り下げて指導するようになった
- 教育内容にはさまざまな観点があることを実感し，自分の授業に活かすことを考えている
- 活用の中で知識を習得していく際の授業のデザインと，評価について，より強く意識するようになった
- 東大の研究の一端を知り，附属学校の立場を理解した
- 私はもう変わらない

　学校現場の教員として，大学の最先端研究のメンバーとして加わり，自分の生徒たちに対して，その最先端の研究の一端を採れ入れた意欲的な実践研究を，自分の授業で実践することができた幸せを噛み締めるとともに，自分の中に新しい教育観を再構築しているようすが窺える。

　研究会は，科研費による研究としては，2014年3月末に終了した。そして，2014年度，東大附属は文部科学省の委託研究を3件受託した[注1]。そもそも，文部科学省の委託研究事業に応募することなど一度もなかった学校であったが，多くの教員がためらうことなく，積極的に取り組んだ。これが，本研究の影響なのかどうか。今後の東大附属の教員集団の教育実践研究への取り組みと，学部の先生方との協働の行方を楽しみにしたい。（村石幸正，2008年度〜2014年度，

東大附属副校長）

5. 東大附属から東大を変える

　東京大学では，2015年度の学部新入学生から4ターム制が実施されている。これによって，1年間を2つの学期に分ける従来の2学期制を，4つの学期に分ける4学期制に変え，新しい学事暦が運用される。これは，東京大学が現在進めている「学部教育の総合的改革」の一環として位置づけられているものである。この改革は，多様な学部教育の更なる活性化をめざすものであるとされている。入試を突破して東京大学に入学してきた学生は優秀ではあるが，やや受験勉強一辺倒になって，深くものを考えることや，世の中で起こっている様々な問題に関心に持つことがないまま，大学に入学してくる学生も少なくない。そのため，大学での最初の2年間（駒場での教養学部生活）で十分な教養を培うことのないまま専門課程の学部に進学する学生が一部にはおり，学部教育の活性化が必ずしも十分に果たされていないのではないか，という問題が指摘されてきた。そういった問題が，学部教育の総合的改革の背景をなしている。

　これまで東京大学では，専門化をなるべく遅らせることで教養教育を保障するレイト・スペシャリゼーション（Late specialization）と，社会の様々な争点やいろいろな専門領域の存在に早い段階から触れるアーリー・エクスポージャー（Early exposure）を教養教育の2つの理念としてきた。最近筆者（小玉）は，シティズンシップ教育に関する研究と実践を共同で行っているミネソタ大学のハリー・ボイトが編集する論集に，日本の高等教育（大学，短大等）におけるシティズンシップ教育の可能性を論じた文章を書いた（Kodama, 2015）。そのなかでも，この東京大学の教養教育の2つの理念を紹介し，そこに高等教育におけるシティズンシップ育成の一つの可能性があると指摘した。

　だが現実には，上述のように，この可能性は十分開花しておらず，東京大学の教養教育は多くの課題に直面している。そうした状況を打破するために，単に学部教育のカリキュラムを改革するだけではなく，入学選抜の段階でも，高校までで深く探究的な学習をしてきた学生や，社会的な活動に参加することで世の中への旺盛な関心を持っている学生にも，より広く門戸を開いていくため

の改革が，東京大学では進められ，2016年度入学者選抜から，推薦入試を実施することとなった。

　このような東京大学でいま進められている改革は，実は，東大附属がこれまで行ってきた教育活動の理念とも重なる部分が非常に大きいのではないだろうか。私は，東大附属の学校文化は，旧制東京高校時代の生徒による自治とリベラルアーツ教育の伝統を受け継いでいるのではないかと思う。前者の自治の伝統は，春の体育祭，秋の銀杏祭，冬の音楽祭，三者協議会，生徒総会等に，自治と民主主義の学校文化として息づいている。後者のリベラルアーツ教育の伝統は，総合学習から卒業研究へと結実していく探究的学習を重んじる教育活動に受け継がれている。また，協働学習は自治と探究を架橋する方法的仕掛けであるといってもいいかもしれない。

　東大教養学部も東大附属も，旧制高校を前身としている点では共通している。しかし前者において教養教育が多くの課題に直面し，後者において探究的学習が活きているという，この対照はなにによっているのだろうか。おそらくそれは，東大が戦後の受験体制，筆者（小玉）の言葉で言えば「学力の戦後体制」（小玉，2013）の中心を占めてきたのに対して，東大附属はそうした戦後受験体制＝学力の戦後体制のメインストリームから距離をおいたところで生息してきたことによるものであると考えられる。

　しかし戦後70年を迎えた今日，時代は確実に変わりつつある。学力の戦後体制は崩れ，自治と探究を重んじる東大附属の教育理念が，東京大学の求める改革の理念とも重なり合う，そういう時代に入りつつあるような気がしている。東大の教育とは距離をおいたところで独自の活動をしてきた東大附属の教育が，今や，東大が求める教育の理念を先取りする位置に存在している，そんな状況が出現しているのである。東大附属から東大を変える，そういう実践的課題が現実のものとなりつつある。

　本書が追究してきたカリキュラム・イノベーションはまさにそうした意味で，高等教育から中等教育へと下降する従来型カリキュラムの構造を，中等教育と高等教育の間の相互往還的関係の構造へと転換させ，さらにその先で，中等教育から高等教育を変えるというベクトルを強く打ち出す，そのようなカリキュラム形成の方向性を一つの可能性として明らかにした。この点は，本書第21

章(両角)でも触れられるだろう。(小玉重夫,2014〜15年度,東大附属校長)

参考文献
今井康雄(2010)「「学び」に関する哲学的考察の系譜」,佐伯胖監修／渡部信一(編)『「学び」の認知科学事典』大修館書店,39-61頁.
小玉重夫(2013)『学力幻想』ちくま新書
Kodama, S. (2015). Higher Education and Political Citizenship: The Japanese Case, in Harry Boyte (ed.), *Democracy's Education: Public Work, Citizenship, and the Future of Colleges and Universities*, Vanderbilt University Press.

[注1] 東京大学教育学部附属中等教育学校における文部科学省の委託事業は次のようなものがある。
　2000年度〜2006年度　2期7年間(6年間に加え,追加1年)の研究開発――「中等教育学校において,多様な生徒の実態に対応しながら,その教育内容の一貫性,継続性を深め,前期課程と後期課程との教育の連携を図る教育課程の柔軟な研究開発を行う。」
　2013年度　調査研究――「探求的な学習において期待できる成果と学習,評価の汎用的ガイドラインの構築。」
　2014年度〜2016年度　高等学校等の新たな教育改革に向けた調査研究事業――「高等学校における「探究的な学習」の評価。」
[注2] 東京大学附属中等教育学校の編著による出版物には次のようなものがある。
『双生児500組の成長記録から』日本放送出版協会,1978年
『教室のある風景』東京書籍,1993年
『ビバ！ツインズ　ふたごの親へのメッセージ』東京書籍,1995年
『中高一貫教育1/2世紀　学校の可能性への挑戦』東京書籍,1998年
『生徒が変わる卒業研究　総合学習で育む個々の能力』東京書籍,2005年
『新版　学び合いで育つ未来への学力　中高一貫教育のチャレンジ』明石書店,2010年
『ふたごと教育』東京大学出版会,2013年

第 20 章
附属学校と大学との組織的な連携関係を
いかにして構築するか

植阪友理

1. 附属学校の役割を巡っての議論とその課題

　国立大学の附属学校は，国立大学または学部に附属するものとして，262校あり，約9万9000人の児童生徒が在学している（文部科学省，2009）。こうした附属学校は，特に附属する大学・学部の教育実習の受け入れ先として大きな役割を果たしてきた。
　その一方で，その存在意義を巡っては，厳しい議論の目にもさらされるようになってきている。こうした議論の契機になったのは，国立大学法人評価委員会から出された「国立大学法人の組織および業務全般の見直しに関する視点」（国立大学法人評価委員会，2009）である。ここでは「附属学校は，学部・研究科等における教育に関する研究に組織的に協力することや，教育実習の実施への協力を行う等を通じて，附属学校の本来の設置趣旨に基づいた活動を推進することにより，その存在意義を明確にしていくことが必要ではないか」と指摘されている。これをうけて文部科学省から通達として，「国立大学附属学校の新たな活用方策等について」（文部科学省，2009）が出され，教育実習が附属に丸投げになっている状況の改善，学部との組織的研究連携の活発化，地域のニーズの反映などが求められるようになった。
　これは，実習の受け入れ先として一定の役割を果たしていることが認められ，特段大学や学部との連携を求められてこなかった附属学校が，その存在意義をかけて，大学と連携しなければならない時代へと移っていることを意味している。こうした危機意識を反映して，附属学校を含む各団体では，大学との連携関係を示す，様々な調査が行われている。例えば，全国国立大学附属学校連盟

では，附属学校が附属する大学や学部の学部学生や大学院生の研究・調査にどの程度協力しているかといった調査などを行っている（全国国立大学附属学校連盟，2014）。しかし，国立大学法人評価委員会や文部科学省の通達で求められているような，附属学校と大学・学部との組織的な研究連携がどの程度行われているのかといった調査はほとんど実施されていない。これは，通達以降，現在に至るまで実際の連携が個別の研究のデータ提供や，大学教員の個人的なつながりによる研究協力が一般的であり，附属学校と大学・学部との組織的な研究連携はいまだ十分に行われていないことを暗示していると考えられる。通達の内容に鑑みても，こうしたつながりだけでは不十分であることは明白である。

　これまでの議論で求められていることは，組織として，附属学校と大学がどのように研究連携を行う体制を作っていくべきかの議論を活性化することである。そうしたことを多くの学校で実現していくためには，どうすれば組織的な研究連携が可能になるのか，具体例な事例を示すとともに，実際に生じうる課題やその対処策も含めて明らかにする必要があるだろう。

　カリキュラム・イノベーションを目指した今回のプロジェクトでは，実践つきでカリキュラムを提案するということが一つの特徴であった。またそのような場として，それぞれの教員が独自にフィールドを持つことはもちろんとして，附属を中心的なフィールドとして位置づけた点にも特徴があった。この結果，東京大学大学院教育学研究科の教員と，附属学校の教員が双方の知恵を出し合い，組織的に研究連携を行う体制づくりにとりくみ，3年間にわたって活発に実践的な研究を行った。これはまさに，附属学校の新たな姿として求められている，大学との組織的な研究連携の実際であると考えられる。

　ただし，こうした組織的な研究連携の体制が研究開始とともにすぐに可能となったわけではない。様々な問題が発生し，それに学部側のスタッフと附属学校のスタッフの両方が知恵を出しあって対応する形で研究体制が組織されていった。こうした問題解決のプロセスそのものも，組織的な連携を実現していくためには重要な情報となろう。

　そこで本章では，附属学校と大学が組織的な研究連携を構築するにあたってどのような問題が発生し，それらをどのように解消していったのかに焦点をあてて紹介する。これらはあくまで事例研究であり，後述するように，実践を可

能にした東京大学特有の条件も存在する。よって，多くの学校においてこうしたことが可能になると主張するつもりはない。しかし，こうした情報が，他の附属や大学において組織的な研究連携を作り上げていく上で少なからず役立つものと期待し，取り上げるものである。

2. 附属学校と大学の架け橋としての総括ユニット

　カリキュラム・イノベーションを目指した今回のプロジェクトにおいて，附属学校と大学の連携体制の構築を担ったのは，総括ユニットであった。総括ユニットの役割は，研究計画書において，個別研究の遂行とともに，以下のように記載されている。「実践面では，東京大学教育学部附属中等教育学校との連携を中軸にすえ，研究代表者および分担者が関与している他の学校や自治体等との連携も含めた共同研究を組織し，学校づくりや教育行政の変革も視野に入れて具体的な実践のあり方を探究する。これを可能にするための組織として，上記3つの研究ユニット［筆者注：研究ユニットとは，基幹学習ユニット，社会参加の学習ユニット，生き方の学習ユニットである］の研究を統括しつつ，附属学校等の実践現場とを架橋するプラットフォーム的な研究ユニットとして，総括ユニットを設ける」。つまり，研究プロジェクトにおける単なる事務局の機能を果たすのみならず，附属学校をはじめとする学校現場と連携関係を築き，具体的な実践を提案することや，それらを通じて提案されたカリキュラム像をとりまとめることなどが期待されているといえる。本プロジェクトの特徴は，「次期指導要領の改訂を見据えた，具体的な実践を伴ったカリキュラムの提案」であることを考えると，重要な役割を担っていることが分かる。
　こうした構想に基づき，3年間の活動の中で総括ユニットが担った内容を整理してみると，以下のようなことが挙げられる。

・学校現場，特に附属学校との連携関係の構築
・ユニットリーダー会議を通じた参加者の意見集約と全体への還元
・プロジェクト全体での議論の場のコーディネート
・定期的な公開シンポジウムの企画，広報，運営

・年報やホームページを通じた対外的な成果発信
・各ユニットにおいて提案されたカリキュラム像のとりまとめ

　なお，前述した研究計画書の記述からも分かるように，総括ユニットは附属学校のみならず，他の学校現場との連携関係の構築もその役割に含むとされている。実際，本プロジェクトでは，参加している大学教員が独自の実践のフィールドを持ち，そこにおいても研究を展開している。ただし，こうした附属学校以外の他の実践現場に関しては，個人単位から学校単位まで実に様々な参加形態が存在していた。また，様々な地域や学校種で行われており総括ユニットで十分に把握することが難しかった。そこで，附属学校以外の実践現場については公開シンポジウムの広報や，研究成果の発信といったかかわり方にとどめ，むしろ附属学校との連携関係の構築を中心に活動した。

　附属学校側でも，本プロジェクトの推進のために，連携研究委員会を立ち上げ，総括ユニットとの連絡調整にあたった（附属学校において構築された研究体制の詳細については，附属学校の紀要『東大附属論集』（楢府，2012）における報告などを参照されたい）。

　後述するように総括ユニットと連携研究委員会とで議論を行い，様々な工夫を取り入れた結果，附属学校は最終的に，本プロジェクトに全教員が参加して活動を行うこととなった。まさに学校全体をあげての参加となったわけである。前述したように，附属学校が学校全体で，所属する大学の教員と組織的に連携を図るという体制は今まさに目指されていることであり，かつ非常に珍しい事例と言える。総括ユニットが連携を図った学校の数としては，必ずしも多いわけではないが，連携の質という点ではユニークな実践であったといえよう。

3. 大学との相互理解の促進と附属学校全体での参加意識の醸成

　では，具体的に組織的な研究連携はどのようにして実現されたのだろうか。以下では，実際に直面した問題点とそれに対する解決策という形で，附属学校と大学との研究連携の進展を具体的に紹介する。

相互理解の機会の少なさ

実践開始当初に問題となったのは，大学と附属学校との相互理解の機会が少ないということであった。すなわち，「研究連携しようにも，附属学校の教員は大学教員の研究関心が分からない」という問題に直面した。特に，今回は具体的な実践を伴ったカリキュラムの提案が目的であったが，今回参加している教員の多くはこうしたことを直接的な研究テーマとはしておらず，書籍等からだけでは，提案の具体的な内容を読み取ることが困難という問題が見られた。

附属学校での参加意識の醸成をどう図るか

その一方で，本プロジェクトの開始以前から，個人的に連携を行っていた附属学校教員も存在した。例えば，国語の教員が，国語教育を研究テーマとする大学教員と個人的に連携するといったつながりである。当初はこうした教員を中心に連携することも考えられた。しかし，こうした既存の関係のみを利用する場合には，難しい問題も発生する。最も大きな問題となったのは，附属学校全体での参加意識の醸成をどう達成していくのかということであった。もし既存の関係を強化するということを軸に調整を進めれば，これまで参加していなかった教員が，新たに参加することは難しくなってしまう。その結果として，「あれは一部の先生が有志で参加していることでしょう。私には関係ない」と捉えられる可能性もあった。

解決のための方法：「この指とまれ」型の研究体制構築

これまで大学と連携関係がなかった教員についても参加してもらい，附属学校全体での参加意識を醸成するためにはどうしたらよいか，また，新たな連携関係を作り出すためにも，大学の教員が持つ授業に関するアイデアをどうやって附属学校と共有し，相互理解を図るのかを検討するなかで，以下のような方法が考えだされた。

・まず，附属学校教員と連携したい大学教員に手を挙げてもらう。
・次に，附属学校教員の前で，アイデアを発表してもらい，その研究に参加したい大学教員と附属学校教員とで有志の研究会を作る。

・研究会ごとに実践研究を附属学校で進める。ただし，プロジェクトメンバーである大学教員と附属学校教員が定期的に集まって全体会を行い，そこで研究成果を共有する。
・個々の研究テーマには参加しない附属学校教員も，全体会には出席して成果を共有する。
・全体会を聞いて関心をもった附属学校教員は，途中から参加することもできるようにする。
・予算的措置として，研究会を立ち上げた大学教員の研究費を利用する他，研究費提供の申し出があった何名かの分担研究者の研究費の一部を充当する。不足する場合には，各ユニットリーダーに上乗せされている，ユニット単位で自由に使える資金を利用する。

　この方針に従い，初年度の7月には附属学校で大学教員によるプレゼンテーションの機会が実現した。12個のテーマにそった研究会が大学教員から提案された（この際に提案された12個の研究プロジェクトを表20-1に示す）。附属学校でのプレゼンテーション当日，附属学校教員には研究テーマが書かれた用紙が配付され，参加してみたいと思う研究会には印を付けるように求められた。発表後に設けられた討論の時間には，活発に質問が出された。質問の中には，内容確認のための質問にとどまらず，研究テーマの発展性についての提案が含まれているものもみられた。こうしたことからも，附属学校教員の高い関心と意欲が窺われた。終了後，参加希望を集計したところ，全員の教員がいずれかの研究会に参加したいと表明したのみならず，多くの教員は複数の研究テーマに参加したいことを明らかにしていた。また，いずれのプロジェクトにも一定数の希望者が出され，希望が出なかったプロジェクトは見られなかった。なお，研究会の冒頭には，副校長から研究への参加は強制ではないこと，有志で参加するかたちになることなどが附属学校教員に対して説明された。
　このように，大学教員側が学校現場をフィールドとして検討してみたい内容を提案し，参加したい教員に手を挙げてもらうという，いわば「この指とまれ」型と呼べるような，連携関係作りを行った。この仕組みには，以下のようなメリットがあると考えられた。第1に，大学教員のプレゼンテーションを通じて，大学教員のアイデアを広く附属学校の教員に理解してもらうことができ，

表20-1　大学から提案された12の研究テーマ

系列	研究科教員	研究テーマ
A	高橋美保	ライフキャリア教育の可能性の検討—社会的レジリエンスを高めるために
	星加良司・白石さや・中邑賢龍・飯野由里子・近藤武夫	共生の作法と技法を育てる学習プログラムの開発
	本田由紀	教育の職業的意義
B	両角亜希子	中等教育と高等教育の接続
C	秋田喜代美・斎藤兆史・藤江康彦	中等教育段階における文法指導に関するカリキュラムと指導法に関する調査研究
	川本隆史・小玉重夫・片山勝茂・金森修	シティズンシップ教育のカリキュラム開発
	藤村宣之	数理能力の育成プロジェクト
D	市川伸一・植阪友理	メタ学習プロジェクト①：総合的な学習の時間を活用した学び方の学習と支援
	植阪友理・市川伸一	メタ学習プロジェクト②：教科教育における協同を活用した学び方の学習と支援
	下山晴彦	学校現場における予防的心理教育授業に関する研究
	中釜洋子	関係づくり能力アップのための心理教育プログラム
	根本彰・白石さや	効果的な探究型学習の進め方と学校図書館の関係についての研究

相互理解の進展につながると考えられた。なお，提案された内容は，必ずしもすぐに授業が行えるものばかりではなかったが，逆にいえば，附属学校の教員の実践研究によって開発されることが期待されているということであり，実践研究に大きな自由度があるということであった。プレゼンテーションに対する質問の時間には，こうしたことについてもやり取りがなされ，相互理解につながったものと思われる。第2に，プレゼンテーションの機会に全教員が参加することで，今回のプロジェクトが一部の教員だけのものではなく，学校全体のものであるという意識の醸成につながった。また，新たに研究会を立ち上げることとなるため，これまで参加してこなかった教員であっても，疎外感を感じることなく，参加できるというメリットがあった。さらに，たとえ個々の研究テーマには参加しなかったとしても，全体会で進捗状況を知ることによって，

「あのプロジェクトは人ごとである」といった意識につながらないと考えられた。ただし，後述するようにすべての教員が1つ以上の研究プロジェクトに参加することとなったため，今回は全体会で研究の進捗状況を把握するだけという教員はいなかった。

4. 複数のプロジェクトに無理なく参加するための仕組みづくり

複数の研究への参加希望の存在

上述したような，「この指とまれ」型の連携構築方法を採用し，附属学校の教員と大学の教員の希望を調整した結果，多くの研究が開始される可能性がみえてきた。次に問題となったのは，多くの教員が複数の研究プロジェクトへの参加希望を挙げたという点である。例えば，数学の教員は，数学を専門とする大学教員の研究プロジェクトには当然参加したいと考えるだろう。しかし，それだけではなく，学習方法の育成といった，教科横断的なプロジェクトへの参加を希望する場合もありうるといった具合である。

関心を持ってもらえたことは非常に良いことである一方で，複数の研究テーマに参加するということは，附属学校教員にとっての負担にもつながる。また，研究テーマごとに，自由に研究会の日を設定してもらうと，1人の教員が複数の研究会に参加している関係上，日程の調整が難しくなる。また，もし仮に附属学校教員が日程を調整する役割を果たすとすると，調整が難しくなり，負担も大きくなってしまう。さらに，打ち合わせの日程などが重なればどちらを優先すべきかなど，複雑な問題も生じる。その一方で，無理に1つの研究会だけに参加するように求めるのは，せっかくの参加意欲をそぐことにもつながりかねない。こうした問題を踏まえて，複数の研究プロジェクトに，負担感や複雑な問題を生じさせずに参加するためにはどのようにすれば良いのかが，次に解決すべき重要な問題となった。

解決のための方法：12の研究テーマの系列化

この問題を解決するための方法として，大学教員から提案された12の研究テーマを，いくつかの系列に分けるという方法が考えられた。具体的には，今

回，12の研究テーマをAからDまでの4つの系列に分けた（表20-1の左列参照）。それぞれの系列の特徴を簡単に記述しておくと，A系列に含まれる研究テーマは，大学教員側である程度の授業プログラムを開発ずみであり，実践にすぐ入ることができるものである。B系列は，調査が中心であり，授業実践を伴わないチームである。C系列は，授業実践を附属学校教員と大学教員が協同しながら開発していくタイプの研究であり，かつ，数学，国語，社会などのようにある程度，連携する教科や時期がはっきりしているものである。D系列は，授業実践を附属学校教員と大学教員が協同しながら開発していくタイプの研究であり，かつ，心理教育，学習方法に関する教育など，特定の教科と結びつかない教科横断的なものである。

　附属学校の教員は，それぞれの系列から1つは選択することができることとした。逆にいえば，同じ系列については2つ以上選択することができない。一方，異なる系列であれば，複数選択することが可能であり，最大4つの研究チームに参加することができることになる。この方法によって，1人の附属学校教員が複数の研究チームの研究会に参加することを可能にした。

　また，研究会を設定する際には，系列ごとに日程を決めて開催することとした。例えば，「今週の水曜日15時から16時半はC系列の2つの打ち合わせを実施，来週の水曜日15時から16時半はD系列の3つの打ち合わせを実施」といった具合である。このように，同じ時間帯であっても，同じ系列に属する複数の打ち合わせを設定した。それでも同じ系列であれば同一の時間帯に会議を入れても，1系列について1つしか参加しないというルールがあるため，重ならずに参加することができる。

　また，研究打ち合わせの負担をどう軽減するのかについても，議論が行われ，以下のような方針が決まった。まず，研究への参加は任意であり，基本的には有志であるが，学校全体のプロジェクトとして位置づけるため，研究打ち合わせは，業務時間内に附属学校にて行うこととした。また，打ち合わせの日程調整は，附属学校の負担軽減を図るために，総括ユニットが行うこととした。具体的には，附属学校から会議などが入っていない日と時間帯を挙げてもらい，会議の枠を設定した。大学教員から参加可能な日程を集計し，系列が同じ場合には，同じ日程でもかまわないが，異なる系列は違う日時に設定する，という

ルールを設け，総括ユニットの方で日程調整を行った。また，教員の負担を考え，研究会ごとに全員のメンバーが集まる研究打ち合わせは最大年3回程度とした（ただし，具体的な実践を行う場合には，実践する附属学校教員と大学教員との間でより緊密な事前打ち合わせが必要であり，それについてはこの限りではなかった）。日程調整を行う前には，打ち合わせの機会が必要かどうかという点もあわせて大学教員に問い合わせており，必要ないとの判断が示された場合には，設定しなかった。

　大学から提案された12の研究テーマに加え，実際には附属学校教員側からの提案によって立ち上げられた研究会「中等教育学校における総合的な学習のあり方」が存在する。この研究プロジェクトは，学校長である大学教員が代表者となるかたちで研究開始後に立ち上げられ，E系列として位置づけられた。この系列も含め，附属教員は実際には最大5つの研究会に属することが可能となっていた。各系列にどのような教員がどの程度参加していたのかなど，詳細な情報は本プロジェクトの引受先となった東京大学大学院附属学校教育高度化センターの年報を参照されたい（小玉，2014）。

5. 統制群をおくことの倫理的問題をどう解消するか

統制群を設けた検討を行いたいという希望

　研究体制の概要は，上記で述べた通りである。この他，附属学校との連携では，いくつかの解決すべき問題が議論され，工夫が検討された。以下，これらの中のいくつかに関して述べる。研究体制づくりと関連づけて解決すべき問題の1つとされたのは，「実証的な研究を行うために，統制群を設けて検討したい」という大学教員からの要望である。学術研究として発信するためには，実証的データが必要となる。このためには何らかの比較対象群（統制群）をおきたいという欲求は容易に理解できる。その一方で開発された，何らかの指導上の工夫を受けることができない子どもが出てしまうという状況が発生する。「あのクラスだけどうして新しい試みを受けられるのか，私たち（もしくは私たちの子ども）は受けられないのか」ということを，生徒や保護者に納得してもらうのは容易なことでないだろう。

解決の方法：異なる講座の同時実施と生徒の希望にそった選択

　そこで考えられたのが，統制群をおいて検討したいと考えている複数の研究テーマをグルーピングし，同じ時間枠の中で実施してもらう，生徒には希望にそって講座を選択してもらうという方法である。今回，こうした希望を挙げていたのは，3つの研究チームであった。そこで，総合的な学習の時間に，これら3つの講座を開講し，生徒の希望に従ってとりたい講座を受講するという形で実施した。この方法を採用すると，ある講座をうけた生徒は，その講座の受講群（実験群）であるが，それ以外の講座をうけた生徒はその講座の非受講群（統制群）となる。生徒の希望にそってグループ分けを行うため，厳密には実験とはいえず，準実験になってしまうというデメリットが存在する。しかし，生徒としては自分が希望する講座を受講できるため，保護者や生徒への説明にも大きな問題が生じないというメリットがある。また，なんらかの形の対象群を設けたいという希望もある程度はかなう。このため，参加教員からもこの方法で実施することへの同意が得られた。なお，生徒からの希望をとった結果，ほぼ3つに均等に分かれたため，基本的には生徒の希望にそってグループ分けが行われた。

6. 共通の知識基盤をどう共有するか

深い議論に求められる共通の知識基盤

　全研究に参加する大学教員だけでなく，附属学校教員にも全体会にできる限り参加してもらい，議論に加わってもらうことは研究の発展のために重要と考えられた。そこで年1回，全体会を附属学校において行うという研究体制がとられた。こうした会議を実施するにあたって，ユニット長会議で話題となったのが，いかにして共通の知識基盤を共有するのかという問題であった。高いレベルでの議論を行うためには，共通の知識基盤が不可欠である。こうした点が共有されていなければ，用語の定義などに関してコンセンサスをとることに時間を取られ，カリキュラムに関する深い議論を行うことが難しくなるなどの問題が生じるだろう。また，今回のプロジェクトには，大学教員も様々な分野から参加している。このため，いかにして共通の知識基盤を作るのかという点は，

附属学校だけでなく大学においても同様に重要な課題であった。

解決の方法：共通文献の設定

こうした点に関して共通理解を図るため，総括ユニットで共通文献を設定し，事前に附属学校教員と大学教員をあわせた研究参加者全員が一読しておくという方針が立てられた。総括ユニットのほうで選定した共通文献は以下の通りである。選定にあたっては，カリキュラムについての歴史が概観できる文献を含める，（カリキュラム概念については，その立場に若干の違いが見られることから）カリキュラムの捉え方について幅広い立場を含める，海外の動向についても含める，あまり文献数を増やしすぎない，といった点を考慮して絞り込んだ。

共通文献

船橋一男（2009）「Unit12 カリキュラム開発」，木村元・小玉重夫・船橋一男（著）『教育学をつかむ』有斐閣，pp. 110-118.

勝野正章（2001）「第2章 教育課程論の歴史的展開」，柴田義松（編）『教育課程論』学文社，pp. 12-30.

佐藤学（2006）「カリキュラムをデザインする」，秋田喜代美・佐藤学（編）『新しい時代の教職入門』有斐閣アルマ，pp. 67-79.

山崎準二（2009）「第2章 教育課程の概念と構造」，山崎準二（編）『教育課程』（教師教育テキストシリーズ9），学文社，pp. 21-38.

遠藤貴広・石井英真・二宮衆一・樋口とみ子・伊藤実歩子（2009）「XIV 諸外国のカリキュラム」，田中耕治（編）『よくわかる教育課程』ミネルヴァ書房，pp. 202-211.

2年目の全体会では，午前に附属学校での研究プロジェクトの進捗報告が行われるのみならず，午後に共通文献をふまえた提案が行われ，活発な議論が行われた。

その他の論点

最後に，附属学校との連携に関して話題となったこの他の点について，簡単に挙げておく。1つは，他の研究との兼ね合いである。附属学校はこれまで独自に研究を受け入れてきており，当然，イノベーション科研以外の研究にもか

かわっている。イノベーション科研に参加していない，本学教員の研究もそうしたものに位置づけられる。これらの負担と今回のイノベーション科研の負担をどう調整するのかといった点も話題となった。実際には，事例ごとに対処するかたちとなり，必ずしも共通の対応とはならなかったが，附属学校全体の負担を考えたトータルなかかわりの重要性が窺われた。

　また，生徒からの研究への同意の取り方についても話題となった。最終的には，今回のプロジェクトでは暫定的に本プロジェクトの独自ルールとして，「ノート，プリント等を研究のために保存するためには，どこかの時点で必ず生徒に了解をとること」とし，「研究実施前に何らかの形で意思確認を行うことが望ましいが，研究の遂行上，授業開始前にノートコピー等を取ることなどを伝えられない場合には，授業終了後にその旨確認する形でも良いものとする。いずれにしても，生徒本人に記録を取る旨，いずれかの段階で伝えること」とした。また，掲載は匿名とし，掲載を希望しない場合には，その旨，生徒から申し出る機会を与えることとした。さらに，確認の方法についても，各学会や学術雑誌等の基準に従って行うものとするが，少なくとも口頭で確認を取ることとした。倫理的な問題については，今後，附属学校と組織的な研究連携を行う場合には改めて考えるべき点と思われる。

　なお，この他に総括ユニットが取り組んだ重要な課題として，カリキュラム案のとりまとめが挙げられる。イノベーション科研に参加している大学教員は，個人個人が活発に研究を進めている研究者であり，当初からそれぞれの研究グループがそれぞれに活発に研究を進めていくことは容易に想像ができた。その一方で，全体としてどのようなかたちで最終的なアウトプットをまとめていくのかということについては，必ずしも明確ではなかった。この点については，附属学校教員からも，「このプロジェクトの成果は最終的にどのような形でまとまっていくのか」といったことについて，附属学校の連携研究委員に対して質問が出たと聞いている。つまり，カリキュラムの提案をどのような形で発信して行くのかは，プロジェクト全体の大きな課題であった。この点については，本章では取り上げていないが，第22章にその成果をまとめている。参照されたい。

7. むすびにかえて——本実践の意義と今後の課題

　ここまで，附属学校と大学が組織的な研究連携関係を構築していく過程で生じた問題点と，その解決方法を挙げるという形で具体的に研究の進展を紹介してきた。本実践の最大の意義は，組織的な連携関係の具体的な事例であるという点であろう。附属学校と大学・学部の組織的な連携については，今まさに求められている附属のあり方である。こうしたことを実現しえた点で，本実践の意義は大きいと考える。

　また，附属学校と学部の研究のあり方として，多様なスタイルを提案できた点でも大きな意義があると考えられる。今回の実践では，大学・学部側に明確な実践のためのアイデアがあり，それを附属学校の中で実践したという研究スタイルの研究のみならず，大学・学部側が提案する理念的な提案を踏まえて，附属学校の側で具体的な実践を提案したというスタイルの研究も含まれていた。このように，多様な連携の形を含み込んだ形で組織的な連携関係を構築できたことは，より現実に即した研究のあり方を提案するものであったと考えられる。附属教員のかかわり方の自由度が異なる提案が複数なされたことも，有志の形での参加を呼びかけたにもかかわらず，全教員が少なくとも1つ以上のサブプロジェクトに参加していたことにつながっていったと考えられる。

　ただし，こうしたことはどの附属学校でも可能であったわけではないだろう。実践を可能にしたいくつかの条件も存在すると考えられる。例えば，附属学校と学部の関係もその1つである。他の章にもあるように，東大附属学校と学部の関係は，一般的な附属学校のそれに比べて非常に密なものであった。例えば，教育実習のガイダンスなどは，学部と附属学校が共同で実施しており，教授会も1年に1度は附属学校で行われている。また，組織的な研究連携はなかったものの，教員の個人的な研究連携は以前から存在していた。このように，組織的な連携関係が構築される以前から，比較的良好な関係を形成できていなければ，附属学校の教員と学部の教員とで研究会を立ち上げ，対等に近い立場で議論を行うといったスタイルの研究は進めえなかったであろう。

　また，資金的な問題も挙げられる。今回は科学研究費を得た上での研究であ

ったため，研究の遂行にあたって，資金面では恵まれていた。こうした点も，研究を円滑に遂行する上では重要であったと考えられる。この他にも，今回の実践が実現しえた条件は存在していると考えられる。ただし，本章で紹介したような連携関係構築の過程で生じた課題は，組織的な連携を行おうとする多くの学校で生じうる問題であり，その解決策の1つにはなりうると思われる。本実践での知見が活用され，多くの附属学校と大学で社会から期待される組織的な連携関係が実現することを期待している。

　最後に，今後の課題を一点だけ挙げたい。本実践で構築されたような組織的な研究連携は，このプロジェクトの終了とともにいったんは解消された。今後は，新たな形での組織的な研究連携が計画されているが，本実践で作られた大学教員と附属学校の教員の研究会は，あくまで自主的なものとして継続されることとなった。全体会など，定期的に集まる機会がない中でこうした研究会がどの程度存続していけるのかは未知数である。プロジェクトを契機として生まれた組織的な連携関係をどのようにして継続していくのかが今後に残された課題の1つといえよう。

引用文献
小玉重夫（2014）「社会に生きる学力形成を目指したカリキュラム・イノベーションの理論的・実践的研究」の概要（東京大学大学院附属学校教育高度化センター 2013 年度年報），pp. 81-83.
国立大学法人評価委員会（2009）国立大学法人の組織および業務全般の見直しに関する視点
文部科学省（2009）国立大学附属学校の新たな活用方策等について
楢府暢子（2012）「「社会に生きる学力形成を目指したカリキュラム・イノベーションの理論的・実践的研究」における大学との連携」『東大附属論集』55（連携研究委員会記録），pp. 185-191.
全国国立大学附属学校連盟（2014）附属学校園の現状についての実態調査報告（平成 25 年度）

第 21 章
高大接続の視点からカリキュラム・イノベーション を考える

両角亜希子

　筆者は高等教育について研究している。そのことをふまえて，本章では，高大接続の観点から，あるいは大学での教育や経営などを研究している観点から，カリキュラム・イノベーションに関する研究会の成果を受けて，いくつか気付いたことをコメントしたい。

1. 中等教育と高等教育の垣根を低くする

　本書の各章でなされているカリキュラムの提案は，いずれのユニットも実践に基づいて，しかも，それぞれの教育ステージにおける具体的なものであって興味深い。一番強い印象は，中等教育と高等教育の垣根が低くなるような提案が多い点である。かつては，高校までは既存の知識を学び，大学に入るとちょっと変わった先生たちから既存の知識自体を疑うことを学んでいたので，非常に大きな断絶があり，学生が戸惑うことがあった。そのため，どのようにして大学での学びにスムーズに移行してもらうかということに，大学としては気を配っていた。

　たとえば「基幹学習ユニット」をもとにした市川論文（本書第 3 章）では，習得と探究という話が出てくるが，図 21-1 に示すように，高等教育の教育内容にはその両面が含まれているところに特徴がある。たとえば法学部の教員は，知識よりもリーガルマインドを身につけてほしいとよく言う。高等教育では知識そのものや一定の考え方を身につける「習得」ということを重視して，授業を行っている。また，それと同時に「探究」というゼミや卒業論文などの研究活動も重視している。高等教育の場合は中等教育段階と比べて年齢も高くなってきているので，教員から強制されて学ぶのではなく，自主的・自律的に学ぶ

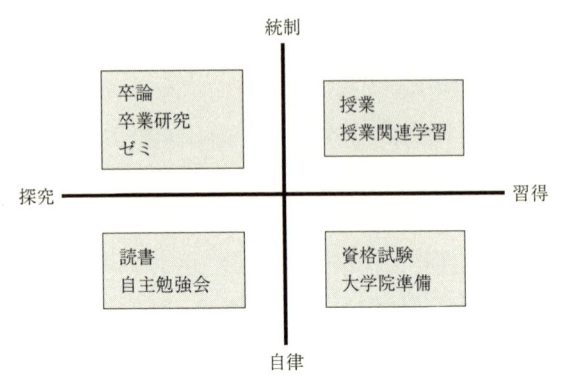

図21-1　大学生の多様な学習形態（金子 2013. p. 31 より作成）

ようにならなければならない。そのためいろいろなタイプの学習形態が用意されているのが高等教育の学習の1つの特徴である。今回，本書での中等教育カリキュラムの新たな案を見て，これに非常に近い考え方が入ってきたと思う。それによって，中等教育と高等教育の垣根が低くなることが推測される。

　もちろん高等教育側も変化している。大学などに多くの学生が進学する状況について「高等教育のユニバーサル化」や「高等普通教育化」などという表現が使われる。大学によっては担任をつけるなどして，高等教育側が中等教育に近づいている面もあり，高校と非常に近い実践が行われているケースも多い。たとえば，講義で一方的に教えているだけだと知識の定着率が悪いので自分でやらせる，あるいは，他の人に教えさせるなど，より定着度が上がるようなアクティブラーニングを入れている。また，自治体や企業と協力していろいろなプロジェクトの中で学習するといったことが高等教育では盛んに行われるようになっており，とても近い課題認識だと感じた。

　こうしたことは，必ずしも学力レベルの低い大学だけでなく，学力レベルの高い大学でも非常に大きな課題になっている。ハーバード大学の前学長のデレク・ボックは，学士課程教育の8つの目標について現状と改善の必要性を整理している（Derek Bok, Our Underachieving Colleges）。

①コミュニケーション能力（Learning to Communicate）
②クリティカルシンキング（Learning to Think）
③人格形成（Building Character）

④市民生活の準備（Preparation for Citizenship）
⑤多様性との共存（Living with Diversity）
⑥グローバル社会への対応（Preparing for a Global Society）
⑦幅広い興味の獲得（Acquiring Broader Interests）
⑧職業キャリアへの準備（Preparing for a Career）

　ここでボックは，アクティブラーニングやサービスラーニング，短期留学などの様々な学習経験を通じて上の8つの事柄を身につけさせなければならないと述べている。超エリート大学でも，このような共通の意識で教育改革が行われている。
　以上の総論的前提をふまえて，以下では個別の論点を整理し，コメントを加えてみたい。

2. 論点の整理

新カリキュラムが教師に与える影響

　まず，本書で提案されているカリキュラムは，どれも非常に魅力的であるが，チャレンジングな内容も含む。学校の先生方はすでに校務が非常に多忙だと聞いているし，実際に東京大学教育学部附属中等教育学校（以下，東大附属）の先生方と一緒に研究をさせていただいて，本当に忙しいということを見ていて感じた。ここで提案されたものは，現場の先生方にどれぐらいの負担や新たな知識・技能を求めるものなのだろうか。カリキュラムとして多くの学校に導入していくのであれば，ちょっとした視点の転換と工夫で実現できるのか，あるいは研修などはどこまで必要なのかといった観点が，議論の視野に入ってくるだろう。
　また，東大附属では卒業研究などの活動を熱心に行っているが，このようなことができるスキルは学校ごとに差があるのか，あるいは教師による差はないのか。国内の多くの大学においても，たとえば初年次教育でいろいろな探究学習をさせようとしているが，教員による差が大きいという意見が多くの大学で出ている。このような教師による差をどう解決するかという問題があり，この点でも，教師や学校に対する支援が要請される。

さらに，本書で提案されているカリキュラムを実行しようとすると，教育内容や教育時間を「増やす」ことが必要なように見える。教員数を増やせないのであれば，何かと置き換えたり，減らしたりすることも併せて考える必要がある。大学教育の現場でも，大学になじむために初年次にもゼミをすることになり，1年生と3～4年生はきめ細かく教育している，けれども2年生は放置されている，「では今度は2年ゼミだ」というように，次から次へと新たな科目が増えていく傾向にある。新しい取り組み自体は大変意義があるが，大学によっては既存の授業負担を変えないまま，新たなものをどんどん入れていくので，教員が一つの授業にかける準備時間が非常に短くなってしまい，授業の密度が低くなるという問題が少なからず出ている。新しいものを提案する際には，全体の量やバランスへの配慮が必要となるだろう。

　一方で，大学の学長と話をしていても，高校に対する不満が出てくることがある。たとえば国立大学の教員がよく言うのが，高校の到達度の低下について，これは大学初年次の問題ではなく高校教育の問題が大学に持ち越されただけだということである。また，私立である程度，競争率が高く，推薦入試を導入している大学では，高校の内申点の信頼度の低下を指摘する教員もいる。あまり多くはないが，国立の一部では，未履修問題を何とかしてほしいといった声も聞かれる。現実にはこうした不満があるので，それをどう解決しながら，新しい提案を意義あるものにするかということを考えた方がいいだろう。

生徒のタイプで有効性に違いはあるか

　二つ目の論点は，生徒のタイプで有効性に違いはあるのかということである。大学生の場合，授業方法や内容の工夫について，学生の学力や偏差値，志向性，自己確立度によって，その効果が違うことが分かっている。たとえば，先生が分かりやすく興味を引くように授業をすることは，一定の学習習慣のある偏差値の高い学生には効果的であるが，偏差値の低い学生には実はあまり効果がない。1年後に大学での授業が面白くなったという学生に対して，どのような授業の特徴が影響しているのかを調べてみたところ，学生のタイプによって回答が大きく異なっていた（表21-1を参照）。すべての学生に万能な方法があるわけでなく，様々なタイプのものを提供し，何が有効かを検証することが必要に

表 21-1 大学生：学生のタイプで効果的な授業が異なる

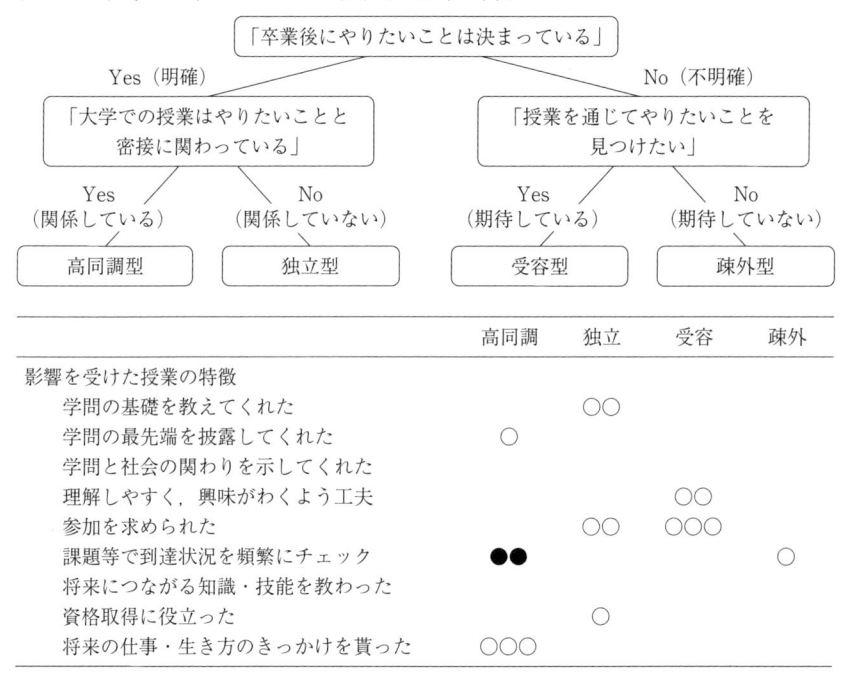

```
                    「卒業後にやりたいことは決まっている」
         Yes（明確）                              No（不明確）
    「大学での授業はやりたいことと            「授業を通じてやりたいことを
        密接に関わっている」                        見つけたい」
    Yes              No                     Yes              No
 （関係している）  （関係していない）       （期待している）  （期待していない）
   ［高同調型］      ［独立型］              ［受容型］        ［疎外型］
```

	高同調	独立	受容	疎外
影響を受けた授業の特徴				
学問の基礎を教えてくれた		○○		
学問の最先端を披露してくれた	○			
学問と社会の関わりを示してくれた				
理解しやすく，興味がわくよう工夫			○○	
参加を求められた		○○	○○○	
課題等で到達状況を頻繁にチェック	●●			○
将来につながる知識・技能を教わった				
資格取得に役立った			○	
将来の仕事・生き方のきっかけを貰った	○○○			

○　10％水準でプラスに有意，○○　5％水準でプラスに有意，
○○○　1％水準でプラスに有意，●●　5％水準でマイナスに有意
（両角，2013「勉強の面白さを感じるようになった」に関する重回帰分析の結果より作成）

なっている。

　高校の場合にも同様の傾向があるのかどうか，いろいろな実践の中で検討してみる必要がある。

新しい学習成果を大学入試で問うべきか

　三つ目の論点は，こうした新しい学習の成果を，大学入試という高大接続の一番のポイントとなるところでどの程度問う必要があるのかということである。政府の教育再生実行会議や中央教育審議会では，従来型の学力以外にも意欲や適性を入試で評価する，あるいは大学入試センター入試の「一点刻み」は良くないので新たな制度を導入するといった提案がなされている。

こうした提案について大学側はどう考えているのか。筆者は 2013 年の 8 月から 9 月にかけて，大学の全学長を対象にリクルートと共同でアンケートを実施した。約 6 割の回答が得られている（両角，2014）。
　たとえば私学で定員割れしているところでは，入学者の約 6 割を推薦や AO（アドミッション・オフィス）で採っていて，そういう大学こそ高校の到達度を試験で測った方がいいという議論がなされている。しかし，現実には難しいようで，推薦や AO で学力試験をするべきだという議論に賛成している学長はわずか 3 割程度である。また，最近は生徒の意欲も評価すべきだということが非常によく言われているが，そもそも入試を工夫することで学習意欲の高い学生を増やせると思うかと聞いたところ，6 割の学長は「増やせる」，4 割は「増やせない」と回答した。私学で定員割れしているところは，学生を実質選抜できないので「増やせない」という回答が多かったのだが，国公立や，倍率が高い，いわゆる有名大学の私学の学長にも，それについて非常に疑念を示している方が多いという結果であった。それは大学教育の問題だとか，できるかもしれないけれども時間とコストを考えると現実的ではない，数十人単位ならできるけれども数千人規模の大学ではできない，あるいは，実際にそのつもりで AO を実施してもうまくいかないことが多いといった否定的な見方をする学長もいれば，「増やせる」と信じている学長もいて，大学側では賛否が分かれている。
　本書は，教科でも既存の学力以外のものを育てるというカリキュラムの提案であるが，それは入試でどの程度，またどのように問う必要があるのかどうかということ自体も一つの論点になるのではないか。

進路指導から「生き方」学習へ
　一部の高校では非常に具体的な職業イメージを持たせて，それを前提に学部・学科を選ばせるという進路指導がなされ，入学後の不適応が問題になっている大学が多くある。前述のリクルートの調査では，65% の学長が大学教育と学生のミスマッチを課題と感じていると回答しており，大きな問題となっている。特に軌道修正がしにくい大学や学部を選んだ場合は学生にとっては大きな悲劇になる。その原因は高校側ではなく，むしろ大学の側にある。将来の希望

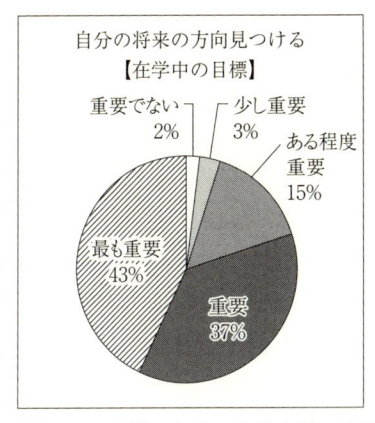

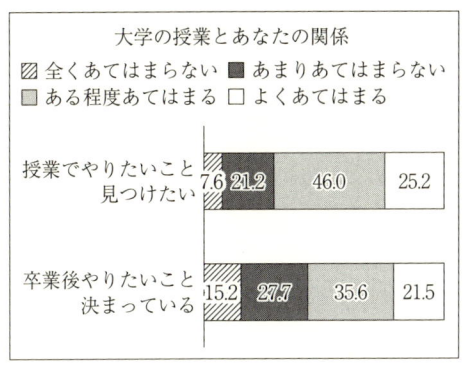

図21-2 大学1年生の大学生活の目標

自分の将来の方向見つける【在学中の目標】
- 重要でない 2%
- 少し重要 3%
- ある程度重要 15%
- 最も重要 43%
- 重要 37%

大学の授業とあなたの関係
（全くあてはまらない／あまりあてはまらない／ある程度あてはまる／よくあてはまる）

- 授業でやりたいこと見つけたい： 7.6 / 21.2 / 46.0 / 25.2
- 卒業後やりたいこと決まっている： 15.2 / 27.7 / 35.6 / 21.5

偏差値によって大きく傾向は変わらない。

（東京大学大学経営・政策研究センター「全国大学生調査」より筆者作成）

が明確に定まっていない生徒に対して非常に細かな学部・学科単位で募集をかけて、その時点で専攻を無理やり選ばせるという入試制度を採用している大学が多いからだ。近年の大学入試は複雑で、毎年多くの変更がなされるため、高校の教師もよく分からず、塾やコンサルタントに進路相談に入ってもらっている状況があるという話を聞く。

筆者らが以前、大学生約5万人対象に行った「全国大学生調査」によると、大学入学時点で将来の方向性が確定しておらず大学生活を通じて見つけたい学生がマジョリティであった（図21-2）。

また、大学にやりたいことがあって入っても、大学教育で何のインパクトも受けなかった学生は、大学教育で得るものも少なければ、その後の職業生活もあまりうまくいっていないようである。やりたいことを見つけて、さらにそれを深めた人や、入学時点でやりたいことがなくても大学自体に何かを得た人の方が、大学時代に獲得した能力やその後の職業生活の満足度が高いという結果が出ている（図21-3, 4）。

このように大学側も変わる必要があるが、高校側も細かな進路指導をするよりも、柔軟性のある進路指導や生き方指導を入れる方が有効であることは以上の結果からもうかがえる。この点において、本書の特に「生き方の学習ユニット」の提案はきわめて意義がある。

第21章　高大接続の視点からカリキュラム・イノベーションを考える——321

		卒業後に進みたい方向が段々と固まってきた	
		よく＋ある程度 あてはまる	あまり＋全く あてはまらない
大学入学時点で，卒業後にやりたいことは決まっていた	よく＋ある程度 あてはまる	発展（41.5%）	継続（12.8%）
	あまり＋全く あてはまらない	獲得（32.0%）	未獲得（13.6%）

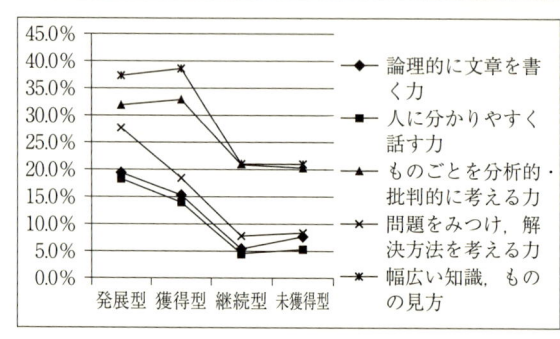

※在学中にどの程度伸びたかを「伸びていない」「あまり伸びていない」「ある程度伸びた」「伸びた」の4件法でたずねたうちの「伸びた」と答えたものの割合。

※東京大学大学経営・政策研究センター「全国大学生・追跡調査」（在学生，$N=1220$）より筆者作成。

図21-3　キャリア意識×在学中の能力の伸び

▶仕事への満足度
「現在のお仕事について，以下の点でどのように評価しますか。」
（「不満」＝1～「非常に満足」＝4）

□自分の能力を生かすうえで
□処遇のうえで
□生活の質のうえで

▶獲得型と発展型の満足度が高い
▶結果は省略するが，学歴や分野，処遇，仕事内容などを統制しても影響は残る。

※東京大学大学経営・政策研究センター「大卒職業人調査」（$N=25203$）より共同研究者の谷村英洋氏が作成

図21-4　キャリア意識と仕事満足度

カリキュラム・イノベーションは，大学にどのような変化を求めるのか

　最後の論点は，中等教育においてカリキュラム・イノベーションがなされた場合に，大学側にどのような変化を期待するのかということである。たとえば，すでに高校段階で主体的な学習に力を入れている学校も増えているが（総合学科等），大学側は意外とそうした動きを十分に把握していない。筆者自身，東大の教員になって初めて，東大附属で卒業研究というユニークな学習が行われていることを知った。

　先進的な探究学習を導入している高校の話を聞くと，大学へのスムーズな移行というより，「大学の初年次教育で同じようなことをまたやらされる」といった声もある。また，本書の「社会参加の学習」ユニットでの提案など，現在，大学でも同様のことが課題として認識され，実践されている内容も非常に近いものも多い。よい形で連携・協力することで効果が高められる可能性も感じた。

　よって，もしカリキュラム・イノベーションによって新たなカリキュラムが定着していったときには，入試だけでなく，大学教育がどう変わっていけばもっとうまく接続できるのかという提案が高校側から出されるようになると，面白い展開が生まれるのではないか。そしてその日は意外に近いかもしれないという可能性を，本書の提案から感じた。

　付記：本章は，2013年12月8日に東京大学福武ホールラーニングシアターで開催されたシンポジウム「社会に生きる学力形成をめざしたカリキュラム・イノベーション――新たなカリキュラム像の提案に向けて」（東京大学大学院教育学研究科附属学校教育高度化センター主催）で，筆者が指定討論者として行ったコメントに，加筆修正を行ったものである。

参考文献

金子元久（2013）『大学教育の再構築――学生を成長させる大学へ』玉川大学出版部．
両角亜希子（2013）「学生類型をベースに考える楽しい授業スタイル」清水亮・橋本勝編『学生と楽しむ大学教育――大学の学びを本物にするFDを求めて』ナカニシヤ出版，105-119頁．
両角亜希子（2014）「『入試制度に関する学生調査』結果報告」リクルート『カレッジマネジメント』184号，6-21頁．

第22章
今後のカリキュラムの方向性を探る
プロジェクトの足跡をたどって

カリキュラム・イノベーション研究会

1. カリキュラムのまとめ方をめぐっての議論

　本研究プロジェクトでは，総括ユニットが中心になってカリキュラム案のとりまとめを行った（本プロジェクトの研究体制については序章を参照されたい）。本章では，総括ユニットで取りまとめたカリキュラム案を踏まえて，今後のカリキュラムの方向性について議論したい。
　カリキュラム案を紹介する前に，後述するような形でカリキュラムのとりまとめを行うこととなった経緯について説明する。イノベーション科研に参加している大学教員は，個人個人が活発に研究を進めている研究者であり，当初からそれぞれの研究グループが個別に大きな成果をあげることは容易に想像ができた。その一方で，全体としての最終的なアウトプットをどのような形でまとめていくのかということについては，必ずしも明確ではなかった。つまり，カリキュラムの提案をどのような形で発信して行くのかは，プロジェクト全体の大きな課題であった。
　カリキュラム案をまとめることはできるのか？　できるとすればどのように？　こうした点が，本格的に議論されるようになったのは，プロジェクトも半ばにさしかかった頃であった。佐藤（2006）が指摘しているように，カリキュラムという言葉の語源はギリシャ戦車競技の「走路」であり，その子どもが教育の過程において何を学んだのかについても含みうる，広い概念のものである。しかし，山崎（2009）が論じているように，本来的な意味では「curriculumという用語は学校等教育機関を含めた人生の過程で影響を受け人格形成の糧ともなった非組織的非計画的な学習経験の総体を含み込んだ広義の意味内容をも

つもの」である一方で，今日では「学校教育機関等において提供される組織的計画的に編成された教育内容をさす用語として使われる場合が多い」のが実態である。これをうけて，日本では，指導要領がナショナルカリキュラムにあたると考えられている。こうしたことを踏まえると，カリキュラムとは「どのような内容をどのような発達段階で教授すべきかの方向性を定めた指針」という考え方も成り立つ。

　個々の子どもの学びの総体としてのカリキュラムを考えた場合には，非常にボトムアップ的な内容となり，簡潔な形でまとめていくという方向性にはなりにくい。その一方で，上述した方向性で考えた場合には，何らかの形で集約を図るということも可能になる。イノベーション科研が射程に入れているのは，次期指導要領の改訂に向けた提案である。こうしたことを踏まえると，従来の指導要領とどのような点で異なる提案をしているのかを，分かりやすい形で発信していくことが重要ではないかといった議論がプロジェクト内で行われ，何らかの形で集約するということが考えられるようになった。

　では，どのような形で集約することが可能なのだろうか。新たな内容と議論の中で，既存の教科で言えばどの辺りに入るのかといったことを表にまとめるという案が出された。既存の教科の再編についても視野に入れた提案であることを考えると，必ずしも良いとはいえないといった意見も出された。しかし提案内容のインパクトを向上させるためには，分かりやすい形で発信していくことも必要ではないかという考え方も出され，ひとまずはこうした形で発信していくこととなった。本プロジェクトでは，基幹学習ユニットのメタ学習プロジェクト（代表市川伸一）において表形式にカリキュラムの内容を整理していた。これを参考に，他のプロジェクトについても同様のフォーマットで提案内容をまとめるという作業を行った。

　なお，カリキュラムのイノベーションを考える上での視点として，小玉（2013）は誰がカリキュラムを決めるのか，どのようにして教えるのか，何を教えるのかという3つを挙げている。これらはカリキュラムに関するwho, how, whatにあたると考えられる。今回の，縦に発達段階，横に領域を配置した表にまとめていくという方向性は，whatを中心に提案をまとめていくということになろう。もちろん，新たなカリキュラムを考える上で，これら3つ

の要素は相互にかかわりあっていると考えられる。特に，今日のように具体的な実践を伴った提案を行う場合には顕著であろう。例えば，新たな指導内容（what）の提案であっても，新たな指導上の工夫（how）なしに提案されることは考えにくい。また，どのように教えるのか（how）についても同様である。どの側面から切り取るのかによっても，提案の内容の見え方は大きく異なると考えられ，どのような形でまとめたとしても，一面的な切り取り方にすぎないという批判はまぬがれられないだろう。しかし，全体会でも繰り返し議論になったように，提案が十分に理解され，ある一定の社会的インパクトを有するためには，個々の研究プロジェクトが提案する内容を集約していくことも必要という発想もある。これで十分に提案内容が尽くされていると考えているわけではないが，一つのまとめ方と考えている。以下，総括ユニットでまとめたカリキュラム案について簡単に紹介する。

2. 提案されたカリキュラム案

とりまとめの方法

　先述した議論を踏まえ，中等教育段階を例に，発達段階の「どのあたりで」「どのような」実践を行うことを想定しているか明示することとした。その内容を明らかにするために，総括ユニットのメンバーが，各ユニットのメンバーに30分から1時間程度のインタビューを行い，その内容を踏まえて，提案内容を本章末に表22-1～10にまとめた。その際，先行してまとめられていたメタ学習プロジェクトのカリキュラム表を参考にした。表で言及されているすべてに関して具体的な実践が開発されているわけではないが，全体像を明らかにするために，想定している内容を幅広く含めることとした。これらは完成後に，プロジェクトに確認してもらった。

　なお，教科の学習と総合的な学習の時間のいずれで取り上げるのかによって，指導のあり方も大きく異なる。そこで，発達段階とともに，教科学習で（つまり，日々の授業の中で）取り上げる内容と，総合的な学習の時間で取り上げる内容とに分けて明示することにした（提案内容によっては，主に教科の学習の時間を想定した提案や，主に総合的な学習の時間を想定した提案などがあり，

必ずしも両方が含まれているわけではない。ただし，提案がないからといって，教科の学習や総合的な学習の時間を活用できないと考えているわけではなく，あくまでどの時間枠で行うのかの例であることに留意されたい)。

以下では各ユニットからの提案内容を，表と関連づけながら概観する。

カリキュラム案の全体構造

基幹学習ユニット　基幹学習にかかわるカリキュラム案は，表22-1〜4である。1つ目は，数理能力の育成にかかわるカリキュラム案である（表22-1, p. 338)。この提案の中心は，「日常的事象と関連付けられた数学的内容を学ぶ（日常の中の数学を学ぶ機会を設ける)。また，数学と理科等を相互に関連づけあう，いわゆるクロスカリキュラム的な授業も，各教科の中に設定していく」ということである。表22-1にも示されているように，具体的な単元構成の方法に関する提案も含まれている。具体的には，手続き的な学習に加えて，①単元の導入時に日常の中の数学に単元導入以前に獲得した知識を活用し，概念的理解を深める課題を新たに設ける，②単元の終末時に日常の中の数学に単元内で獲得した知識を活用し，概念的理解を深める課題を新たに設けるなどである。例えば三角比の導入の際に，「斜面の角度を測れない場合に，どのように求めるか？」のように既に学習している考え方（ここでは相似）でも解決は可能であるが，新たに学ぶ内容の理解（ここでは三角比）にもつながる課題を実施する，非線形関数の学習の終末に「一定の面積の長方形の紙から1リットルの牛乳パックを作るときにその体積を最大にするような各辺の長さを求める」などのように非線形関数を活用する課題を行うなどである。こうした活動を通じて，手続き的知識の獲得のみならず，深い理解を伴った教科学習の理解が促進され，社会に生きる数理能力の育成につながると考えられる（詳細は第5章を参照されたい)。

2つ目は，メタ文法の育成にかかわるカリキュラム案（表22-2, p. 339) である。ここでは，中学校3年生から高校2年生にかけて，メタ文法の概念を自覚化させ理解を促進するような授業を，言語学習におけるアンカーカリキュラムとして設定することが提案されている。メタ文法能力とは，「言語に関して『文法』を意識化し，文法構造について自分で考えたり説明できる能力」のこ

とである。また，アンカーカリキュラムとは，言語間を架橋する学習のあり方を方向づける錨（いかり）のような役割を果たす授業を意味する。ここでは例えば，「黒い目のきれいな女の子に会った」といった内容を，日本語と英語で明示的に対比させ，そのことを通じてルールを発見・意識化させるといった指導や英語と漢文，現代日本語文法と古典文法の対比などを訳出を通してとらえ，修飾関係，語順，時制等に関わる文法概念の理解を深めることが提案されている。こうした活動を，従来の授業に加えて定期的に行うことで，これまでに学習した内容をより深めるとともに，将来の言語学習をより深めるための機会として機能することが期待されている（詳細は第4章を参照されたい）。

　3つ目は，探究型学習にかかわるカリキュラム案（表22-3, p. 341）である。ここでは，中等教育段階の最後に，研究もしくは論文として，自分の考えをまとめて発信するということが提案されている。中等教育の最後に行う卒業研究などが，この代表的な例である。ここでいう「論文」とは必ずしもこれまでに明らかになっていることを踏まえたうえで，オリジナリティを加えることを意味しないが，少なくとも自分の考えをまとめて外に発信するという活動を伴うことが期待されている。さらに，こうした活動を実現するために，「総合的な学習の時間などを活用して，図書館の使い方など自分の関心に沿って調べ学習を行うための技法を知る」，「論理的な文章を書くための方法を学び実際に書いてみる」，「探究の成果を口頭発表しそれを元に議論する」といった活動を設けることになる。なお，探究学習の機会は，総合的な学習の時間に限らず，通常の教科教育にも存在する。こうした教科教育の探究学習の機会に，これらの過程で学んだ知識・技能を活用したり，逆に教科教育の探究学習の機会に卒業研究等で利用するような知識・技能を身につけたりするといった，双方向的な学習プロセスも期待される（詳細は第6章を参照されたい）。

　4つ目は，メタ学習の促進にかかわるカリキュラム（表22-4, p. 342）である。メタ学習とは，学習の方法やしくみそのものについて学ぶことを意味している。そうした学習を通じて，効果的な学習方法（学習方略）や，学習に対する考え方（学習観）を身につけた学習者を育成することが目指されている。中等教育の初期には，記憶や理解といった学習のしくみについて学習し，中等教育の中期以降では，自分の学習過程や認知プロセスを振り返るといった内省を

要するような学習も取り入れていくことが提案されている。まずは総合的な学習の時間を中心に実施し，心理学の実験などの体験も交えながら学習を進めることが想定されている。これらに加えて，各教科の学習とも連携し，教科学習の中でどのように具体的に生かしていくのかについてもあわせて学習するように考えられている（詳細は第7章を参照されたい）。

社会参加の学習ユニット　社会参加の学習ユニットにかかわる提案は，表22-5～7である。1つ目は，市民性教育に関するカリキュラムの提案（表22-5, p. 343）である。このカリキュラムにおける提案の中心は，中等教育全般にわたって，論争的問題を議論する時間を，授業の中に設けていくということである。論争的問題とは，原子力発電所建設の是非，消費税問題等にどのように対処するのかなど，社会においてもいくつかの立場が存在し，必ずしも明確な答えの出ていない問題のことである。こうした問題を授業で扱うことを継続することで，社会における争点を知り，市民として自らの何らかの行動に結びつけていくための素養を身につけることが期待されている。なお，発達段階に応じた指導上の工夫として，学年が進むにつれて「思考（当該問題に関する多面的な知識）」「判断（それぞれの立場に対する価値判断）」「意志（判断に基づく自らの行動）」の3側面をより深く掘り下げ，既知の概念を批判的に相対化して知的に越境していくことが想定されている。総合的な学習においてこうした授業を領域横断的に実施するのみならず，道徳や社会といった領域に特化した各教科での授業実践と連携することも意図されている（詳細は第12章を参照されたい）。

社会参加の学習ユニットからの2つ目の提案は，バリアフリー教育に関するカリキュラムの提案（表22-6, p. 344）である。中等教育において学ぶべきこととして，自らの他者認識のあり方を自覚することや，社会に存在する目に見えない非対称性に気づくということなどが挙げられている。具体的な教育プログラムも開発されており，例えば「ザ・ジャッジ！　迷惑なのは誰？」では，はじめに電車の中でのある一場面をストーリーとして聞かせ，子ども達に判断を求める。その後，「実は腰痛であった」などといった条件を次第に明らかにし，その都度判断を求める。こうしたことを通じて，自らの持つステレオタイプを理解するとともに，他者に対する想像力，多様な生に対する受容的態度な

どを養うことが目指されている。プログラム自体は総合的な学習の時間を意識して開発されているが，教科の中で関連する単元との連携も想定されている（詳細は第17章を参照されたい）。

　社会参加の学習ユニットにおける3つ目の提案は，職業的レリバンスのある教育に関するカリキュラム案（表22-7，p. 345）である。このカリキュラムには，各分野の職業のリアルを知ることが目的である「適応」と，職業生活や社会の問題を是正していく方法を知ることが目的の「抵抗」という2つの要素が含まれている。「適応」に関しては，「ものを作る仕事を知る」，「国際的な仕事を知る」，「人をケアする仕事を知る」といった具合に，仕事をいくつかの領域に分け，学校外からそれぞれのエキスパートを招いて仕事の実情を紹介してもらうことが意図されている。一方，「抵抗」に関しては，働く者を守るものとしての労働法を知る，市民運動について知るなどが含まれる。「適応」が職業生活の主にポジティブな側面を生徒に伝えるのに対して，「抵抗」にはネガティブな側面の知識も含まれている。このため，学年配置としては「適応」を先に学び，理解が深まってきた段階から，「抵抗」の学習を始めることが想定されている（詳細は第15章を参照されたい）。

生き方の学習ユニット　生き方の学習ユニットにかかわるのは表22-8〜10である。1つ目は，ライフキャリア教育に関するカリキュラム案である（表22-8，p. 346）。職業的レリバンスのある教育において論じられていたように，職業生活には思い通りにならないことも多く，夢や希望だけでは済まない厳しさがある。このような働くことのネガティブな側面に対して，社会への働きかけ方を学ぶのみならず，いかにして自分の心と折り合いをつけながら職業生活を含めたライフキャリアを生き抜いていくのかについて，自分の内面への働きかけ方を学ぶことも重要な課題である。以上を踏まえ，厳しい現実を受容したうえで，人生における長期的展望と多軸性を理解し，それによってある程度の楽観性を持ちながら今できることに注力することによりレジリエンスを向上させることが提案されている。具体的な時期については，働くことと生きることについて理解と考えがある程度深まった後に，働くことと生きることの厳しさについて学習しはじめるという段階的導入が有効と考えている（詳細は第11章

第22章　今後のカリキュラムの方向性を探る——331

を参照されたい)。

2つ目は,心理教育に関するカリキュラム案である(表22-9, p. 346)。従来の心理教育の中心は,現実の人間とどうつきあっていくかのスキルを指導するものが中心であった。これに加え,「うつ予防」などといった教育も加え,自分の心の健康をどのように維持するのかといった点についても,中等教育段階から指導していくことが提案されている。また,対人スキルについても,現実の人間に対するつきあい方のみならず,バーチャルな世界(ネット)とどうつきあうかについても取り上げられている。さらに,自分も他者も尊重しつつ,自分の思いをどう社会に発信していくかを知るために,アサーショントレーニングなどを取り入れることも企図されている。これらは保健体育の授業の他に,道徳などの授業でも行うことができると考えられている(詳細は第10章を参照されたい)。

3つ目は,哲学教育に関するカリキュラム案である(表22-10, p. 347)。この提案の中心は,子ども自身が何らかの〈生きる〉に関する洞察を行う「哲学の授業」を学校教育の中に取り入れていくことにある。一般に「哲学」と呼ばれている知識を子どもに伝える活動ではなく,存在論的な意味で思考することを支援する授業である。存在論的思考については,様々な議論が行われているが,ここでは「私たちが一命を享受しているからこそ,さらにこの世界を享受しているからこそ,様々な活動を行うことが可能になっていることに気づくこと」が想定されている。こうした気づきを得ることで,命への畏敬の念や感謝を生み出し,人の恣意や欲望を抑え,人の倫理的な基盤となっていくと考えられる。方法としては,探究学習として行うことが提案されている。発達段階に応じて異なる内容を取り上げることが想定されており,例えば,アマモの再生を通じて地場産業の再生につながった事例などを取り上げる「里海プロジェクト」などが含まれている(詳細は第8章を参照されたい)。

3. これまでのカリキュラム研究における位置づけ

提案されたカリキュラムの特徴

上述したようなカリキュラム案の特徴は,第1に,教科という枠組みではな

く，社会に生きるうえで求められる力という観点から，必要な学力を想定し，それらを中心に構成されているという点である。ただし，こうした発想に基づいて教科のあり方を再編成すべきであるという強い主張を行うものではない。従来の学校教育の枠組みにおいても，社会に生きるうえで求められる力は少なからず育てることができるという発想のもと，各教科や総合においてどのように実践が可能であるのかについても併せて示している。これらの発想が十分に浸透し，学校現場での実践が充実してきたあかつきには，各教科で指導する内容の再編成ということも視野に入ってくることも考えられる。しかし，社会に生きるという発想に基づいた実践が行われていない現状では，各教科の中でどのようにその発想を取り入れていくのかを考えることが現実的であろう。

また，第2の特徴は，（カリキュラム表には明示されていないものの）各カリキュラム案の一部は，具体的な実践を伴って提案されているということである。こうした実践について，本書では残念ながら十分に紹介しつくすことができなかった。ただし，いずれのカリキュラム案についても，そのすべてが具体化されたわけではないものの，少なくとも1つは具体的な実践が行われている。抽象的なカリキュラムを論じるのみならず，具体的な実践を伴っているという点も特徴なのである。

従来のカリキュラムに関する議論の中での位置づけ

では，こうしたカリキュラム提案は，従来のカリキュラムに関する議論の中でどのように位置づけることが可能なのだろうか。カリキュラムに関する2つの論点から，その位置づけを明らかにしたい。1つの軸は，本章の冒頭でふれた議論とも重なるが，抽象的な表現でカリキュラムを構成するのか，具体的な実践の総体としてカリキュラムを論じるのかということがあげられる。前者の考え方は，簡潔で分かりやすいカリキュラムが提案できる一方で，具体的な指導のあり方や，個々の学習者の学びのあり方については，十分に議論することは難しい。こうした考え方と対比できる考え方が後者である。すなわち，個々の子どもの学びの総体として捉える立場である。こうした流れの源流となった発想は，デューイの考え方である（佐藤，2003）。この立場から考えてみると，多くの子どもが経験するであろう学びのあり方とともに，個々の学習者がどの

ように，その子ども独自の学習経験をつんでいるのかということが重視される。しかし，ある程度一般化されたものとしてカリキュラムを論じる際に，個々の学習者の多様な学びのあり方を過度に強調しすぎることは，必ずしも生産的な結果をもたらさないであろう。

　上記を踏まえると，本プロジェクトが提案するカリキュラム案は，これらの両者の立場の統合を目指したものと捉えられる。すなわち，一方ではカリキュラム表のような形で，抽象的な内容を発達段階に沿って議論している。また他方では，具体的な実践を伴わせ，その内容をどのように教えるのかといった点や，そこにおける子どもの学びのあり方についても議論できる余地を残している。授業中の子どもの学びのあり方については，本書を執筆している研究者らの専門領域では必ずしもないことから，本書において十分な議論が尽くされているわけではない。しかし，現実に実践が提案されており，それらを議論する素材が存在するということは，従来のカリキュラム提案とは一線を画すものであろう。

　カリキュラムに関する議論の2つ目の軸として，アカデミズムに基づくカリキュラム構成か，社会で生きるうえで求められる力に基づくカリキュラム構成かという点が挙げられる。前者が従来のカリキュラムの構想の仕方であったとすると，後者は，比較的新しい考え方である。こうした考え方は，OECDが採用しているキーコンピテンシー（Rychen & Salganik, 2003）といった考え方に代表される。キーコンピテンシーとは，知識・技能のみならず，態度をも含みこむ広い概念であり，様々な資源を活用して社会の中で求められる複雑な課題に対応する力を指すとされる。この考え方は，PISA調査の概念的な枠組みとなっている。ライチェンとサルガニク（Rychen & Salganik, 2003）は，これらを定義するにあたり，上述したような力のなかでも，特に重要であり，かつ特定の専門家ではなく，すべての個人にとって重要であるようなものを取り上げて論じている。

　キーコンピテンシーの考え方についても取り込み，拡張させた考え方として，「21世紀型スキル」（Griffin, McGaw, & Care, 2012）といった考え方も提案されている。これについても，アカデミズムから育てるべき学力を考察するのではなく，社会に生きるうえで何が必要となるかという視点から議論を行っていこう

とする発想は引き続き踏襲されている。

　しかし，新たな学力観が示されても，それらと従来のカリキュラムとの接続をどのように図っていくのかという点については，十分に議論が尽くされているとは言いがたい。OECDに理論的な基盤となったキーコンピテンシーを提案したライチェンら（Rychen & Salganik, 2003）も，21世紀型スキルを提案したグリフィンら（Griffin et al., 2012）も，具体的にどのようにそうしたスキルを育成していくのかという点は明らかにしていないのである。

　そのような視点から本プロジェクトの提案について振り返ると，本プロジェクトで提案するカリキュラムも，基本的にはこうした近年の流れに沿った提案であると捉えられる。しかし，そこにとどまらず，従来の研究で十分に行われてきていない点を克服することを目指している。こうした発想は，各教科や総合的な学習の時間の中で，どのように取り入れが可能なのかを明示していることからも窺える。また，具体的な実践を伴って提案されているということが，なによりも従来の提案とは異なっている。さらに，附属学校（東大附属）との協働によって，中等教育と高等教育の間の相互往還的なカリキュラム形式の方向性を示したことも本書の大きな特徴である。以上のように近年の新しい発想を取り入れながらも，具体的に学校現場の実践への接続を見通している点で，新たな視点を提供している。こうした工夫を加えることで，新しく提案された内容が，より実践現場に理解されやすく，取り入れられやすくなると考えられる。

4. むすびにかえて——提案されたアイデアはどのように活用可能か

　最後に，本プロジェクトで提案されたカリキュラム案の活用可能性について議論し，本章の結びとしたい。子どもと向き合っている現場の教師の立場に立ってみると，3つのレベルの活用が考えられる。第1のレベルは，提案された授業パッケージをそのまま利用するという活用法である。第2のレベルは，カリキュラム表にあるものの，いまだ具体的な授業が開発されていない部分について，実際に実践してみるという活用法である。第3のレベルは，カリキュラム表の発想を生かしながらも，カリキュラム表にはない内容の実践を生み出す

という活用法である。第1のレベルに立ち，同じ指導案を使って同じ学年で実施しても，実際に実践してみると，子ども達の意欲や知識の違いによってうまくいかないことも当然生じうるだろう。この結果，全く同じ指導案で実践を行ってみても，当初は想定されたような目的が十分に達成されないこともあるだろう。しかし，実際に使ってみることで，その指導案の背後にある学力観や，指導方法について，理解することにつながる。また，改善の視点を得て，それを改良することによって，より実際に即した指導が開発されれば，この研究を進めたプロジェクトのメンバーにとっても大いなる知的財産となる。

　また，カリキュラム表の中には，いまだ理念的な提案であり，実際に授業として提案されていない内容が多く含まれている。このため，第2，第3のレベルでの試みは大いに歓迎したいところである。現場レベルでこうしたことが生み出されたのであれば，我々の提案が，現場で理解される程に具体的であったという証である。これこそが我々が目指したことであり，プロジェクト終了後も是非こうした情報は集めていきたいと考えている。

　次は，カリキュラムを策定する立場での活用方法である。これについても3つのレベルが考えられる。第1のレベルは，カリキュラム案に取り上げられた視点を，既存の教科や総合的な学習の時間に，部分的に要素として取り入れるという活用法である。第2のレベルは，発想を生かしながらも，カリキュラム表の提案にはこだわらず，自らの既存のカリキュラムに統合していくという活用法である。さらに，第3のレベルとして，こうした視点を生かしながら，教科の学習や総合的な学習の時間のあり方についても見直すという活用方法が考えられる。いずれのレベルについても，本プロジェクトが目指したことであり，大いに歓迎したい。本プロジェクトは3年間という区切りを終えて終了した。しかし，社会に生きる学力という視点から，子どもの学びを考えていく必要性は，まだまだ議論がはじまったばかりであり，今後も検討は続いていくものと考えられる。本研究がこうした一連の社会の流れの中にあって，有意義な情報をもたらすものであることを願っている。

（文責：小玉重夫・植阪友理）

引用文献

小玉重夫（2013）.『学力幻想』筑摩書房.

佐藤　学（2006）.「カリキュラムをデザインする」, 秋田喜代美・佐藤学（編）『新しい時代の教職入門』有斐閣（アルマ）, pp. 67-79.

山崎準二（2009）.「教育課程の概念と構造」, 山崎準二（編）『教育課程（教師教育テキストシリーズ9）』学文社, pp. 21-38（第2章）.

Griffin, P., McGaw, B., & Care, E. (Eds.) (2012). *Assessment and teaching of 21st century skills*. Springer.

Rychen, D. S., & Salganik, L. H. (Eds.) (2003). *Key competencies for a successful life and a well-functioning society*. Hogrefe & Huber.

表 22-1　数理能力にかかわるカリキュラム案（基幹学習ユニット）

学年	各教科での実践（注1）
中1 ↓ 高3	**中1～中2** 日常との関連づけがしやすい（教科書も，日常と関連づけた形で提供されることが多い）。線形関係が中心で，非線形関係が少ないため，直観的にも日常と関連づけやすい。 　　例）数学：1次関数，1次方程式 **中3～高2** 非線形関係が増加し，また内容の抽象度が増すため，教科書等も日常との関連づけが少なくなる。この時期にいかに概念的理解を深めるか，このために日常と関連づけて数学を学ぶ機会を設けることが重要 　　例）数学：2次関数 　　　　理科：等加速度運動 〈日常の中の数学を学ぶ機会を生かした単元構成のあり方〉 　単元の導入：日常の中の数学でありながら，既有知識を用いても考えられる課題を通じて当該単元の理解を深める。 　　　　例）斜面の角度を測れない場合に，どのように求めるか？（注2） 　単元の中ほど：手続き的な理解，スキルの獲得 　単元の終末：日常の中の数学に，単元内で獲得した知識を活用し，概念的理解を深める。 　　　　例）1リットルの牛乳パックの各辺の長さを求める（注3） **高3** この時期に学習する数学は大学に近くなる。前提をおいて考えていく論理が中心に。必ずしも日常から直接立ち上げられる数学ではなくなる。 ただし，この時期の数学は全員が選択するわけではない。

©藤村宣之・植阪友理

注1）教科を総合化するという発想に立ち，基本的には教科の中で実施する。教科としては，数学・理科を想定している
注2）相似でも解決可能。三角比の理解につなげる
注3）非線形関数の活用につなげる

表22-2 メタ文法にかかわるカリキュラム案（基幹学習ユニット）

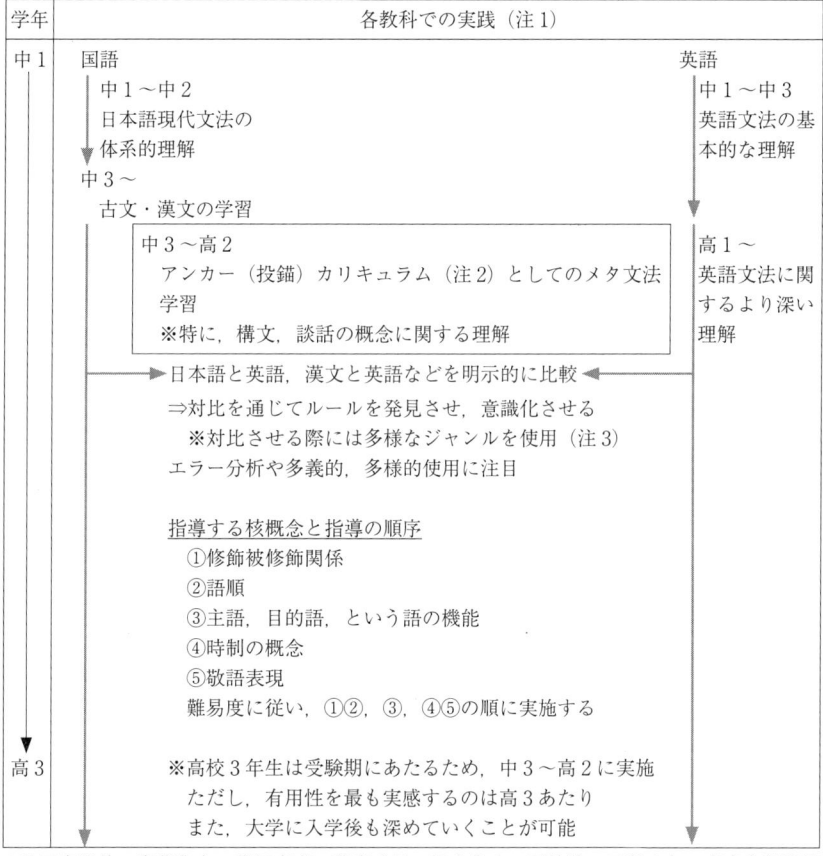

学年	各教科での実践（注1）	
中1 ↓ ↓ ↓ ↓ ↓ ↓ ↓ ↓ ↓ ↓ ↓ ↓ 高3	国語 　中1～中2 　日本語現代文法の 　体系的理解 　中3～ 　古文・漢文の学習 　　　中3～高2 　　　アンカー（投錨）カリキュラム（注2）としてのメタ文法学習 　　　※特に，構文，談話の概念に関する理解 　　→日本語と英語，漢文と英語などを明示的に比較← 　　　⇒対比を通じてルールを発見させ，意識化させる 　　　　※対比させる際には多様なジャンルを使用（注3） 　　　エラー分析や多義的，多様的使用に注目 　　　<u>指導する核概念と指導の順序</u> 　　　　①修飾被修飾関係 　　　　②語順 　　　　③主語，目的語，という語の機能 　　　　④時制の概念 　　　　⑤敬語表現 　　　　難易度に従い，①②，③，④⑤の順に実施する 　　　※高校3年生は受験期にあたるため，中3～高2に実施 　　　　ただし，有用性を最も実感するのは高3あたり 　　　　また，大学に入学後も深めていくことが可能	英語 中1～中3 英語文法の基本的な理解 高1～ 英語文法に関するより深い理解

©秋田喜代美・斎藤兆史・藤江康彦・藤森千尋・椛木貴之・王林鋒・三瓶ゆき・東京大学附属中等教育学校国語科および英語科・植阪友理

注1）教科を総合化するという発想に立ち，基本的には教科の中で実施する
注2）アンカーカリキュラムとは――学習のあり方を方向づける錨（いかり）のような役割を果たす授業を意味する。
　※本カリキュラムに即すると，これまでに学習した内容をより深め，さらに将来の言語学習をより深めるための機会として機能することが期待される授業である。
　教科全体の内容を再編するのではなく，従来の学習に加えて，定期的にこうした授業を実施することを通じて言語学習を深めることが模索されている。
注3）文学や演説など
注4）教え方に関する問題意識――従来の文法学習は，低学力層がついていけないという理由から，多くの場合，単純反復による暗記中心の指導法であった。一方，今回のメタ文法プロ

ジェクトでは，低学力層に対しても文法に関する高次の概念理解を達成することを目指す。
　　このために，文法構造の違いが発見できるように十分な配慮をほどこした課題を用いる。
注5）本研究の指導法の開発に当たっては，柾木貴之氏が高等学校および大学教育向けに作成
　　したメタ文法理解のための教材や課題開発の知見および東京大学教育学部附属中等教育学校
　　の教員による独自の指導法の開発が生かされている。

表22-3 探究型学習にかかわるカリキュラム案(基幹学習ユニット)

学年	総合での学習	各教科での実践
中1	自分の関心に沿って調べ学習を行うための技法を知る 　例）図書館の使い方を学ぶ 　　　文章の構造化の仕方を学ぶ	教科の中にも，習得の後，探究的な学習を行う機会が存在 そこでも研究のための技法を身に着けることができる 　例）社会：調べ学習の技法 　　　理科：実験の技法 　　　国語：表現（構造化）の技法
↓	〈教科と総合のかかわり方〉 ←―――――― 教科で学んだ技法を使って自分の関心にあてはめていく	こうした技法を（一部であっても），総合における探究学習で実践することで実際に運用できる知識へ
↓	自分の関心に沿って調べ学習を行い，小レポートを作成する	
↓	自分の関心を深めるために外に情報を求めるための技法を知る 　※図書館や図書館司書はそうした役割を担える存在	総合で学んだ技法によって，教科の探究学習を深めることも可能 　例）社会：歴史の調べ学習に図書館を活用。 　　　図書館外の情報にもアクセスして調べ学習を深める。
↓	総合で学んだ技法を生かして教科の探究学習を深める→	
↓	調べ学習を踏まえて，自分のアイデアを持つ	
高3	研究もしくは論文として，まとめて発信する ※必ずしも論文（これまでに明らかになっていることを踏まえたうえで，オリジナリティを加える）でなくても良いが，自分の考えをまとめて外に発信するという活動を伴うこと。 ※ここで培われた力は，大学に入った後の基礎的な学力に。	

©根本彰・植阪友理

表22-4 メタ学習にかかわるカリキュラム案（基幹学習ユニット）

学年	総合での学習	各教科での実践	
中1	**重点テーマ：記憶**		
	記憶のしくみと方略	国語	漢字練習：部首理解と筋運動
	反復習熟と理解による記憶の対比	英語	苦手単語集中法
	処理水準		関連語，例文利用
	有意味化，精緻化，構造化	社会	図式化，記述式問題
	記憶のデモ実験	数学	公式の構造
	重点テーマ：理解		
	理解と表象	数学	用語説明，図や式の意味の説明
	理解診断　説明活動		問題説明，問題状況の略図化
	先行オーガナイザーと予習	理科	記述式問題
	学習観	社会	自作ノート，レポート
	結果主義・暗記主義・物量主義	全教科	予習，説明活動
	→意味理解重視の学習観の取り入れ		
	重点テーマ：問題解決		
	素朴概念	理科	素朴概念
	素朴概念　アナロジー		アナロジーによる理解・推論
	問題解決方略	数学	論理的判断
	問題スキーマ		証明問題の思考プロセス
	ヒューリスティックス		計算の工夫
	機能的固着		
	重点テーマ：メタ認知		
	人間の情報処理	国語	要点メモと要約発表
	ボトムアップとトップダウン処理		作者の意図の推測
	メタ認知		自分に引きつけての読み
	モニタリングとコントロール	英語	要約作成，未知語推測
	教訓帰納	全教科	教訓メモ
	内的リソースと外的リソースの利用		テストのあとの分析と教訓帰納
	重点テーマ：批判と創造		
	批判的思考	国語	批判的読み，討論分析，小論文
	立論の構造	社会	論点整理，批判的検討，討論
	推論・判断のバイアス	数学	問題作成，論文作成
	創造的思考	理科	課題設定，レポート，発表
	知識と創造	英語	ビデオ，HPによる作品化
	建設的批判と創造		Eメールによる討論
↓	**重点テーマ：学習に関する総合的考察と実践**		
高3			

©市川伸一

表22-5 市民性教育にかかわるカリキュラム案（社会参加の学習ユニット）

学年	総合での学習（領域横断）	各教科での実践（領域特化）
中1 ↓ 高3	**論争的問題を取り上げる** 　道徳的責任／共同体への参加／政治的 　リテラシーの3領域 　　例）原発の是非　〈教科と総合のかかわり方〉 　　　　領土問題 　　　　消費税　　　総合での学びを意識した教 　　　　国際連合　　　科学習 　　　　高齢社会 　　　　中食 　中断のペダゴジー　←────────── 　　　　　　　　　教科で学んだ知識を総合で 　　　　　　　　　の判断に生かす	 社会科や道徳 教科の学習の中に，市民性教育と言える内容が含まれる ※上記の教科内で論争的問題を扱うことも可能 ※道徳を市民科として再編成することも提案 　社会科と道徳に分断されている市民性教育の統合 理科，国語，英語，家庭科，保健体育など 既知の概念を批判的に相対化し，より広い視野へと開く（越境する） 　例）OECD東北スクール 　　　英語による国際交流 　　　タワーを作る 　　　沖縄体験学習 　　　政治における写真の使われ方（フォトリテラシー）

Ⓒ小玉重夫・植阪友理

注）学年による違い：論争的問題を取り上げることは共通。
　　発達に応じて，3側面をより深く掘り下げる：思考（当該問題に関する多面的な知識），判断（それぞれの立場に対する価値判断），意思（判断に基づく自らの行動）

表22-6　バリアフリー教育にかかわるカリキュラム案（社会参加の学習ユニット）

学年	総合での学習	各教科での実践	
中1	・「自己」による「他者」認識の意識化 ・ステレオタイプについての理解 ・「他者」に対する想像力 ・多様な生に対する受容的態度 （例：「ザ・ジャッジ！迷惑なのは誰？」）	社会 家庭科 道徳	国際化，異文化理解などを扱う教材と組み合わせて 家族・家庭・福祉を扱う教材と組み合わせて 差別問題等を扱う教材と組み合わせて
↓	・生の条件の見えにくい非対称性への気づき ・世界認識の状況拘束性の意識化 ・自己の社会的位置についての内省的思考 （例：「クイズ＆ギャンブルゲーム」）		
	・「問題」に対する多角的理解 ・「問題」解決に向かう柔軟な思考	国語 社会	小論文（機会平等など，社会問題をテーマとして） 国際化，異文化理解などを扱う教材と組み合わせて
高3	総合的考察と実践		

©星加良司・植阪友理

表 22-7　職業的レリバンスのある教育にかかわるカリキュラム案（社会参加の学習ユニット）

学年	総合での学習		各教科での実践
中1	「適応」 （職業生活の各分野の仕事のリアルを知る） 重点テーマ： 職業／ライフのポジティブな面を中心に知る 例）物を作る仕事を知る 　　国際的な仕事を知る 　　流通の仕事を知る 　　お金を融通する仕事を知る 　　　　　　　　など 学年が進むにつれてより深く，より詳しくより高度に，より実践的に	「抵抗」 （職業生活や社会の問題を是正していく方法を知る） 重点テーマ： 職業／ライフのネガティブな側面も知る ・それに対する対処方法を知る ・社会をどう変えていくか 社会に対する働きかけ方を知る 例）働く者を守る（労働法） 　　市民運動について知る 　　社会保障・福祉について知る	社会科　金融教育と絡めて 家庭科　人のケアと絡めて 技術　　モノ作りと絡めて 英語　　国際的な仕事と絡めて 　　　　など
高3			

©本田由紀・植阪友理

表22-8 ライフキャリア教育にかかわるカリキュラム案（生き方の学習ユニット）

学年	総合での学習
中1 ↓ 高3	重点テーマ：「働くこと」および「働くことと生きること」の関連性について理解を深める →働くことを多軸な生活領域の一つと捉えるため〈多面的生活〉を意識する ⇩ 重点テーマ：「直線的でないライフキャリア」を生き抜くライフキャリア・レジリエンスを引き出す →思い通りにならない現実を乗り越えるために，厳しい社会を〈現実受容〉しながらも〈長期的展望〉を持ち，これまでの自分自身の経験に基づいた〈楽観性〉を頼りに〈継続的対処〉を行う

© 高橋美保・植阪友理

注1）基本的には総合的な学習の時間で実施する。道徳・家庭科・社会などの授業で取り上げることもできる。ただし，重要なことは単元としてわかりやすく取り入れることではなく，教師が日常場面においてライフキャリア教育を意識したかかわりをすることである。したがって，それができれば敢えて教科教育に入れる必要はない。

注2）2段階にわたって，社会の現実を直視しながらも，それに負けないライフキャリア・レジリエンスを引き出し，自分らしく生きる術を身につける

注3）重点テーマ1は中学校3年生で，重点テーマ2は，高校1年生で実施することを想定している。ただし，他の学年においても実施可能である。

表22-9 心理教育にかかわるカリキュラム案（生き方の学習ユニット）

学年	総合での学習	各教科での実践
中1 ↓ 高3	対人関係のあり方を考える ・現実の人とどうつきあうか ・バーチャルな世界（ネット）とのつきあい ⇒態度とスキルの両面から 自分の心とどう向き合うかを考える ・うつの予防 自分の思いをどう発信していくかを考える ・アサーション・トレーニング	道徳 家庭科 　※消費者教育などと関連づけて 保健体育 　※心の健康などと関連づけて 　※ただし，指導する内容から見直す必要性

© 下山晴彦・植阪友理

表22-10　哲学教育にかかわるカリキュラム案（生き方の学習ユニット）

学年	総合での学習	各教科での実践
中1 ↓ ↓ ↓ 高3	子ども自身が何らかの〈生きる〉にかんする洞察を行う 「哲学する授業」 　　※一般に「哲学」と呼ばれる知識を子どもに伝える活動ではない。 　　※存在論的な意味で思考すること（注1）を支援する。 　　※プロジェクト活動など，探究する学びとして行う。 　　学年による違い（以下のようなトピックへと深めていく） 　　事実から倫理へ／経験から意味へ 　　①日常と関連した素朴な疑問を取り上げる（注2） 　　　例）水プロジェクト（水道から水源地へ） 　　　　　風プロジェクト（微風から気圧へ） 　　　　　光プロジェクト（色から太陽光発電へ） 　　②社会問題や環境問題を取り上げる（注3） 　　　例）里山プロジェクト（材木の利用から生態系，里山資本主義へ） 　　　　　里海プロジェクト（アマモの再生から地場産業，海洋資源・領海問題へ） 　　③言葉の持つ意味や力を取り上げる（注4） 　　　例）言葉の歴史プロジェクト（think と thank はなぜ似ているのか？） 　　　　　言葉と感情プロジェクト（言葉にするとなぜ気がおさまるのか？）	総合のみならず，教科の探究する学びとしても実施可能 ……・各教科の適切な単元の中で，自然，社会，世界，人間，生命などの，抽象概念の意味を考える。 ※抽象概念でくくられる諸存在が孤立して存在しているのではなく，相互にかかわり合っているという事実を理解する。 ……・各教科の適切な単元の中で，愛，美，真，善，自己，人生などの，自然とのかかわり，他者とのかかわりを暗示する概念について考える。 ※自然の活用ではなく，自然の享受といった気づきにもつなげることで人の倫理観の基盤を形成する。 例）国語や道徳など 宗教や自然などを扱う際に，行う。

©田中智志・植阪友理

注1）存在論的思考とは：
　　さまざまであるが，その1つは自然の享受が，人による自然の活用を可能にしているという事実に気づくことである。突き詰めていえば，私たちが経済的，技術的……とさまざま

な様態で活動できるのは，私たちが一命を享受しているから，さらにこの世界を享受しているから，と気づくことである。こうした存在への享受という気づきは，人の恣意や欲望を抑え，命への畏敬の念や感謝を生み出すという意味で，人の倫理的な基盤となっていく。
注2）手作業（体験）を含む活動を通じて，自分がどのように世界に存在しているのかを考えさせる。小学校段階であっても実施可能。
注3）自然の全体性の中に人が生きていることや，他者との対応関係の中に人が生きていることに気づかせる。
注4）言葉の他者志向性，言葉の重要性，言葉の持つ力などに気づかせる。

おわりに

南風原朝和

　本書は，2011年度から2013年度までの3年間，ちょうどその期間，東京大学大学院教育学研究科（以下，研究科）附属の学校教育高度化センター（以下，センター）長であった小玉重夫を研究代表者として，研究科と東京大学教育学部附属中等教育学校（以下，附属学校）が協力して行った研究プロジェクト「社会に生きる学力形成を目指したカリキュラム・イノベーションの理論的・実証的研究」の研究内容およびその成果をまとめたものである。

　センターでは，この3年間，本プロジェクトと同名のシンポジウムを，副題を研究の進行に合わせて，「理念と方向性」（2011年度），「具体的な実践の提案」（2012年度），「新たなカリキュラム像の提案に向けて」（2013年度）と変えながら開催している。

　2011年度の第1回シンポジウムの口火を切ったのが，2011年度末で研究科を"卒業"した佐藤学の話題提供「カリキュラム・イノベーションとは何か？──21世紀型の学校カリキュラムの構造」であり，その内容が本書の第1章のもととなっている。カリキュラム理論と学びの実践で教育界をリードし，研究科の教育研究，そして附属の実践に大きな影響を与えてきた佐藤から，いわばバトンを引き継ぐかたちで，本プロジェクトが展開されてきた。その第1回シンポジウムで市川伸一研究科長は，研究のための研究で終わらせることなく，実践を伴ったカリキュラム提案としたいと述べている。その言葉通り，本プロジェクトでは，附属学校を主なフィールドとして実践を行い，それをふまえて提案を見直す手堅いアプローチをとってきた。

　2012年度の第2回シンポジウムは私が司会進行を務めたが，冒頭で，本プロジェクトのメンバーであり，当日も話題提供をしていただく予定であった中釜洋子教授が，その前日の9月28日に逝去されたという悲報を伝えることと

なった。中釜教授の功績とお人柄を偲んで参加者全員で黙禱した後，皆，悲しみをこらえて，プロジェクト2年目の進捗について話題提供し，討論を行った。この年度に附属学校長に就いた大桃敏行は，地方発のボトムアップのカリキュラム開発が行われている事例について研究報告を行った。本プロジェクトで提案されるカリキュラムを実装する際の枠組みを考えるうえで示唆に富むものであった（本書第18章参照）。

　3つのシンポジウムすべてにおいて，研究科教員だけでなく附属学校からも話題提供や指定討論としての参加があった。2013年度の第3回シンポジウムでは，村石幸正副校長から，本プロジェクトについて附属学校教員に実施したアンケート調査の結果が報告された（本書第19章4節参照）。カリキュラム開発にかかわるとともに，実際の授業としてそれを具現化していく立場からの貴重な意見が表明されている。この年度に研究科長に就いた私からは，本プロジェクトからの提案の有用性を問うことは，そのまま，研究科の研究自体が社会に生きる教育学研究となっているかという問いにもつながると発言し，本プロジェクトの意義について再確認した。

　本プロジェクトから提案されるカリキュラムは，研究科教員の専門領域の広がりを反映して，哲学教育，心理教育，キャリア教育，シティズンシップ教育，バリアフリー教育など，多岐にわたっている。中には限られた研究期間内では必ずしも満足できる完成度に達していないものもあり，カリキュラム全体としても十分に統合されたかたちには至っていない。統一感をもって整然と上から降りてくるナショナル・カリキュラムとはだいぶ様相が異なる。しかし，これは，本プロジェクトからの提案が言葉や観念の世界だけで構成されたものではなく，子どもたちの実生活に根差し，かつ当の子どもたちを対象にした実践をふまえたものであることの証しである。そして，附属学校教員へのアンケートで「学校教育に何が足りないか，不要なのかを問い直す機会が得られた」との意見があったように，学校発，現場発のカリキュラム・イノベーションの機運を高め，今後につながる成果が挙げられたことは間違いない。

　本書が刊行される2015年度の研究科と附属学校は，本プロジェクトメンバーの大桃が研究科長，そしてプロジェクトリーダーの小玉が学校長を務めている。読者の方からの忌憚ないご意見を研究科ないし附属学校（または東京大学

出版会）に頂戴できれば，それを共有して，研究科ならびに附属学校の今後の
カリキュラム開発の研究・実践に活かしていきたいと考えている。ご協力いた
だければ幸甚である。

　センターのシンポジウムの内容は，センターの年報に掲載されており，以下より閲覧
できる。http://repository.dl.itc.u-tokyo.ac.jp/bulletin/#70-0

執筆者紹介 (五十音順)

秋田喜代美（あきた・きよみ）［第4章］東京大学大学院教育学研究科（教職開発コース）教授.『学校教育と学習の心理学』（共著，岩波書店，2015年），『学びの心理学——授業をデザインする』（左右社，2012年）

市川伸一（いちかわ・しんいち）［第3章・第7章］東京大学大学院教育学研究科（教育心理学コース）教授.『学ぶ意欲とスキルを育てる——いま求められる学力向上策』（小学館，2004年），『教えて考えさせる算数・数学——深い理解と学びあいを促す新・問題解決学習』（図書文化社，2015年）

今井康雄（いまい・やすお）［第19章］日本女子大学人間社会学部教授，東京大学名誉教授.『メディアの教育学——「教育」の再定義のために』（東京大学出版会，2004年），『メディア・美・教育——現代ドイツ教育思想史の試み』（東京大学出版会，2015年）

植阪友理（うえさか・ゆり）［第7章・第20章・第22章文責］東京大学大学院教育学研究科（教育心理学コース）助教.『現代の認知心理学5 発達と学習』（分担執筆，北大路書房，2010年），『数学的問題解決における図表活用の支援——理論と実践を結ぶ「REALアプローチ」の展開』（風間書房，2014年）

大桃敏行（おおもも・としゆき）［第18章］東京大学大学院教育学研究科（学校開発政策コース）教授.『教育行政の専門化と参加・選択の自由—— 19世紀後半米国連邦段階における教育改革論議』（風間書房，2000年），『教育現場に革新をもたらす自治体発カリキュラム改革』（共編著，学事出版，2014年）

金森修（かなもり・おさむ）［第9章］東京大学大学院教育学研究科（基礎教育学コース）教授［2016年逝去］.『サイエンス・ウォーズ』（東京大学出版会，新装版，2014年），『知識の政治学』（せりか書房，2015年）

川本隆史（かわもと・たかし）［第13章］国際基督教大学教養学部教授，東京大学名誉教授.『現代倫理学の冒険——社会理論のネットワーキングへ』（創文社，1995年），『共生から』（岩波書店，2008年）

小玉重夫（こだま・しげお）［編集代表・序章・第12章・第19章・第22章文責］東京大学大学院教育学研究科（基礎教育学コース）教授.『シティズンシップの教育思想』（白澤社，2003年），『難民と市民の間で——ハンナ・アレント『人間の条件』を読み直す』（現代書館，2013年）

佐藤学（さとう・まなぶ）［第1章］学習院大学文学部教育学科教授，東京大学名誉教授.『学校改革の哲学』（東京大学出版会，2012年），『専門家として教師を育てる——教師教育改革のグランドデザイン』（岩波書店，2015年）

下山晴彦（しもやま・はるひこ）［第10章］東京大学大学院教育学研究科（臨床心理学コース）教授.『臨床心理学をまなぶ1 これからの臨床心理学』（東京大学出版会，

2010 年),『臨床心理学をまなぶ 2　実践の基本』(東京大学出版会, 2014 年)

白石さや（しらいし・さや）［第 16 章］岡崎女子大学子ども教育学部教授, 東京大学名誉教授. *Young Heroes: The Indonesian Family in Politics* (Cornell University Southeast Asia Program Publications, 1997), アンダーソン『定本　想像の共同体——ナショナリズムの起源と流行』(共訳, 書籍工房早山, 2007 年)

高橋美保（たかはし・みほ）［第 11 章］東京大学大学院教育学研究科（臨床心理学コース）准教授.『中高年の失業体験と心理的援助——失業者を社会につなぐために』(ミネルヴァ書房, 2010 年), ウェスト『チームワークの心理学——エビデンスに基づいた実践のヒント』(翻訳, 東京大学出版会, 2014 年)

田中智志（たなか・さとし）［第 8 章］東京大学大学院教育学研究科（基礎教育学コース）教授.『教育思想のフーコー——教育を支える関係性』(勁草書房, 2009 年),『学びを支える活動へ——存在論の深みから』(東信堂, 2010 年)

堤　亜美（つつみ・あみ）［第 10 章］東京大学大学院教育学研究科（臨床心理学コース）教育学研究員.『子どものこころが育つ心理教育授業のつくり方——スクールカウンセラーと教師が協働する実践マニュアル』(共著, 岩崎学術出版社, 2013 年)

楢府暢子（ならふ・のぶこ）［第 19 章］東京大学教育学部附属中等教育学校主幹教諭.「生徒と教師から見た学ぶ意義とは」(東京大学教育学部『ネットワーク　年報』, 2002 年),『ふたごと教育——双生児研究から見える個性』(分担執筆, 東京大学出版会, 2013 年)

根本　彰（ねもと・あきら）［第 6 章］慶應義塾大学文学部（人文社会学科・図書館・情報学専攻）教授, 東京大学名誉教授.『情報基盤としての図書館』(勁草書房, 2002 年),『シリーズ図書館情報学』(全 3 巻, 共編著, 東京大学出版会, 2013 年)

南風原朝和（はえばら・ともかず）［おわりに］東京大学理事・副学長, 大学院教育学研究科（教育心理学コース）教授.『臨床心理学をまなぶ 7　量的研究法』(東京大学出版会, 2011 年),『続・心理統計学の基礎』(有斐閣, 2014 年)

福島昌子（ふくしま・まさこ）［第 19 章］東京大学教育学部附属中等教育学校教諭.「中学・高校双生児の体格と体力・運動能力における発育・発達の特徴—— 9 年間にわたる延 959 名の分析結果」『東京大学大学院教育学研究科紀要』(50 号, 2011 年),『ふたごと教育——双生児教育から見える個性』(分担執筆, 東京大学出版会, 2013 年)

藤村宣之（ふじむら・のぶゆき）［第 5 章］東京大学大学院教育学研究科（教育内容開発コース）教授.『発達心理学——周りの世界とかかわりながら人はいかに育つか』(編著, ミネルヴァ書房, 2009 年),『数学的・科学的リテラシーの心理学——子どもの学力はどう高まるか』(有斐閣, 2012 年)

星加良司（ほしか・りょうじ）［第 17 章］東京大学大学院教育学研究科（附属バリアフリー教育開発研究センター）講師.『障害とは何か——ディスアビリティの社会理論に向けて』(生活書院, 2007 年),『障害学のリハビリテーション——障害の社会モデルその射程と限界』(共著, 生活書院, 2013 年)

本田由紀（ほんだ・ゆき）［第 2 章・第 15 章］東京大学大学院教育学研究科（比較教育社会学コース）教授.『若者と仕事——「学校経由の就職」を超えて』(東京大学出版

会，2005年），『現代社会論 社会学で探る私たちの生き方』（編著，有斐閣，2015年）
牧野　篤（まきの・あつし）［第14章］東京大学大学院教育学研究科（生涯学習基盤経営コース）教授．『認められたい欲望と過剰な自分語り――そして居合わせた他者・過去とともにある私へ』（東京大学出版会，2011年），『生きることとしての学び――2010年代・自生する地域コミュニティと共変化する人々』（東京大学出版会，2014年）
村石幸正（むらいし・ゆきまさ）［第19章］元東京大学教育学部附属中等教育学校教諭，現中央大学理工学部特任教授．『共分散構造分析［事例編］――構造方程式モデリング』（共著，北大路書房，1998年），『ふたごと教育――双生児教育から見える個性』（分担執筆，東京大学出版会，2013年）
両角亜希子（もろずみ・あきこ）［第21章］東京大学大学院教育学研究科（大学経営・政策コース）准教授．『私立大学の経営と拡大・再編―― 1980年代後半以降の動態』（東信堂，2010年），「大学教員の意思決定参加に対する現状と将来像」『大学論集』（第45集，2014年）

カリキュラム・イノベーション
新しい学びの創造へ向けて

2015年10月30日　初　版
2017年 3月31日　第2刷

［検印廃止］

編　者　東京大学教育学部
　　　　カリキュラム・イノベーション研究会

発行所　一般財団法人　東京大学出版会
　　　　代表者　吉見俊哉
　　　153-0041 東京都目黒区駒場4-5-29
　　　http://www.utp.or.jp/
　　　電話 03-6407-1069　Fax 03-6407-1991
　　　振替 00160-6-59964

組　版　有限会社プログレス
印刷所　株式会社ヒライ
製本所　誠製本株式会社

©2015 Shigeo Kodama, et al.
ISBN 978-4-13-051331-9　Printed in Japan

JCOPY 〈(社)出版者著作権管理機構 委託出版物〉
本書の無断複写は著作権法上での例外を除き禁じられています．複写される場合は，そのつど事前に，(社)出版者著作権管理機構（電話 03-3513-6969, FAX 03-3513-6979, e-mail: info@jcopy.or.jp）の許諾を得てください．

東京大学学校教育高度化センター 編	基礎学力を問う 21世紀日本の教育への展望	46判・2800円
佐藤 学 著	学校改革の哲学	A5判・3000円
田中智志 今井康雄 編	キーワード 現代の教育学	A5判・2800円
本田由紀 著	若者と仕事 「学校経由の就職」を超えて	A5判・3800円
牧野 篤 著	生きることとしての学び 2010年代・自生する地域コミュニティと共変化する人々	A5判・5800円
秋田喜代美 恒吉僚子 佐藤 学 編	教育研究のメソドロジー 学校参加型マインドへのいざない	A5判・2800円
南風原朝和 市川伸一 下山晴彦 編	心理学研究法入門 調査・実験から実践まで	A5判・2800円
金森 修 編	合理性の考古学 フランスの科学思想史	46判・6000円
下山晴彦 著	これからの臨床心理学 臨床心理学をまなぶ1	A5判・2800円
ウェスト 著 下山晴彦 監修 高橋美保 訳	チームワークの心理学 エビデンスに基づいた実践へのヒント	A5判・2800円
根本 彰 編	図書館情報学基礎 シリーズ図書館情報学1	A5判・3200円
東京大学教育学部附属中等教育学校 編	ふたごと教育 双生児研究から見える個性	46判・2400円

ここに表示された価格は本体価格です．ご購入の際には消費税が加算されますのでご了承ください．